IMPRESSUM

Meine Frau, Neuseeland und ich
Eine Reise am anderen Ende der Welt
Mathias Schafranitz

Bibliografische Information der Deutschen Bibliothek
Die Deutsche Bibliothek verzeichnet diese Publikation in der deutschen Nationalbibliografie. Detaillierte bibliografische Daten sind im Internet über portal.dnb.de abrufbar.

Redaktion und Lektorat: 360° medien

Satz und Layout: Lucas Walter

Bildnachweis: Alle Bilder von Mathias Schafranitz

Gedruckt und gebunden:
LD Medienhaus GmbH & Co. KG I Feldbachacker 16 I 44149 Dortmund
www.ld-medienhaus.de

ISBN: 978-3-947944-14-9
Hergestellt in Deutschland

360grad-medien.de

Mathias Schafranitz

Meine Frau, Neuseeland und ich

Eine Reise am anderen Ende der Welt

Inhalt

Kaitaia
Kerikeri
Whangarei
Dargaville
Warkworth
Auckland
Whangamata
Tauranga
Hamilton
Whakatane
Tokoroa
Opotiki
Taupo
Gisborne
New Plymouth
Hawera
Taihape
Hastings
Whanganui
Palmerston North
Cookstraße
Masterton
Tasmanische See
Motueka
Wellington
Blenheim
Westport
Kaikoura
Greymouth
Hokitika
Pazifischer Ozean
Christchurch
Ashburton
Temuka
Wanaka
Queenstown
Waimate
Alexandra
Oamaru
Te Anau
Dunedin
Südpazifischer Ozean
Winton
Gore
Balclutha
Invercargill
1
2
3
4
5
6
7
8
9
10
11
12
13
14
15
16
17

Zu Hause – und weg

Es geht los!
Eigentlich geht es seit sechs Monaten los, bedenkt man die Idee, die erste Planung, die konkrete Vorbereitung, die mittlerweile schon fast nicht mehr wegzudenkende Aufregung, ständig wechselnd zwischen erregender Vorfreude und tiefer Angst vor der eigenen Courage, so nach dem Motto „Was machen wir da eigentlich?“
Aber jetzt geht es wirklich und wahrhaftig los!
Das Taxi zum Flughafen steht vor der Tür, die Rucksäcke sitzen gut und voll auf unseren Schultern, Sinjas kleiner Rollkoffer mit Mal- und Zeichenutensilien (ohne die geht sie noch nicht mal zum Einkaufen, es könnte ja ein Motiv um die Ecke …) scheint auf den Start zu warten.
Und dann geht es los!
Aber wer und wohin?

Wir, das sind meine Frau Sinja und ich, beide Ende dreißig, Anfang vierzig und grundsätzlich heiß aufs Reisen, haben uns für ein Sabbatjahr entschieden. Nach fünfzehn spannenden und nicht ganz unanstrengenden Berufsjahren, einigen mittleren und großen familiären Katastrophen und mittlerweile wöchentlichen Besuchen bei der Physiotherapie (ja, ich heische nach Mitleid …) steht für meine Frau und mich fest: Auszeit.
Gott sei Dank ist das in der heutigen Arbeitswelt kein Fremdwort mehr, der Arbeitgeber sicherlich nicht begeistert, aber dankenswerterweise kooperativ, und so wird aus einer vagen Wunschvorstellung langsam Realität. An diesen Gedanken muss sich allerdings auch erst einmal gewöhnt werden. Ein Jahr nicht arbeiten, geht das denn? Kriegen wir das überhaupt hin? Wenn bei der Aussicht auf 365 freie Tage derartige Gedanken kommen, gerade dann ist es Zeit, vielleicht sogar nötig, eine zeitlich begrenzte Reißleine zu ziehen. Wie hatten wir mal in Frankreich von einem schmunzelnden Gastwirt bei einem Gläschen Roten gelernt: Der Mensch lebt ja nicht für die Arbeit, sondern er arbeitet, um zu leben. Wäre mal ein Ansatz.
Und man soll gar nicht glauben, wie viele Leute im Bekannten- und Kollegenkreis meinten, dies erst mal kommentieren zu müssen. Selbstverständlich ungefragt.
„Würde ich nicht machen, dann kommst du nicht mehr rein und bist für den Job versaut!“
„Ist es schon soweit? Keine Kondition mehr? Hast du etwa Burnout?“

„Unzufrieden? Aber da muss man doch nicht gleich flüchten?"
„Dahin wollt ihr? Würde ich nicht machen …"
„Seid ihr nicht ein bisschen zu alt dafür? So langsam sollte man doch an Hausbau und Eigenheim denken!" Nebenbei, unser Lieblingsklassiker.
Sobald unser Entschluss heraus war, konnten wir uns vor derartigen Kommentaren kaum retten. Die Liste ist beliebig weiterzuführen.
Und „Sabbatjahr" ging ja gar nicht.
Kam die Sprache auf eben selbiges Geplantes, schoss es uns gleich entgegen: „Ach, euer ‚Sabbatical'". Natürlich mit einer vornehm gehauchten Betonung auf dem „bäh". Ist im Angesicht von Klimawandel, aufkommendem Nationalismus, Verschmutzung der Weltmeere und der nächsten Steuererklärung eigentlich nicht wirklich wichtig und sollte auch niemanden aufregen, aber irgendwie nervt´s dann doch. Also erfanden wir ein Spiel, wer mit den meisten „sssäbähtikeltz" nach Hause kommt. Ich lag da eindeutig und ungeschlagen vorne. Sieben auf einen Streich, will heißen innerhalb eines Tages.
Bezeichnenderweise war bei den selbsternannten Kritikern keiner dabei, der auch nur ansatzweise jemals versucht hatte, aus dem Alltag, und sei es zeitlich begrenzt, auszusteigen und einfach mal loszuziehen.
Fairerweise muss man aber auch sagen, dass Familie, die besten Freunde und viele liebe Kollegen nicht nur nicht dagegen waren, sondern uns mit Rat und Tat zur Seite standen. Auch eine nicht ganz unwichtige Erfahrung. Also machen wir es wahr und reisen nach Neuseeland.

Nun gut, wir ziehen zwar los zum aus unserer Sicht anderen Ende der Welt, aber doch in ein hochtechnisiertes Land und nicht in die tiefsten Tiefen der Wüste Gobi oder auf eine einsame Insel, wo wir Robinson spielen und uns von Meeresschnecken und Würmern ernähren. Und trotzdem, für uns in der Bequemlichkeit und Enge der mitteleuropäischen Leistungsgesellschaft verankerten Normalsterblichen, die eben nicht jeden Tag ihren Hals auf lebensgefährlichen Missionen oder als Adrenalinjunkies bei hippen Extremsportarten riskieren, ist das erst mal das große Abenteuer: Raus aus allen Zwängen, ab auf die andere Seite der Erde und weit weg von allem, was sonst im Alltag so einengt und manchmal sogar Träume begräbt.
Also erfüllen wir uns einen solchen in der Hoffnung, danach nicht gänzlich pleite zu sein. Wir haben zwar vorher Kassensturz gemacht und ein bisschen was auf der hohen (eher mittelhohen) Kante, aber bei aller mittlerweile ausgebrochenen Begeisterung ist uns doch ein, sagen wir mal, pragmatischer Idealismus eigen. Ganz blank machen wollen wir uns nicht. Eine Reise nach

Neuseeland wird's wohl nicht im Sonderangebot geben. Und für „Work and Travel“ fühle ich mich definitiv zu alt, wie gesagt, einmal die Woche Physio etc.
Also warum ausgerechnet Neuseeland?
Sehnsuchtsziel aller Naturliebhaber, mit dem Ruf, dort in grandiosester Flora und Fauna die große Freiheit leben zu können? Das Shangri-La aller Fernwehpflegenden und Sinnsuchenden, unter den Top Drei der deutschen Auswandererträume? Weil es gerade ungeheuer angesagt ist, dort im Einklang mit den Schwingungen des Universums Zeit mit sich selbst zu verbringen?
Ehrlich gesagt; nichts von alledem.
Irgendwann hatte meine Frau gesagt: „Ich will mal nach Neuseeland.“
Okay, warum nicht? Holland ist zwar auch schön und deutlich näher (und billiger), aber wenn´s denn Neuseeland sein soll …

Und die Recherche beginnt. Denn mal ehrlich, was weiß ich denn über Neuseeland? In meiner doch recht eingeschränkten Vorstellung ist das eine kleine, windgepeitschte Insel kurz hinter Australien mit der Form eines Dosenöffners, bekannt für Kiwis (als die sich die Neuseeländer auch gerne selbst bezeichnen), Rugby und Schafe, deren Anzahl die der humanoiden Bevölkerung bei weitem übertreffen soll. 2016 immerhin über 27 Millionen zu über 4,6 Millionen Zweibeinern. Schau an! Ich habe zwar beim Wandern in Europa hier und da mal ein paar Neuseeländer kennengelernt, und die waren ausnahmslos trinkfest und entspannt (wobei da eventuell ein Zusammenhang zu vermuten wäre), aber Fakt ist: Eigentlich wissen wir von diesem Wunschparadies aller Mitteleuropäer so gut wie gar nichts. Immerhin: Der „Herr der Ringe“ ist da gedreht worden. Kann also so schlecht nicht sein.
Also ran an den Feind oder besser gesagt die Infos. Und dann direkt das erste Aha-Erlebnis. Neuseeland ist gar nicht eine Insel, sondern es sind deren zwei; die eher zivilisationsgebundene, durch die Hauptstadt Wellington und den Ballungsraum Auckland urbaner geprägte Nordinsel und die raue, naturbelassene und deutlich einsamere Südinsel, die als El Dorado für Outdoor-Enthusiasten und Naturliebhaber gilt. Klingt gut, ist aber wohl auch in der Nähe zu finden. Dafür müssen wir ja nicht an den von uns aus gesehen entferntesten Punkt des Planeten. Wandern kann ich auch in Ostwestfalen-Lippe und was die Dichte und Eigenart der dortigen Urbevölkerung betrifft … Immerhin bin ich als Kind des Ruhrgebiets in Höxter schon mal als Ausländer vorgestellt worden.
Die Suche im Netz fördert eine Unmenge von Zahlen, Fakten, skurrilen und witzigen Anekdoten und Geschichtchen zu Tage, alle sehr interessant und

erbaulich und wahrscheinlich schon tausendfach in irgendwelchen Reiseführern, Bildbänden und Reisebeschreibungen abgefrühstückt.
So gab und gibt es dort seltsame Vögel (gibt´s hier auch, also warum in die Ferne schweifen …), die nicht fliegen können, zwei rechtlich gleichberechtigte Nationalhymnen und sogar die steilste Straße der Welt mit einer Steigung von 35 Prozent. Das beeindruckt mich als Flachlandtiroler dann doch. Wer mal im Sauerland war, weiß, was Anfahren am Berg wirklich bedeutet.
Steil wird's auch beim Namen eines über 300 Meter hohen Hügels, der in der Sprache der dortigen Urbevölkerung, der Maori, aus immerhin fünfundachtzig Buchstaben besteht: Taumatawhakatangihangakoauauotamateaturipukakapikimaungahoronukupokaiwhenuakitanatahu. Übersetzt: „Der Vorsprung des Berges, wo Tamatea, der Mann mit den großen Knien, der rutschte, kletterte und die Berge verschlang und der durch das Land reiste, für seine Liebste Flöte spielte." Muss ja sehr vielseitig veranlagt gewesen sein, der Tamatea. In den dortigen Karten steht aber schlicht und ergreifend „Taumata". Auch war Neuseeland die erste Nation, in der das Frauenwahlrecht eingeführt wurde, geschehen im Jahr 1893. Das schien seltsamerweise nur den weiblichen Teil unserer Freunde zu interessieren, die Kommentare der Herren der Schöpfung sind nicht druckreif.
Aber so richtig unwiderstehlich packend ist das alles nicht. Warum also ans Ende der Welt? Nur weil es gerade angesagt ist? Nur weil jeder uns lautstark versichert, wie unglaublich dieses Land sein soll und jeder Fantastisches darüber zu berichten weiß, obwohl ausnahmslos jeder dieser Berichterstatter garantiert noch nie da war und auch wohl niemals dahin kommen wird?
Vielleicht oder ganz gewiss ist das der Punkt!
Wir brauchen jemanden, der schon einmal da war.
Wir brauchen sozusagen eine Primärquelle.
Wir brauchen Lulu!

Lulu, eigentlich Louise, ist eine quirlig-entspannte Mitsiebzigerin, die wir seit Jahren regelmäßig ungeplant im Urlaub an der holländischen Nordsee treffen und die uns lieb und teuer ist. Früh verwitwet hat sie den Kopf nicht in den Sand gesteckt, sondern sich einen Transporter zu einem urgemütlichen Wohnmobil umgebaut und reist durch die Weltgeschichte. Dabei hat sie auch mehrere Monate in Neuseeland verbracht. Und, was für uns noch viel wichtiger ist, Lulu redet nicht drum herum, sondern kommt auf den Punkt, und den trifft sie sehr genau.
Also geht es auch direkt ans Eingemachte.

„Was wollt ihr in und von eurer Auszeit?“ kommt es dann auch knallhart bei holländischem, völlig verzuckertem Kakao und Frikandellen auf den Tisch, während draußen die Nordsee mal wieder über den Strand tobt.
„Äh, Ruhe, Entspannung, Abenteuer, Erlebnisse, Natur, Akku auftanken?“ Vorsichtshalber formulieren wir unsere Erwartungen mal als Frage, könnte ja verkehrt sein.
„Kriegt ihr auch in Holland!“ (Weiß ich, soweit war ich auch schon.) „Hat nur einen Nachteil. Ist nicht weit genug weg.“
„Wovon denn?“ traue ich mich zu fragen, nachdem ich mich an der braunen Zuckerbrühe verbrannt habe.
Lulu grinst. „Von allem.“
Genau das ist der Punkt! Wir wollen weg und zwar von allem! Eine richtige, wirkliche Auszeit! Was liegt da näher als der entfernteste Punkt der Welt!
Nachdem dies nun lulugeprüft fest beschlossen ist, geht's ins Detail.
Das „Wo“ ist geklärt, das „Was“ eigentlich auch, denn wir wollen auf gar keinen Fall eine Art Highlight-Hopping veranstalten und ein völlig durchgestyltes Programm abreißen. Stress haben wir auch hier, den brauchen wir nicht noch im Urlaub.
Wir haben ja Zeit.
Genau, wir haben Zeit?!
Als wir diesen Gedanken zum ersten Mal bewusst auf der Zunge geradezu zerschmelzen lassen, bleibt ein verschmitztes Grinsen nicht aus. Das ist es, „was“ wir wollen, Zeit! Wir wollen dort bleiben, wo es uns gefällt, da auch wieder weg, wo es vielleicht nicht ganz so schön ist und das erleben und vor allen Dingen genießen, wonach uns gerade ist. Eben Zeit haben. Eine Reise ins Unerwartete. Da tritt allerdings das so lästige Finanzteufelchen auf den Plan und flüstert sehr nervtötend: teuer, teuer, teuer …

Die günstigste Variante wäre eine Tour wie in Studententagen als lupenreine Backpacker, was ja auch zur Tradition Neuseelands passen würde, immerhin weltweit ungeschlagen Rucksacktouri-Ziel Nummer eins. Sinja sagt nichts zu dieser Überlegung, sie schaut mich nur mit diesem entspannt mitleidigen Blick an, der dem Ehepartner zweifelsfrei diagnostiziert, wie es um seinen Geisteszustand aktuell bestellt ist. Ehrlich gesagt, beruhigt mich das. Ich hatte uns schon auf der Isomatte mit Dosenravioli auf irgendeinem Busbahnhof am Arsch der Welt gesehen, sehnsüchtig auf das Hotel der Pauschalurlauber gegenüber starrend, wo es richtiges Essen und warme Duschen gibt. Fand ich schon mit neunzehn nicht so wirklich erhebend. Die Frage lautet schlicht und ergreifend: Wie lange wollen wir auf welche Art reisen? Wir haben ein Jahr Zeit, allerdings wollen wir nach Neuseeland auch noch etwas Zeit zu Hause verbringen, um das eine oder andere, was wir schon seit Jahren immer mal realisieren wollten, an den Start zu bringen. Und ich persönlich würde spontan auch gerne noch ein paar Ecken von Europa sehen, die wir noch nicht kennen.

Also gehen wir pragmatisch vor. Das Land ist zwar nicht sehr groß, so hat die Nordinsel knapp 114.000, die Südinsel etwas mehr als 150.000 Quadratkilometer. Zum Vergleich, Australien nebenan hat davon über 7,5 Millionen. Trotzdem kann und soll das ja nicht in vier Wochen abgehakt werden. Wir haben ja Zeit! Also wieder Lulu fragen. Ergebnis: Drei Monate sind für Neuseeland eine gute Zeitspanne, um bei entspannter Reisegeschwindigkeit viel, sehr viel, sehen zu können. Klingt doch nach einem Plan. Lulu gibt uns noch den Tipp, nicht erst im Dezember oder gar Februar loszuziehen, da wäre zwar Hochsommer, aber eben genau deswegen wären dann auch die meisten Touris da. Sie würde früher starten, schon im November, auch wenn das Wetter, dann nicht ganz so beständig sei. Wetter stört mich jetzt nicht wirklich, in meiner ach so unwissenden Vorstellung ist es da unten so wie Sommer im britischen Mutterland und Gott hat ja nicht nur den Regen, sondern auch die Regenjacke geschaffen. Ein Blick ins Netz zeigt, dass die Flüge ab Dezember fast doppelt so teuer sind wie im November, eben Hochsaison. Das gibt den Ausschlag. Im Geiste zeige ich dem Finanzteufelchen einen ganz speziellen Finger, allerdings bleibt immer noch die Frage nach dem genauen „Wie“. In verschiedenen Foren lernen wir, dass es in Neuseeland schon fast Tradition ist, einen Wagen, eventuell sogar einen Camper, zu kaufen und am Ende der Reise je nach Zustand mehr oder weniger gewinnbringend wieder zu verkaufen. Einige Verleiher bieten das sogar im Rahmen eines Mietkaufs an. Klingt erst mal gut. Heißt aber auch, man ist versicherungstechnisch komplett auf sich allein gestellt, auch was Zustand und mögliche Reparaturen am Fahrzeug betrifft. Will man sich da nicht erst vor Ort drum kümmern und damit ordentlich Reisezeit investieren, bedeutet das aber auch, man kauft die Katze im Sack. Kann klappen, muss aber nicht. Und ehrlich gesagt, da fehlt uns mittlerweile das Urvertrauen und die Unbedarftheit der jungen Jahre. Und noch dazu bin ich Beamtenkind, da gehst du sogar im Hochsommer mit Pulli zum Bäcker. Könnte ja eine spontane neue Eiszeit geben. Also doch eher einen fahrbaren Untersatz mieten. Zu Hause hatte ich vor einigen Jahren einen günstigen Hochdachkombi geschossen und den zwar primitiv, aber zweckmäßig als XS-Reisemobil für zwei ausgebaut. So etwas würde ja reichen, sofern es nicht

nur durch Rost und Spucke zusammengehalten wird. Eine Kochgelegenheit wäre auch nicht schlecht, das würde die Lebenshaltungskosten relativieren. Jeden Abend essen gehen verschafft sicherlich kulinarische Glücksgefühle, aber da war ja noch diese kleine Ratte von Finanzteufelchen.
„Self-Contained", also Camper mit eigener Toilette, aber, bei kleinen kostengünstigen Modellen, ohne Kühlschrank, würden die Kosten noch weiter senken, da man mit denen wohl auch auf ausgewiesenen kostenlosen Stellplätzen stehen darf. Da gibt es aber keine Stromanschlüsse, also kommen die für uns nicht in Frage. Wir brauchen den Kühlschrank nicht nur für die Verpflegung, sondern auch für Sinjas Medikamente, da sie an einem Immundefekt leidet.
Wir kämpfen uns im Netz durch diverse deutsche und neuseeländische Anbieter auf der Suche nach der eierlegenden Wollmilchsau, mittlerweile mit der felsenfesten Überzeugung, diese nicht zu finden. Es dauert auch gar nicht lange und wir werden blass. Die Angebote reichen vom zusammengeschusterten Mini-Camper bis hin zu ausgewachsenen Wohnmobilen, die in ihrer Größe eher als Wohnschlachtschiffe zu bezeichnen wären. Da die Straßen im Kiwiland ja auch nicht immer vom Feinsten sein sollen und in ihrer Enge gerne mal an alpine Passstraßen (und ich meine jetzt nicht die Brenner-Autobahn) erinnern, frage ich mich doch leicht zweifelnd, wie man mit solchen Gefährten denn entspannt und sicher reisen soll. Aber auch die Preise haben es in sich. Von 2000 Euro pro Monat für eine kleine Quetschkommode bis hin zu 6000 Euro für Mobilheime, die auf einem Lkw-Aufsatz liegen, ist alles drin. Und da ist es wieder, das kleine Teufelchen, wobei es mittlerweile bei jedem neuen Angebot fies grinsend wächst.
Also doch Nissan Micra, Zelt, Gaskocher, Kühlbox und Tütensuppe?

Da greift Freund Zufall ein. Jens, ein guter Kumpel aus alten Tagen, der immer für ein Gläschen und dazugehörigem Schnack zu haben war und ist, ruft an, er sei wieder in der Stadt und stände schon vor der üblichen Lokalität.
„Junge, egal, was du gerade machst, lass es. Ich hab´ schon bestellt."
Wäre ja schade, wenn das Bestellte schal werden würde, also bin ich zehn Minuten später am Pub und es wird ein feucht-fröhliches Wiedersehen. Natürlich kommt die Sprache auf unser Vorhaben und auch unser aktuelles „Wie"-Problem.
Es ist so eine typische Geschichte eines Bekannten des Onkels der angeheirateten Cousine zweiten Grades mütterlicherseits. Deren Nachbar ein Block weiter war mal in Australien und hat da jemanden kennengelernt, der einen

Arbeitskollegen hatte, der von jemandem gehört haben wollte, welcher schon einmal in Neuseeland eine Tour mit einem Mietcamper gemacht habe.
Klar, wer kennt solche Leute nicht?
Bevor ich mich verzweifelt hinter meinem Glas vergraben kann, rückt Jens mit dem Kern der Geschichte heraus.
„Ich weiß noch genau, welches Auto der hatte.“
Das spricht für sein Gedächtnis, aber wie kann uns das weiterhelfen?
„Na, ihr wollt doch etwas Kleines, aber mit Kühlschrank, etwas Solides, aber nicht nagelneu, gemietet und nicht verscheuert, und das Ganze bezahlbar und mit unkompliziertem Service bei möglichen Pannen. So eine typische abgesicherte Wohnschleuder für zwei Normalos, die Angst vor der eigenen Courage haben.“
Ja, stimmt auffallend, aber was hat das mit dem Auto des Bruders, äh Onkels deiner Großtante, ne, Kegelkollege war´s, oder … Für die Verwandtschaftsverhältnisse war das eindeutig eins zu viel.
„Das Auto war genau so etwas. Schon älter, aber gut in Schuss. Und die Vermieter waren nett und kompetent. Sind vor Jahren von Europa nach Neuseeland ausgewandert. Kommen irgendwo aus dem Alpenraum. War auch preislich im Rahmen.“
Aha, jetzt wird´s interessant, und mein Kopf ist spontan über Glas-Höhe gerückt. „Gut in Schuss“ und „preislich im Rahmen“ sind doch Schlagworte, auf denen man aufbauen kann.
Am Morgen danach versuche ich mühselig, die Informationen des gestrigen Abends zu sortieren und trete mal wieder gegen die Suchmaschine an. Und siehe da, der Neffe der Tante des Opas von wem-auch-immer hatte gar nicht mal so unrecht. Die Firma und ähnliche Gefährte wie das beschriebene scheint es wohl wirklich zu geben. Da rufen wir an!
„Auch wenn die Deutsch sprechen, die leben in Neuseeland, das ist dir schon klar?“, wirft Sinja ein, während ich die ersten Ziffern tippe.
Ja, natürlich, deswegen rufe ich da ja an! Die werden wohl auch in Neuseeland Telefon haben. Ist doch gleich viel kommunikativer, als einfach eine öde Mail zu schreiben.
„Ich glaube nicht, dass wir einen guten Eindruck machen, wenn du da um Mitternacht anrufst.“
Wieso Mitternacht, es ist doch erst kurz vor zwölf, heller Tag, da … ups, Zeitverschiebung! Satte zwölf Stunden! Und ganz schnell lege ich wieder auf. Gott sei Dank telefonieren wir immer mit unterdrückter Rufnummer.
Also doch die Mail und das Warten beginnt.

Und es lohnt sich!
Einen Tag später erhalten wir auf unsere Anfrage eine Rückmeldung mit einem konkreten Angebot und dem Zusatz, dass wir mögliche Fragen auch gerne telefonisch bereden können. Ach, schau an!
Wir telefonieren um zehn Uhr, hier abends, da morgens, und zwei Tage später haben wir unser rollendes Zuhause für die nächsten drei Monate.
Bei den angegebenen Maßen muss ich etwas schlucken. Das wird sportlich und ist wahrlich nicht zu unterschätzen, zwei eher eigenbrötlerisch Veranlagte für ein Vierteljahr auf knappen sieben Quadratmetern!
Aber wie heißt es so schön: Der Ehepartner wächst mit der Aufgabe beziehungsweise mit der Verringerung der Wohnfläche. Bei zu erwartenden Lagerkollern, kann einer (also ich) dann ja rausgehen.
Sinja sieht das entspannter, sie weiß, dass ich mir meist zu viel Sorgen mache, als ob meine Frau aus Zucker wäre. Und das ist sie wahrlich nicht! Auch, wenn ich sie zuckersüß finde. Die so Komplimentierte tritt mich im Vorbeigehen in den Hintern, aber ich hab´s genau gesehen! Sie hat geschmunzelt!
„Wenn´s knallt, gehst du einfach auf einen Berg und ich male ein Bild mehr."
Nebenbei, sie ist auch sehr pragmatisch veranlagt.

Auckland Airport - und das Lenkrad auf der falschen Seite

„Hi! Are you these guys from Germany? How is it going?"
Eisblaue, beunruhigend ruhige Augen in einem sonnenverbrannten, zerfurchten Gesicht schauen uns entspannt an, während sich die buschigen Augenbrauen leicht erwartungsvoll nach oben ziehen.
Ja, wir sind wohl die german guys, aber wer ist denn er?
Der unter einem graumelierten Schnauzbart so zwischen Schimanski und Buffalo Bill Cody (von dem war wohl auch der Hut) versteckte Mund scheint sich, geht man von den nach oben wandernden Wangen aus, zu einem leichten Lächeln zu verziehen.
„I´m Steve. I´m your shuttle to your camper."
Stimmt, wir hatten ja nicht nur einen Camper, sondern gleich noch einen Transfer vom Flughafen angeboten bekommen, und nach diesem Vierundzwanzig-Stunden-Ritt kommt uns Steve wie ein rettender Engel vor, der uns ohne Probleme in unser zukünftiges Nest führen wird. God save New Zealand. Auch wenn es am anderen Ende der Welt liegt. Und da sind wir jetzt.

Vierundzwanzig Stunden.
Vierundzwanzig mal sechzig Minuten über den Wolken in einer Stahlröhre, die von nichts anderem als ein paar Düsen oben gehalten wird. Vierundzwanzig Stunden eingeklemmt in einer Sitzreihe, nur unterbrochen von kleinen, naturbedingten Gängen Richtung sanitärer Sammelstelle, die spätestens nach dem fünften Besucher so aussieht wie eine Autobahntoilette an der A1. Nicht die auf den Rasthöfen. Eher die Container auf den Rastplätzen, die selbstredend immer direkt neben den Picknick-Bänken stehen, an denen sich dann garantiert eine Taubenfamilie mit Durchfall ausgelassen hat.
Vierundzwanzig Stunden mehr oder weniger stickige Luft und hinter mir ein Rentnerehepaar, das höchsten Wert darauflegt, dass ich meine Rückenlehne ja nicht bewege. Völlig unabhängig davon, dass die ja genau dafür gebaut ist.
Vierundzwanzig Stunden warten, dass der Flug endlich vorbei ist.
Und, sein wir ehrlich, vierundzwanzig Stunden voll wachsender Aufregung, am Ziel anzukommen und zu sehen, was uns erwartet. Eine Mischung aus Nervosität und Vorfreude. Nein, eher Nervosität. Wir wollten ja ehrlich sein.
„Ach komm, so schlimm war der Flug doch gar nicht. Und immerhin hatten wir ja zwei Stündchen Aufenthalt in Dubai. War doch interessant."
Ja, Sinja hat so eine praktische Art, mich aus meinem nörgeligen Selbstmitleid zu holen, und sie hat auch vollkommen recht! So schlimm war das Ganze wirklich nicht. Aber wenn man den nun einmal unter Flugangst leidet, dann will man so etwas nicht hören. Dann will man pseudo-verständnisvolle Blicke, die einem zumindest oberflächlich suggerieren, dass man mit Fug und Recht erst mal ordentlich Dampf ablassen und den allseits bekannten Spruch anbringen darf, dass, wenn Gott gewollt hätte, dass der Mensch fliegt, er ihm ja wohl ein paar Flügel verpasst haben würde! So!
„Hat er aber nicht. Also meckere nicht. Lief doch gut."
Genaugenommen lief es sogar ziemlich gut.

Am heimischen Bahnhof hatte uns sogar noch Eike, einer von meinen zwei Blutsbrüdern im Geiste, erwartet und uns verabschiedet. Für immerhin drei Monate. Ehrlich, wir waren gerührt. Ganz besonders über die zwei Schokoriegel, die er uns noch augenzwinkernd zugesteckt hat.
„Hilft gegen das Reisefieber."
Hoffentlich, denn in dem stecken wir gerade voll und ganz drin.
Als der Zug dann losfuhr und Eike noch bis zum Ende des Bahnsteiges mitrannte, hatte ich doch tatsächlich einen leichten Kloß im Hals.

Am Flughafen dann der erste Aufreger. Gott sei Dank nicht bei uns, sondern bei dem Stylo-Pärchen vor uns am Check-in-Schalter. Zwanzig Kilo Freigepäck sind nun mal zwanzig Kilo, nicht sechsundzwanzig, es sind eben „nur" zwanzig. Das will der reichlich gegeelte Mensch aber nicht akzeptieren und redet oder besser schreit auf die professionell lächelnde Dame am Schalter ein. Die nickt verständnisvoll und begütigend, doch ein „No!" ist ein „No!" Der Rest der Schlange, wir inklusive, ist mittlerweile amtlich genervt, und ich kann mich eines mittellauten Kommentars „Dann zieh doch ein paar Sachen an, da oben soll es ja eh kälter sein!" nicht enthalten. Bringt mir von ihm einen bösen Blick und von Sinja einen Rippenstupser ein. Aber er und sein weibliches Anhängsel gehen zur Seite, öffnen die Koffer und schauen erst einmal angestrengt hinein, als ob sich der Inhalt durch pure Gedankenkraft reduzieren ließe.

Dann sind wir an der Reihe.

Schlagartig werde ich nervös. Spontan bereue ich meine große Klappe von eben. Nicht, dass der Schuss jetzt nach hinten losgeht. Zwar reisen wir immer mit wenig Gepäck, jeder einen Rucksack, da passen noch nicht einmal zwanzig Kilo hinein, aber meine Frau hat ihren Malkoffer auf Vorrat gepackt und da sie aufgrund des Immundefekts auf Medikamente nebst dazugehörigem Besteck angewiesen ist, haben wir das ja auch noch dabei. Sinja musste sich für den Transfer und die Einfuhr der Medikamente im Vorfeld mit der Fluggesellschaft und der neuseeländischen Botschaft auseinandersetzen. Alle Dokumente sind da, aber weiß die resolute und kompromisslose Dame vor uns das auch? Sie weiß, und dreieinhalb Minuten später haben wir unsere Bordkarten und können in Ruhe erste einmal einen Kaffee trinken gehen.

Das war einfach. Überraschend einfach. Und Sinja hat noch ein persönliches Erfolgserlebnis. Ihr Rucksack war doch tatsächlich ein deutliches Kilo leichter als meiner. Okay, meiner hat ja auch mehr Eigengewicht. Der zweite Rippenstupser dieses Tages. Auf dieselbe Stelle. Vielleicht sollte ich mal die Seite wechseln, auf der ich neben ihr so gehe.

Auch die Sicherheitskontrolle geht ohne weitere Schwierigkeiten vorüber. Wie immer muss ich meine doch recht derben Wanderstiefel ausziehen, wie immer versichere ich dem Sicherheitsmenschen, dass die Socken frisch und ich die Stiefel erst seit ein paar Stunden trage und wie immer darf ich sie dann nach einer kurzen Kontrolle und einem merklichen Naserümpfen seinerseits wieder anziehen.

Danach wird es wirklich spannend. Zumindest für mich. Sinja ist da wesentlich gelassener, aber sie ist rücksichtsvoll genug, auf meiner Flugangst nicht rumzureiten.
Fliegen, auch wenn ich das schon oft genug getan habe, ist nun mal nicht mein Ding.

Auf meinem allerersten Flug mit zarten siebzehn zusammen mit meinem alten Herrn nach Griechenland hatten wir Plätze direkt an der Tragfläche und einen wunderbaren Blick auf den rauchigen Qualm, der beim Start auf einmal aus der Düse kam. Mein Vater, Techniker von Beruf, kommentierte das trocken mit „Das sieht nicht gut aus!“ Pause. „Nein, wirklich nicht!“ Der Start wurde abgebrochen, die Düse repariert, während die Passagiere im Flugzeug bleiben mussten. Dann starteten wir nach einer knappen Stunde erneut. Danach war das mit „über den Wolken“ und grenzenloser Freiheit für mich erledigt. Anders ausgedrückt, jeder Flug war bis dato für mich eine Tortur, und ich bin nach der Landung stets kurz davor, den Johannes Paul II. zu geben und den Asphalt der Landebahn zu küssen. Aber, es hilft ja nichts. Es ist zurzeit nun einmal die schnellste Art des Reisens, wenn man nicht unbedingt nach Klein Küppersbusch möchte. Als großer StarTrek-Fan setze ich aber all meine Hoffnung auf die Verwirklichung zukünftiger Transportalternativen. Scotty, beam me up!

Aber auch so eine Flugreise hat unzweifelhaft ihre Highlights.
Für mich eher simpel gestrickten Mitmenschen heißt das essen und fernsehen. Und beides ist erstaunlicherweise gut und reichlich. Die Mahlzeiten schmecken und sind sogar heiß (das kenne ich auch anders) und ich schaffe ganze vier Spielfilme und eine Doku über Neuseeland, nur unterbrochen von den schon erwähnten Rufen der Natur, gelegentlicher Gymnastik zwecks Vorbeugung von Thrombose und den allerdings eher mittelprächtigen Versuchen, in einem engen Flugzeugsessel der Economy-Class zu schlafen.
Tja, und dann, vierundzwanzig Stunden später, sind wir nun da, am Ziel unserer Träume, am anderen Ende der Welt.

Doch bevor wir uns das mal genauer anschauen können, hat der neuseeländische Staat noch so ein, zwei kleine Hürden eingebaut, frei nach dem Motto: Schwer Erkämpftes schätzt man umso mehr.
Die neuseeländischen Einreisebestimmungen sind nicht von schlechten Eltern. Wenn die Kiwis eines haben, dann Natur. Und damit die, sowohl für

Einheimische als auch Touristen, so attraktiv bleibt, wie sie nun mal ist, wird auf die Reinhaltung derselben aber mit Argusaugen geachtet. Die Einfuhr von Lebensmitteln ist ja am Zoll grundsätzlich ein Thema. Wer schon einmal eine Fernreise per Luftfahrt gemacht hat, kennt sie, diese ominösen Zettel, die kurz vor der Landung an Bord ausgefüllt werden müssen, immer begleitet von dem mulmigen Gefühl, ja auch alles richtig zu beantworten. Sonst droht Ärger! Und kein kleiner! Da hilft es auch nicht, dass einige Fragen nicht ganz eindeutig zu beantworten sind (Ist mein Kaugummi gegen Reiseübelkeit jetzt Nahrungsmittel oder Medizin? Oder beides?). Einige Fragen erregen auch ungewollte Heiterkeit. Als ich mal in die USA geflogen bin, stand doch auf dem Zettel allen Ernstes die Frage, ob ich vorhabe, einen terroristischen Anschlag zu verüben. Klar, ist mein Hobby. Würde ich auch jedem erzählen. Ist mein Start ins Wochenende.

Danach werden wir hier nicht gefragt, aber doch nach einer möglichen kriminellen Vergangenheit, und ich frage mich instinktiv, ob die davon wissen können, dass ich mit acht Jahren beim Nachbarn mal Kekse geklaut habe.

Grundsätzlich kämpft der neuseeländische Zoll gegen Bakterien und Verunreinigungen, auch und ganz besonders an Kleidung und Schuhwerk. Ein Großteil der Reisenden aus aller Herren Länder kommt ans andere Ende der Welt zum Trekking. 2015/16 wurden immerhin fast 120.000 Wanderwütige allein auf den Fernwanderwegen, den berühmten „Great Walks“, registriert. Da sind die Tageswanderer noch nicht mal mit eingerechnet, eine nicht abzuschätzende Dunkelziffer. Und das geht nun mal nicht mit Stöckelschuhen und dem kleinen Schwarzen. Da muss derbes Zeug her, und das ist naturgemäß nach häufigem Gebrauch auch zu Hause trotz ordentlichster Säuberung nicht gerade klinisch rein. In einem Bericht im Spiegel zu diesem Thema hatte ich gelesen, dass mittlerweile viele Neuseeländer sich über die Verschmutzung der Wanderwege und damit auch der Natur beschweren, von der Überfüllung mal abgesehen. Wirft auch nicht gerade ein gutes Licht auf die Besucher.

Wir hatten uns vorgenommen, da erst gar keinen Anlass zur Kritik zu geben, und im heimatlichen Wohnzimmer Rucksäcke, Klamotten, Stiefel und Wanderstöcke gewienert und geschrubbt, bis Mensch und Material um Erbarmen gefleht hatten. Jetzt wollen wir die Früchte dieser Mühsal ernten und stehen hoffnungsvoll in der Kontrollschlange für Nicht-Kiwis.

Meine Frau hatte zu Hause höflich angemerkt, dass es doch wohl besser sei, gerade die Stiefel nicht anzuziehen, sondern schön im Rucksack einzutüten, dass auch ja kein Staubkörnchen daran haften möge. Da mein langjähriger treuer Begleiter aber schon fast zur Hälfte mit dem dicken Schlafsack gefüllt war (den dünnen wollte ich nicht mitnehmen, wie gesagt, Beamtenkind, und so ganz traue ich der Vorstellung vom Hochsommer im Dezember noch nicht, Südhalbkugel hin oder her), stand das gar nicht zur Debatte. Außer ich hätte grundsätzlich auf Ersatzkleidung verzichtet.

Sinja hat ihre Treter, derbe und solide-verlässliche Lederstampfer, irgendwie noch in ihren Rucksack hineinbekommen, unter völliger Missachtung des Naturgesetzes vom Verhältnis Masse zu Raum.

Also stehen die Chancen nicht schlecht, dass zumindest ich ordentlich und folgerichtig zeitaufwendig durchgecheckt werde. Ist aber auch nichts Neues. Passiert mir drei von vier Malen. Selbst wenn ich Schlips und Kragen trage.

Aber nicht im Kiwi-Land!

Die uns „betreuende" Grenzbeamtin ist unglaublich nett, und sie ist keine Ausnahme! Noch nie wurde ich an irgendeiner Grenze so freundlich willkommen geheißen. Bei uns haben die Wächter über Wohl und Wehe der Einreise ja meist eher schlechte Laune oder tun zumindest so. Gehört vielleicht zum Berufsprofil.

Nach einem kurzen Blick auf meine Fußbekleidung gibt sie mir mit einer lässigen Geste zu verstehen, die Füße mal kurz anzuheben, um einen fachkundigen Blick auf die Profilsohle zu werfen. Dann ein wohlwollendes Nicken. „You´re all good!" Ich komme mir vor, als ob ich gerade das mündliche Abitur bestanden hätte. Und zwar mit Auszeichnung. Ha!

Da die Dame an Sinjas Schlappen nicht so leicht rankommt, werden wir zu einem anderen Schalter geleitet, an dem sie, da sie sowieso ihre Schuhe auspacken muss, gleich den ganzen Inhalt ihres Rucksackes zur Schau stellen darf. Nur äußerste Selbstbeherrschung meinerseits verhindert ein mittelprächtiges Erdbeben, denn wenn ich jetzt grinse oder einen von meinen blöden Kommentaren ablasse, dann ist unser erster Tag in Neuseeland gelaufen.

Die Sprüche übernimmt hier der für uns zuständige Sicherheitsbeamte. Er schält Sinjas Stiefel aus der Schutzhülle, augenscheinlich ebenfalls beeindruckt, dass die im Rucksack noch Platz gefunden haben, dann ein kritischer Blick erst aufs Schuhwerk, dann auf Sinja, ein zweiter Blick wieder auf die Schuhe, dann wieder auf Sinja, und er fragt forschend: „You are German, aren´t you?"

Etwas beunruhigt bejahen wir die Frage oder eigentlich eher die Feststellung. Warum?

Ein Lächeln breitet sich auf dem Gesicht des Mannes aus und er wirft seiner Begleitung, wohl eine Auszubildende, die still und stoisch alles genau beobachtet, einen Blick nach dem Motto „Hab´s doch gewusst!" zu.
„You must be German. Only the Germans have always such clean boots. Yesterday we had a guy, who has used a toothbrush for cleaning."
Jetzt wirft mir Sinja einen Blick zu, schließlich war ich der, der sich bei unserer heimischen Putzorgie noch darüber lustig gemacht hatte ob ihrer Bearbeitung der Stiefelösen mit der Zahnbürste. Hat sich wohl ausgezahlt.
Nach einer wirklich gründlichen Kontrolle bekommt auch Sinja das „All good." Dann dürfen wir noch die Bescheinigungen für die Medikamente vorzeigen, das geht aber problemlos. Irgendwie scheint hier, für eine Flughafengrenze völlig unerwartet, ein grundsätzlich sehr freundlicher Ton zu herrschen. Pragmatisch und mit Augenmaß. Freundlich und bestimmt. Trotzdem entsteht nicht einen Augenblick lang der Eindruck, dass die Leute ihren Job hier nicht ernst nehmen. Im Gegenteil! Es ist ein freundliches Willkommen, wenn du dich an die Regeln hältst. Nach dem langen Flug und der Nervosität ein warmes Pflaster für unser müdes und übernächtigtes Gemüt. Ist mir so auch noch nicht passiert.

Steve ist unser erster richtiger Kontakt mit den zweibeinigen Kiwis. Eigentlich sieht er trotz weißem Hemd und schwarzer Hose aus wie ein waschechter Cowboy. Das liegt gar nicht mal an Hut und Barttracht, er wirkt einfach so, und es hätte mich nicht gewundert, wenn er nach der Begrüßung kurz noch einen Strahl Kautabak in die nächste Ecke gestellt hätte. Tut er aber nicht, sondern schnappt sich ganz Gentleman den Rucksack meiner Holden, ich darf meinen selbst tragen, und dann geht es raus aus dem klimatisierten Wartebereich zum Parkplatz.

Anscheinend weiß Neuseeland nicht, dass in good old Europe flächendeckend die Vorstellung herrscht, der Sommer in Neuseeland gleiche dem britischen. Warum sollte er, nur weil hier Nachfahren der Briten wohnen?
Es ist heiß. Sehr heiß. Erschreckend heiß.
Locker über dreißig Grad, mit einer Sonne, die das Hirn wegbrennt. Der dicke Schlafsack war dann wohl doch etwas übertrieben, das schreit eher nach einer sehr dünnen Seidendecke für die Tropen.
Diesbezügliche Anmerkungen kommentiert Steve damit, dass dieses Jahr wohl eine Art Supersommer zu erwarten sei. Die Temperaturen wären jetzt schon deutlich über dem normalen Mittelwert, und das, obwohl es vor ein, zwei

Wochen praktisch noch Winter gewesen wäre. Selbst den an Wetterextreme gewöhnten Einheimischen sei das etwas zu viel. Klimawandel, wir kommen.
Sinja will hinten sitzen und ich steige vorne ein, beziehungsweise ich versuche es, denn natürlich nehme ich erst einmal die falsche Seite. Linksverkehr. Die haben das Lenkrad da, wo es nicht hingehört. Steve lacht gelassen, scheint wohl nicht zum ersten Mal zu passieren, trotzdem weißt er uns sofort daraufhin, dass wir uns besser mal direkt an den Linksverkehr gewöhnen. Durch steigende Besucherzahlen, 2016 waren es dreieinhalb Millionen, würde auch der Verkehr belastet, insbesondere, da die Gäste häufig aus Ländern mit Rechtsverkehr kämen. Unsicherheit und damit erhöhte Unfallgefahr sind die Folge. Die Statistiken sprechen da eine deutliche Sprache. Mittlerweile gibt es eine Reihe Seiten im Netz, die den Besucher über die Regelungen und auch Gefahren auf den Straßen Neuseelands gut und ausführlich informieren, sei es Wetter, Tiere, Straßenbelag oder Kiwi-Gepflogenheiten.
Auch der Asphalt sei ein Thema, sagt Steve.
Asphalt? Wieso ist der ein Thema? Schmilzt der bei der Hitze?
Nicht unbedingt, aber er hat was gegen Nässe. „It gets slippery, when wet."
Vielleicht ist es gar nicht so schlecht, dass jetzt am Anfang aber auch nicht die Spur eines Wölkchens am blauen Himmel zu sehen ist. Hat eben alles zwei Seiten.

Seltsamerweise fährt Steve an Auckland vorbei! Das klärt sich, denn, so sagt er, der Flughafen sei nun mal in Auckland, die Firma aber eine gute Stunde südlicher, in der Nähe von Waiuku.
Das war uns wohl auch entfallen, bedeutet aber, dass wir nicht einfach einen lockeren Airport to City-Transfer im Preis mit drin haben, sondern eine ordentliche Autofahrt. Die gibt uns wiederum die Gelegenheit, unser Reiseziel zum ersten Mal anzuschauen, beziehungsweise den kleinen Teil, in dem wir hier gerade sind. Sieht völlig anders aus, als wir es uns so vorgestellt haben. Alles glänzt und blitzt in einem tropischen Grün. Mache ich kurz das Fenster auf, fühlt es sich dunstig und schwül an, und selbst der Verkehrslärm kann die Geräusche der Natur, insbesondere die Vogelstimmen, nicht übertönen.
Nach einer knappen Stunde kommen wir an, und ich kann es nicht verhehlen, die Aufregung steigt!
Noch ein paar Augenblicke und wir werden ihn sehen, unseren Mietcamper.
Wobei, was heißt hier Mietcamper!
Ein viel zu schwaches Wort, für das, was es sein soll und wird. Unser Zuhause für die nächsten drei Monate. Das Gefährt, dass uns hoffentlich problemlos

zu unseren jeweiligen Zielen bringen wird, und der Ort, der für ein Vierteljahr unser Stützpunkt ist, unser Rückzugsort, vielleicht sogar unsere Fluchtburg. Nicht mehr und nicht weniger!

Wir fahren von der holprigen und sehr kurvigen (nebenbei, das Motto der gesamten Reise, auch wenn wir es noch nicht wissen) Hauptstraße in eine unscheinbare Einfahrt, dann einen kleinen Schotterweg hoch und prompt stehen wir auf dem Hofgelände unserer Vermietungsfirma. Haupthaus und Nebengebäude, umlagert von einigen Campern kleiner bis mittlerer Größe, von denen es laut Bild und Beschreibung eigentlich jeder sein könnte. Sinja legt beruhigend ihre Hand auf meine Schulter.

„Entspann dich. Irgendeiner wird das schon sein." Aber auch ihr ist die Spannung, wie unser zeitlich begrenztes mobiles Heim denn nun aussieht, deutlich anzumerken.

Begrüßt werden wir von einer freundlichen Dame Ende Vierzig, Karen ist ihr Name, die uns erst einmal mit Wasser versorgt und uns im Land am anderen Ende der Welt willkommen heißt. Karen hat eine durchaus beruhigende Art, wir sind schließlich nicht die ersten Besucher, die nach anstrengenden Reisestunden hier aufschlagen und völlig heiß auf den gemieteten fahrbaren Untersatz sind. Also kommt sie direkt zum Wesentlichen.

„Ihr wollt ganz sicher euer ‚neues Heim' sehen?" Ja, wollen wir, also geht sie mit uns zu ein paar Fahrzeugen in Bulli-Größe an der Seite des Nebengebäudes, zeigt auf eines und sagt ganz lapidar „Das ist er."

Am Strand Nähe Waiuku

Das ist er also. Sinja und ich nehmen uns gegenseitig an die Hand und ein kleines, immer größer werdendes Grinsen stiehlt sich in unsere Gesichter.

Das ist er!
Ein Toyota Hiace Campervan von 2004, 4,90 Meter lang, 2,50 Meter hoch, mit eingebauter Küchenzeile, Wassertank, zwei Seitenbänken mit einem großzügigen Tisch in der Mitte, woraus sich mit wenigen Handgriffen ein bequemes Doppelbett bauen lässt. Bettzeug, Handtücher, Wäscheleine, Besteck und Geschirr für den täglichen Kochgebrauch sind reichlich vorhanden, und da der Van gerade ans Stromnetz angeschlossen ist, summt der Kühlschrank fröhlich vor sich hin.
Außen ist unser Gefährt klassisch weiß und mit einer braun-beigen Banderole verziert. Sieht ein bisschen so aus wie ein gemütliches Sofa aus den Achtzigern. Und genau so wirkt unser Gefährt. Schon ordentlich was auf dem Buckel, aber sehr gut in Schuss und saubequem. Die Kiste hat Charakter!
Als ich zu Testzwecken mal den Motor starte, kommt ein satter Sound wie aus einem Bassverstärker. Das hört sich richtig gut an. Peinlicherweise bin ich schon wieder auf der falschen Seite eingestiegen, das nimmt Karen zum Anlass, genau wie Steve direkt mal auf die Verkehrssituation in Neuseeland hinzuweisen. Wohl wirklich ein echtes Thema. Dann macht sie die Übergabe, ihr Mann Stefan sei zurzeit oben im Norden, erklärt die einzelnen Funktionen und übergibt uns feierlich die Schlüssel. Ein wahrhaft rühriger Moment.
Und sie sieht, wie kaputt wir sind.
Stehend k.o. trifft es eigentlich besser. Sie bietet uns an, die erste Nacht auf dem Gelände der Firma zu verbringen. Mehr als erleichtert nehmen wir das dankend an. An dieser Stelle ein großes Dankeschön an unsere Vermietungsfirma für ein warmes Willkommen und ein Auto, das wirklich zu einem Heim für uns geworden ist.
„Aber geht nicht direkt schlafen, haltet bis abends durch, dann ist das mit dem Jetlag auch gegessen."
Da hat sie wahrlich nicht Unrecht. Wir sind nicht nur vierundzwanzig Stunden nach Osten geflogen, sondern auch folgerichtig zwölf Stunden in die Zukunft, zumindest, was die Zeitumstellung betrifft. Zu Hause wären wir jetzt, um zwei Uhr nachts, mitten im Tiefschlaf (außer die Kneipe nebenan hat mal wieder eine Außenveranstaltung), hier ist es mitten am Tag.
Also beherzigen wir den Tipp und verstauen in aller Ruhe unser weniges Gepäck und fahren dann wirklich noch in den Ort, um für die ersten Tage einzukaufen.

Eigentlich nur zwei Kilometer, für uns die erste Bewährungsprobe mit unserem neuen Gefährt, Neuseelands engen Straßen und dem Linksverkehr. Zwar sitze ich wie der Affe auf dem Schleifstein hinter dem Lenkrad, ist ja auch auf der verkehrten Seite, aber Sinja hilft tatkräftig mit („etwas weiter nach links", „da parkt einer", „die Oma hast du gesehen, oder?").
Fazit: Es wird gehen. Und es wird gut gehen.
Wir haben für die nächsten drei Monate ein rollendes Zuhause, alles ist soweit vorbereitet und trotz der bleiernen Müdigkeit merken wir es jetzt, wo wir angekommen sind, überdeutlich:
Wir sind heiß auf Neuseeland. Heiß wie Frittenfett!

Poor Knights - Arme Ritter zum Frühstück

Der Tag beginnt mit Stress!
Um Viertel nach acht sollen wir am Anleger sein, für unseren aktuellen Biorhythmus also mitten in der Nacht.
Die ersten Tage haben wir genutzt, um uns ganz vorsichtig in Land und Gepflogenheiten einzufinden. Heißt konkret, erst einmal genau zu schauen, was wir denn nun alles wie lange besuchen wollen. Klar, eine grobe Reiseplanung hatten wir schon zu Hause gemacht, aber eben nur eine grobe. Denn: Wir haben ja Zeit und freuen uns auch, vielleicht sogar ganz besonders, auf das Unerwartete. Die Sache mit dem Linksverkehr hatten wir relativ schnell drin, einige andere Eigenheiten waren etwas gewöhnungsbedürftig. Die Verkehrswege sind eng und kurvig und haben eine Bandbreite von Knüppelpfad bis Hochglanz-Highway. Gerne auch mal auf ein und derselben Straße. Und dichtes Auffahren ist hier sozusagen Nationalsport. Vielleicht, weil man genau wissen will, wer denn da so vor einem herschleicht. Denn, ganz ehrlich, wir rasen auch zu Hause nicht, und hier müssen wir uns wirklich ein bisschen eingewöhnen. Anderen mag das schneller gelingen, vielleicht haben die aber auch nicht so viel Zeit. Eine ganz besondere Überraschung bietet dann noch unser technisches Helferlein. Karen hatte uns freundlicherweise neben großzügigstem Kartenmaterial auch ein mittelmodernes Navigationsgerät überlassen. Haben wir direkt mal „Uschi" getauft. Die distinguierte Damenstimme Mitte fünfzig, die ihr eigen ist, klingt einfach nach einer „Uschi". Und „Uschi" hat noch einen ganz besonderen Service in petto. Eigentlich von Haus aus aus dem angelsächsischen Bereich stammend, hat ein freundlicher Vorbesitzer sie auf den deutschen Sprachraum umgestellt. Doch unsere „Uschi" gibt sich nicht einfach damit zufrieden aus „right" rechts und „left" links zu machen. Sie

übersetzt die Straßennahmen auch gleich ins Deutsche. Da das nicht immer geht, „liest" sie einfach die Buchstabenfolge ab oder versucht es zumindest. Da wir dann aus „Clarence St." auf einmal „Klarenke Es Te" oder die „Clyde St." zu „Klöde Es Te". Schön war auch „Neff Brechton Sud", im Original „New Brighton South." Unser persönlicher Renner während der gesamten Reise war ungeschlagen die „Dowling St." Oder in Uschi-Deutsch „Doofling Es Te."

Campingplatz nahe der Tutukaka-Küste

Ansonsten ist „Uschi" aber sehr zuverlässig und führt uns ohne Probleme erst einmal an Auckland vorbei und am gestrigen Nachmittag nach Tutukaka, einem der schönsten Fleckchen der gleichnamigen Küste (klingt ein bisschen nach Augsburger Puppenkiste, ist aber wirklich wunderschön) im Nordosten der Nordinsel. Und nebenbei der Tauch-Hotspot der Region, wenn nicht Neuseelands. Vorsichtshalber hatte meine bessere Hälfte mir das verschwiegen, denn im Gegensatz zu ihr bewege ich mich wesentlich lieber auf dem Wasser, ist auch wärmer. Selbstverständlich nur durch Zufall führte unser Abendspaziergang dann an einem Tauchbüro vorbei, das, man soll es kaum glauben, auch noch geöffnet war. Nebenbei, die Neuseeländer halten sehr viel von humanen Arbeitszeiten. In der Countryside, also gefühlt 90 Prozent des Landes, ist nach fünf grundsätzlich alles dicht, meist und gerne auch früher. Also haben wir die Gelegenheit ergriffen und nach einem kurzen Beratungsgespräch mit der sehr resoluten Inhaberin eine Sea-Snorkeling-Tour gebucht und zwar bei den Poor Knights, einem von der Küste knapp fünfundzwanzig Kilometer entfernten etwa drei Quadratkilometer großen unbewohnten Archipel mitten auf dem Pazifik. Hier siedelten bis ins 19. Jahrhundert Maori (mitten im Meer!), allerdings soll 1908 bei einem nächtlichen Massaker durch einen konkurrierenden Stamm vom Festland die gesamte Bevölkerung ausgerottet worden sein.

Harte Sitten! Mir schießen Tränen in die Augen, das liegt dann aber ehrlich gesagt am Preis von 400 Neuseelanddollar, knapp 250 Euro, aber wenn wir schon mal hier sind … Und Sinja ist glücklich.

Da wir noch immer mit der Zeitumstellung zu kämpfen haben, stehen wir nicht wie geplant um Viertel vor sieben auf, sondern schälen uns erst so gegen halb acht aus unseren kuschelig warmen Schlafsäcken. Man soll es kaum glauben; tagsüber fünfunddreißig Grad, nachts gefühlt gegen null, und das an der Küste. Ergo kein ausgiebiges magen- und geistbefriedigendes Morgenmahl, eher ein schneller Toast und viel zu heißer Kaffee. Ein Bombenstart!

Poor Knights

Pünktlich, etwas abgehetzt und stolz wie Oskar stehen wir dann abenteuerhungrig – wenigstens Sinja, ich habe dann doch eher gemischte Gefühle – sogar schon um acht Uhr dreizehn am Boot und werden sehr freundlich von einem durchtrainierten Mittfünfziger empfangen. Ethan ist der Skipper und mit seiner vierköpfigen Mannschaft heute für unser nasses Vergnügen und, so hoffe ich doch, auch für unsere Sicherheit verantwortlich. Er begrüßt uns sehr freundlich, aber auch leicht erstaunt.
„You are very early!?“
Was heißt hier early, es ist jetzt acht Uhr fünfzehn, also genau richtig! Wir können los!
„You are the first guys, the others will arrive soon, I think.“
Ich schaue mich um, wir sind wirklich die Ersten. Verdammte deutsche Pünktlichkeit.
„The others“, eine Holländerin, ein Neuseeländer und ein unschwer an seinem Safarischlapphut und dem hellbraunen Trekking-Trenchcoat zu erkennender

Engländer, schlagen in den nächsten zwanzig Minuten auf, wir erhalten alle die passende Ausrüstung und die Einweisung beginnt.
Ethan stellt uns die Mannschaft und das etwa zehn Meter lange Boot vor, gibt uns direkt einige konkrete Sicherheitshinweise und legt ganz besonderen Wert auf einen unscheinbaren blauen Eimer. Diesen sollen wir bei nicht mehr zu kontrollierender Seekrankheit benutzen. Alles andere würden die Fische als unhöflich betrachten und das würden wir ja nicht wollen. Hä?!
Wir legen ab, alle sind mehr oder weniger (ich mehr, Sinja weniger) aufgeregt, und es geht aus dem sicheren Hafen raus auf den offenen Pazifik. Die Küste sieht in etwa so aus wie die Südbretagne mit Dschungel am Atlantik und das Meer macht seinem europäischen Pendant echte Konkurrenz. Wunderschön und vor allen Dingen rau!
Sinja und ich halten uns am offenen Heck auf, frische Luft soll ja helfen. Diesen Eimer werde ich nämlich ganz sicher nicht einweihen. Ich habe auch meinen Stolz!
Wir klammern uns also an die Haltestangen und grinsen uns, wenn auch etwas verkniffen, an. Die anderen Gäste scheinen da deutlich seefester zu sein. Oder sie sind einfach verdammt gute Schauspieler. Wir lächeln tapfer mit, Sinja freundet sich mit der Holländerin an, während sich vor uns langsam die Poor Knights Islands, in der Maori-Sprache „Tawhiti Rahi“, materialisieren. Angeblich soll James Cook sie am Weihnachtstag des Jahres 1769 entdeckt und sie aufgrund ihrer an zwei liegende mittelalterliche Blechmänner erinnernden Silhouette „Poor Knights – Arme Ritter“ getauft haben. Eine etwas weniger martialische Geschichte vergleicht die Form dieser Inseln mit der gleichnamigen Süßspeise, was in mir die Sehnsucht nach einem richtigen Frühstück unnachgiebig weckt. Egal, wie es war, so wie sich diese steilen, baumbewachsenen Felsen vor uns aus dem Dunst schälen, erinnern sie wahrlich an eine trutzige Raubritterfestung.
Dann überkommt es mich. Ich kann einfach nicht anders.
Aus meinem bemühten Grinsen wird ein breites Lächeln und dann lache ich lauthals und wie befreit los.
Ich stehe hier in abgeschnittenen Jeans und meinem alten, fusseligen Zwölf-Euro-Baumarktpulli auf einem schwankenden Boot mitten im Pazifik und schaue auf ein paar ungemütliche Felsen. Ich war zwar noch niemals in New York, wie es immer so schön heißt, aber ich bin hier! Genau dort, wohin uns Lulu indirekt hingeschickt hat. Dies ist der von zu Hause entfernteste Punkt der Welt, an dem ich dreiundvierzigjähriger mittelalter Sack, eingebunden in die Zwänge des Berufs und des Alltags, bis dato jemals gewesen bin!

Trutzburg im Ozean

Wollten wir heimwärts, müssten wir geradeaus schwimmen. Zurück wäre es länger.
Sinja schaut mich etwas irritiert an, sagt aber nichts. Sie kennt ihren Menne.

Aber genug der pseudophilosophischen Betrachtung des Seins, wir sind schließlich nicht zum Spaß hier: Sportliche Aktivität steht an. Ethan weist noch mal im Speziellen auf eine ansässige Fischart hin, die hier so besonders sein sollen. Ich verstehe nur „blue irgendwas". Anscheinend hängen durchgeschüttelter Magen und Hörvermögen zusammen. Da die anderen tauchen, Sinja aber schnorcheln will, also keine Luftflaschen braucht, ist sie sofort im Wasser, ihr bevorzugtes, fast natürliches Element.
Ich selbst, eher der Typ für auf dem Wasser, habe auf die Mitnahme eines offenen Kajaks bestanden und lasse mich genüsslich draufgleiten. Mit dem Paddel macht mir schließlich keiner was vor!
Gut, das hatte ich mir dann doch etwas anders vorgestellt. Heute Morgen im Hafen war beim Verladen dieses „Bootes" mein räumliches Vorstellungsvermögen wohl im Schlafsack geblieben (ich kann´s ihm nicht verdenken). Diese Nussschale unterm Hintern hat passenderweise maximal Hobbit-Größe, der kleine Bruder eines ausgewachsenen Paddels ist auch nicht besser. Ich dümple eingeklemmt zwischen Fußstütze und Rückenlehne. Echte Paddelschläge

sind gar nicht möglich. Sehr zur Freude meines schon strapazierten Magens hebt die Dünung mich auch noch hoch empor und selbstverständlich wieder zurück, und ich habe das dumpfe Gefühl, dass der Ozean und alles was so in ihm ist sich über mich schlapp lacht. Wahrscheinlich sehe ich gleich noch einen von diesen „blue irgendwas“-Fischen, der wiehernd aus dem Wasser auftaucht und mit dem Finger beziehungsweise der Flosse auf mich zeigt.
Mist, ich hatte gehofft, dem mehr als kühlen Nass mit der Kajak-Idee entgehen zu können, aber wenn wir schon mal hier sind am „most far away from home point“ …
Einen Versuch war es wert, also raus aus dem Spielzeug, rein in die Schnorchelsachen und ab ins Wasser zu meiner Frau. Die winkt auch schon freudig. Todesmutig hüpfe ich ins fünfzehn Grad kalte Element und kann gleich mit neuen Erkenntnissen aufwarten.
1. Ein Neoprenanzug wärmt nur bedingt, insbesondere, wenn man gegen jegliches Anraten doch die größere Größe gewählt hat. War an Land ja auch bequemer.
2. Flossen sind nichts für unerfahrene Landratten. Durch die verzagten Paddelversuche mit den Füßen komme ich nicht vorwärts, sondern drehe mich seltsamerweise um die eigene Achse.
3. So ein Atemschnorchel ist anscheinend groß genug, um eine sehr ordentliche Menge Salzwasser zu schlucken, im unfreiwilligen Selbstversuch unzweifelhaft erwiesen.
Ergo: Ich hänge im Wasser wie ein nasser Sack!
Und als Krönung des Ganzen wird mir als lebende Luftmatratze, die von den sanften, aber unnachgiebigen Wellen hoch und runter gehoben wird, kotzübel. Das versuche ich natürlich tunlichst zu verheimlichen, denn meine Frau ist von dem Trip begeistert und ich will ihr die Freude ja nicht nehmen, ich Vorzeigemodel eines treusorgenden Ehemanns. Sinja zeigt mir Fische und andere Wasserwesen, die ich alle nicht sehe, aber begeistert bestaune, und ich bin unsagbar froh, als das Signal zum Wiedereinstieg kommt. Die Taucher sind schon an Bord und Ethan schiebt mit uns zu meiner großen Freude noch ein welliges Ründchen durch den Archipel.
Dann fahren wir in eine Höhle ein, die wohl ganz toll sein soll. Wir versammeln uns natürlich auf dem höher gelegenen Führerstand, unten am Heck hätte es ja auch nicht genug gewackelt. Unser Skipper erzählt uns dann etwas über dieses Naturwunder, ich nicke interessiert, bekomme aber mittlerweile so gar nichts mehr mit, da ich im Geiste meine Wort-Liste zur Beschreibung von Wellenbewegungen ergänze. Immerhin mittlerweile einundzwanzig!

Als Ethan dann auf einer Maori-Flöte eine ruhige oder eher beruhigende Melodie spielt, wird diese Höhle zu einer akustischen Kathedrale. Ein wahrhaft zauberhafter Moment, der mich die Übelkeit, wenn schon nicht vergessen, so doch zumindest ertragen lässt. Aber auch das vergeht leider viel zu schnell, der Motor startet und ab geht es, Neptun sei Dank, nach Hause.
Oder auch nicht!?
Wir hatten bei der gestrigen Buchung da wohl etwas missverstanden.
Ethan fährt in eine weitere, deutlich ruhigere Bucht und es geht zum zweiten Dive beziehungsweise Snorkel. Damit relativiert sich der stolze Preis doch sehr, das ist mir aber, ehrlich gesagt, jetzt scheißegal! Ich kann nicht mehr, ich will auch nicht mehr! Ich bin Sekündchen davor, diesem Boot einen neuen Anstrich zu verpassen, da reicht auch kein blauer Eimer! Also tue ich das, was fast immer hilft: schlafen, halt nicht im wohligen Bettchen, sondern auf der harten Heckbank dieses Tauch-Tankers. Und wer mich jetzt anspricht …!
Tut aber keiner, und so wache ich nach einer Stunde gelöst und mit merklich beruhigtem Innenleben auf. Dafür haben sich meine Beine knieabwärts in zwei knallrote Stelzen verwandelt. Hier ist schließlich Hochsommer. Ja, das ist definitiv mein Tag!
Ethan sitzt mir gemütlich gegenüber und schaut nur kurz auf, bevor er sich wieder in die Tauchlisten vergräbt. Er kennt das wohl.
„We have half an hour left, if you want to visit your wife …"
Und ich sehe Sinja winkend dreißig Meter vom Boot entfernt an einer Felsklippe. Ob meiner körperlichen Schwäche etwas verschämt nickend richte ich mich auf. Junge, jetzt zeig´ doch mal ein bisschen Rückgrat. Also ziehe ich die Schnorchelsachen wieder an, da fällt mein Blick auf eine aufgeschlagene Broschüre über die Tierwelt der Poor Knights. Direkt an erster Stelle grinst mich ein Brown Shark an. Unter dem berückenden Bild steht, dass er über zwei Meter lang werden kann und oft in Gruppen bis zu dreißig Exemplaren anzutreffen ist.
Das reicht!
Bevor ich es mir auch nur ansatzweise überlegen kann, werfe ich mich ins Wasser, diesmal ohne Flossen, schlucke die gewohnte Menge Ozean und lande bei meiner Holden an. Diesmal will ich hier endlich etwas erleben! Ich fahre doch nicht auf dieses Meer, um dann nur mit meinen Innenleben beschäftigt zu sein! Das hier ist der „most far …"
Sinja nimmt beruhigend meine Patschhändchen, ich höre mit der innerlichen Meckerei auf, beim Rumsörn würde mir eh der Mund vollaufen, und dann tauchen wir ganz langsam und vorsichtig ein in eine wunderbare, ruhige Welt,

die sich mit jedem Blick neu entfaltet und ihre Schönheit offenbart. Wir sehen eine Vielfalt bunter Fische (von denen Gott sei Dank keiner lacht), die sich um uns herum gruppieren, transparent scheinende Quallen, die durch das Wasser schweben und an ferne, sanfte Weltraumwesen bei StarTrek erinnern und weitere unfassbar vielfältige und in ihren Formen faszinierende Wasserwesen. Ja, es ist wunderschön!

Unter uns zieht ein etwas mehr als einen Meter großer gefleckter Fisch, der entfernt einem Mini-Hai gleicht, seine Bahnen und ich kann den Anblick wirklich genießen. Wird aber wohl kein Hai sein, der Brown Shark auf dem Bild sah jedenfalls deutlich kompakter und stabiler aus. Fast bedaure ich das Signal zum Aufbruch, aber man soll ja bekanntlich gehen, wenn´s am Schönsten ist. Die Rückfahrt ist der absolute Kracher.

Es hat deutlich aufgeraut, meterhohe Wellen mit allerliebsten Schaumkrönchen peitschen an uns vorbei. Für unseren Skipper kein Problem, der wirft seinen Motor an, das Boot scheint einmal zu stampfen wie ein Renngaul vor dem Start und dann schießen wir durchs Wasser. Der Kahn bebt und rollt, wir versuchen, den Horizont im Auge zu behalten, da ist aber keiner, nur Wasser! Ich komme mir vor wie in meiner heißgeliebten Pseudodoku-Serie über Krabbenfischer in der Beringsee, nur dass wir bei dieser Achterbahnfahrt nicht das rote Gold des Meeres jagen, sondern uns mit aller Kraft an die Heckstangen krallen. Im Inneren des Bootes würden wir das hier nicht ohne Folgen für Kleidung und Inventar überstehen. Ein Höllenritt!

Der Engländer und der Neuseeländer erkennen unsere Not und versuchen, uns aufzuheitern.

„Nice weather today, isn´t it? Maybe a little bit windy."

Ich kann mir einen eher derb orientierten englischen Kraftausdruck soeben noch verkneifen und quetsche stattdessen ein klägliches „Indeed." heraus. Man hat ja Erziehung. Nach einer Stunde hat aber auch diese Tortur ein Ende und wir erreichen den willkommenen Hafen.

Pitschnass, fürchterlich seekrank (seltsamerweise wieder nur wir, was sind die anderen doch für begnadete Schauspieler …), aber glücklich und dankbar für das Erlebte.

Ein leichtes Schaudern stellt sich bei mir dann doch noch ein, denn ein Blick in die besagte Brochure zeigt eindeutig: Der Mini-Hai war wirklich ein Carpet Shark. Wir sind mit einem Hai geschwommen. Nur einem kleinen. Aber immerhin!

Waitangi - im Zentrum

Die Küste Richtung Waitangi

Wie findet man Zugang zu einem Land?
Wie taucht man ein in ein Land?
Dazu müsste man natürlich für sich erst einmal klären, was für den Einzelnen „das Land“ eigentlich bedeutet. Der Fantasie sind da ja keine Grenzen gesetzt. Der eine sieht in dem „Land“ ganz pragmatisch den in seinen Grenzen klar umrissenen politischen Staat, der andere ist eher geografisch interessiert. Viele definieren ein „Land“ durch seine Bewohner und Traditionen oder tragen „ihr“ Land in ihren Herzen. Wieder andere haben nur zu dem „Land“ vor der eigenen Haustür eine Beziehung, einen Hügel weiter wohnen die anderen. Und es gibt sogar Bescheuerte, die meinen, sie leben in den Landesgrenzen der Großvätergeneration und rechtfertigen damit Hass und Gewalt.
Wie gesagt, der Fantasie sind da keine Grenzen gesetzt.
Für mich bedeutet der Begriff „Land“ neben den politischen und geografischen Grenzen vor allen Dingen Geschichte. Ein „Land“ kann man nicht begreifen, sofern dies überhaupt möglich ist, und schon gar nicht als Außenstehender, wenn man seine Geschichte nicht kennt oder kein Interesse zeigt, sich mit ihr auseinanderzusetzen. Ein Land wird von seiner Geschichte geprägt.

Da muss man gar nicht in die Ferne schweifen, als Deutscher hat man das Paradebeispiel vor der Haustür.
Klingt jetzt alles sehr dramatisch und sehr intellektuell, vielleicht sogar etwas überkandidelt. Einfach Urlaub machen und sich am Urlaubsort wohlfühlen geht doch auch! Stimmt, aber ohne unhöflich sein zu wollen, ich glaube nicht, dass im Saufurlaub auf Mallorca der typische Ballermann-Touri wirklich weiß, auf welch geschichtsträchtigem und wunderschönem Boden er sich den Sangria gerade in den Hals kippt. Will er wahrscheinlich auch nicht, und man muss sein eher durststillendes Anliegen natürlich auch respektieren.
Trotzdem, ich denke, eine Reise ohne zumindest den Versuch, Geschichte zu erfahren, bringt nicht wirklich viel. Außer du fährst nach Mecklenburg-Vorpommern.

Will man etwas über die Geschichte Neuseelands, die im Wesentlichen aus der Beziehung zwischen den meist britisch stämmigen Einwanderern (oder Eroberern?) und der Urbevölkerung, den Maori, besteht, erfahren, so gibt es eigentlich nur einen Ort: Waitangi.
Waitangi und sein deutlich touristisch geprägter Nachbarort Paihia liegen an der Nordostküste der Nordinsel, in der Bay of Islands, einer traumhaft schönen Ecke, geprägt von subtropischem Klima, türkis-blauem Wasser und herrlichen Stränden. Ein Paradies für Wassersportler und Genießer. Ganz ehrlich, wäre ich Maori oder später Siedler gewesen, ich wäre hier auch hängengeblieben. Sagenhaft!
Aber so ganz nebenbei hat hier zumindest laut den neuseeländischen Geschichtsbüchern mehr oder weniger die Gründung dieses „Landes" stattgefunden, und zwar in den Waitangi Treaty Grounds, Neuseelands wichtigster historischer Stätte. Und die wollen wir uns heute anschauen. Denn ehrlich gesagt habe ich wirklich so meine Schwierigkeiten, mich in dieses Land, das wir nun immerhin noch fast drei Monate bereisen wollen, hineinzufinden. Wir entdecken in diesem Land eine wunderschöne und aufregende Natur. Die Menschen, die wir bisher getroffen haben, sind unglaublich nett. So nett, dass ich als stieseliger Westfale schon fast Schwierigkeiten habe, damit umzugehen. Sie sind höflich, unkompliziert und einfach freundlich. Aber: Ich finde zu diesem Land irgendwie keinen Zugang. Ich bin irgendwie nicht wirklich berührt. Ich bin nicht drin.
Ob sich das durch den Besuch eines Museums ändern wird, bleibt abzuwarten. Sinja ist eh völlig geschichtsbegeistert. Also, einen Versuch ist es wert.

Doch bei allem kulturellen Interesse bleibt der Sinn fürs Wesentliche nicht auf der Strecke und dazu gehört ohne Wenn und Aber eines: Schlafen! Beziehungsweise ausschlafen!

Zwar werde ich heute Morgen gegen Viertel vor sechs von Vogelgezwitscher geweckt, das erstaunlicherweise sehr den Robotergeräuschen bei Star Wars ähnelt (im Geiste sehe ich R2-D2 vor der Campertür stehen und Frühstück machen). Das ändert aber an meiner guten Laune nichts und ich drehe mich breit grinsend noch einmal genüsslich um. Sinja säuselt auch noch sanft und süß im Schlaf, also besteht nicht der geringste Anlass, den Tag zu beginnen. Der kommt noch früh genug.

Heute kommt der für uns so gegen elf, sodass uns beim Frühstück (leider doch nicht von R2-D2, sondern von mir gemacht) die Sonne ordentlich auf den Pelz brennt.

Es mag ein bisschen schulmeisterlich klingen, aber ich habe heute halt meinen Moralischen. Den Schaden, den der Mensch in seiner Umwelt anrichtet, bemerken wir direkt ausgerechnet in diesem Paradies. Durch die Nähe zur Antarktis merkt man hier die Auswirkungen des dortigen Ozonlochs und der dünner werdenden Schutzschicht sehr deutlich. Die Sonne brennt gnadenlos auf Land und Leute nieder. Natürlich ist da keiner raufgegangen und hat ein Loch gebohrt, natürlich spielen klimatische und geografische Aspekte eine große Rolle. Aber genauso wenig ist von der Hand zu weisen, dass der Mensch ordentlich durch seine das Ozon zerstörenden Gifte, die sich in der Atmosphäre sammeln, mitgeholfen hat, unseren „natürlichen" Sonnenschutz immer weiter zu schwächen.

Dementsprechend lassen auch wir Vorsicht walten. 50er-Sunblocker, Sonnenbrillen und Kappen sind geradezu Pflicht, Wasserflaschen in den Rucksack, und dann schlendern wir gemütlichen Schrittes zu den nur knapp fünf Gehminuten entfernten Waitangi Treaty Grounds. Dabei müssen wir über eine recht abenteuerlich konstruierte Holzbrücke, die wir uns mit den Autos teilen. Unter uns dümpelt das Wasser so vor sich hin, und beinahe sehnsüchtig schauen wir einer Gruppe Maori-Kindern zu, die sich ins kühle Nass stürzen und quietschend darin toben. Fast sind wir versucht, es ihnen gleich zu tun. Da ich dummerweise direkt mal stehen geblieben bin, kassiere ich einen leichten Rippenstupser meiner Frau, die mich nonverbal darauf hinweist, dass wir heute Kultur wollen. Und da muss man auch mal Opfer bringen. Stimmt, aber doch nicht gleich so große ...

Trotz des wirklich kurzen Fußweges sind wir völlig durchgeschwitzt, als wir den Eingang des Museums erreichen. Im Innenraum ist es allerdings wunderbar kühl, die Preise sind akzeptabel, insbesondere weil man den Besuch auch auf volle zwei Tage ausweiten kann.

Dann treten wir ein in das nationale Heiligtum Neuseelands.

Das ist weniger ein klassisches Museum, sondern eher ein sehr weitläufiger Themenpark. Die einzelnen Themenpunkte sind verbunden durch Wege oder Brückenkonstruktionen, sodass der Besucher die ganze Zeit den Eindruck hat, durch den Dschungel zu gehen und dort, wo er Lust hat, ein Gebäude zu betreten, um sich über den jeweiligen Themenschwerpunkt zu informieren. Sehr zu meiner persönlichen Freude gibt es noch ein nettes kleines Café, das wir selbstverständlich noch besuchen werden.

Fahnenmast auf den Treaty Grounds.

Geologisch betrachtet ist Neuseeland einer der jüngsten Flecken des Planeten. Seine Entstehung ist laut den Maori-Legenden nicht von schlechten Eltern.

Der Halbgott Maui aus Hawaiki, die legendäre mythischer Urheimat der Polynesier, wollte seine Brüder beim Fischfang begleiten, war aber noch zu klein. Selbst Halbgötter haben wohl ganz irdische Probleme. Also versteckte sich der Kleine im Kanu und ließ sich erst weit draußen auf dem Meer wieder blicken. Einmal da, konnte man ihn schlecht zurückschicken, also konnte er sich auch an der Arbeit beteiligen. Maui war wohl ein Naturtalent, denn er fing gleich einen riesigen Fisch, aus dem die Nordinsel wurde. Da sich die Brüder daraufhin erst einmal in die Haare kriegten, wem das neue Land denn jetzt gehören sollte (ein unter Geschwistern wohl schon damals sehr verbreiteter Brauch), stampften alle vor Wut auf und schufen so die Berge und Täler der Nordinsel.

Andere Traditionsstränge berichten, dass Maui einen Priester für eine Dankeszeremonie suchen wollte und seine Brüder bat, auf den Fisch aufzupassen. Die hatten aber wenig Geduld (und waren wohl auch ein klein wenig neidisch) und zerteilten den Fang, woraus dann die zerklüftete Landschaft Neuseelands wurde.

Egal, wie es war, es änderte nichts daran, dass der Jüngste das Land gefunden hatte und damit auch der Besitzer war. Damit alles beieinanderblieb, wurde aus dem Angelkanu die Südinsel. Der Sage nach gehört also Neuseeland Maui und später seinen Nachfahren, den Maori.

Die ersten Siedler kamen wohl Ende des 13. Jahrhunderts n. Chr. aus Polynesien, um sich auf den beiden Inseln dauerhaft niederzulassen, woraus sich dann eben die Maori-Kultur entwickelte. Wissenschaftliche Forschungen halten auch eine Besiedlung ab 800 für möglich, wirklich belegen lässt sich nur der Zeitraum nach 1200 n. Chr.

Laut den traditionellen Mythen der Maori war der Seefahrer und Abenteurer Kupe der Erste, der Neuseeland entdeckt hatte. Der muss so eine Art halbgottartiger Superheld gewesen sein, bis heute im Gedächtnis der Maori fest verankert. Es gilt als Ehre, seine Abstammung auf ihn zurückzuführen. Kann ich verstehen; ich habe nicht nur einmal damit angegeben, dass einer meiner Anverwandten mal für die deutsche National-Elf gekickt hat. Hat aber keinen interessiert.

Kupe selbst war wohl, glaubt man den Erzählungen, kein Kind von Traurigkeit.

Eines Tages fuhr er mit seinem Verwandten Hoturapa aufs Meer zum Angeln. Kommt uns bekannt vor. Anstatt aber ordentlich Fisch ins Kanu zu holen, ertränkte er Hoturapa und entführte dessen Witwe Kuramarotini. Auf der gemeinsamen Flucht mit ihrem Kanu Matahourua legte Kupe sich ganz im Stile eines mythischen Helden mit diesem und jenem Meeresungeheuer an, bevor sie Neuseeland entdeckten. Natürlich war es Kuramarotini, die dem Land den Namen „Aotearoa – Land der langen weißen Wolke“ gab. Kupe hätte es vielleicht „Keule, mit der ich meine Verwandten erschlagen kann“ genannt, wenn man sich die Form der Nordinsel so anschaut. Aber wahrscheinlich war er nicht nur Krieger und Seefahrer, sondern auch ein schlauer Ehemann und hat auf seine Frau gehört. Da zwei so große Inseln für zwei Leutchen dann doch ein bisschen zu groß sind, fuhren sie gleich zurück und holten andere Auswanderungswillige, um das neuentdeckte Land zu besiedeln.

Das kulturelle Erbe der Maori ist groß.

Die Mythen und Legenden sind in ihrer Tradition lebendig und werden bis heute weitergetragen. Die Verbundenheit mit den Vorfahren und insbesondere mit dem Meer wird darin deutlich, dass zur Beschreibung und Datierung der verschiedenen Besiedlungswellen das jeweilige Waka, ein seetüchtiges Kanu, genannt wird.

Uns berühren die Mythen in ihrer Vielfalt und Intensität. Sie beschreiben Abenteurer, Seefahrer, Krieger und Götter. Figuren, deren Mut und Wagnisse sicherlich bis heute beeindruckend auf nachfolgende Generationen wirken und sicherlich auch ein Teil des eigenen Selbstverständnisses ausmachen.

Nach der Besiedelung durch die Maori passiert in Neuseeland erst mal nichts Weltbewegendes, von ein paar Stammeskriegen und ordentlichem Blutvergießen abgesehen. Sind halt Nachfahren von Kupe.
1642 traten dann die Europäer auf den Plan. War es zuerst der holländische Seefahrer Abel Tasman, der Neuseeland eher aus Versehen auf seiner Erkundungsfahrt zur Terra Australis Incognita sichtete, holländische Kartografen nannten es „Nieuw Zeeland", so war es 1769, wie könnte es auch anders sein, der britische Seefahrer James Cook, oder besser gesagt sein Schiffsjunge Nicholas Young, der Neuseeland wiederentdeckte.
Von da an ist die Geschichte Aotearoas untrennbar verbunden mit der weißen Besiedelung.
Nach mehr oder weniger friedlichen oder unfriedlichen Kontakten zwischen Europäern und Maori (meist mit mehr Schaden für die indigene Bevölkerung) setzten sich die Briten erst einmal fest. Robbenjäger und Walfänger suchten ihren Profit, aber nicht dauerhaft. Zu Beginn des 19. Jahrhunderts wurde die erste Stadt namens Kororareka, eine ehemalige Maori-Siedlung, in der Bay of Island gegründet, das heutige Russel. Dieser erste Handelsstützpunkt war in den folgenden Jahren Anlaufstelle für Europäer und Händler, die aus Australien kamen. Gleichzeitig zog dieser neue, aufstrebende und noch gesetzesfreie Ort manch lichtscheues Gesindel an wie Aas die Fliegen. Schmuggler, Schnapshändler, allerlei Abenteurer, ja sogar entflohene Sträflinge machten sich breit. Schon bald war Kororareka nur noch als „hell hole oft the pacific" bekannt. Die Briten im Mutterland, wohl not amused by news like these, zeigten auf einmal nur noch geringes Interesse, sich in Neuseeland zu engagieren. Man fürchtete wohl, dass die Kosten-Nutzen-Rechnung nicht gerade üppig ausfallen würde.
Trotzdem blieb der Einfluss der Pakeha (der Nicht-Maori) nicht ohne Folgen. Moderne Waffen, Schnaps und typisch europäische Krankheiten wie Grippe und Syphilis fühlten sich in der neuen Umgebung recht wohl, mit dem Ergebnis, dass bis in die frühen 1840er-Jahre die Maori-Bevölkerung um bis zu dreißig Prozent zurückgegangen war. Selbstverständlich ließen die meist britisch stämmigen Händler sich nicht lumpen und verkauften auch reichlich Gewehre an die einheimischen Krieger. Warum sollte man sich die Mühe machen, wenn die sich auch selbst umbringen können? Taten sie leider auch.

Gegen solch eine Situation waren auch die frühen Missionare machtlos, die den Jägern und Händlern alsbald gefolgt waren. Vielleicht hatten sie dazu auch einfach keine Zeit. Die Vertreter der jeweiligen christlichen Konfessionen, Anglikaner, Katholiken und Methodisten, fochten ihren eigenen Wettbewerb um die ansässigen Seelen aus. Die Anglikaner gewannen nach Punkten. 1815 gründete Kaplan Samuel Marsden, vorher Viehzüchter im australischen New South Wales, in der Bay die erste christliche Missionsstation, allerdings kam er da nicht wirklich zu Rande. Eher puritanisch veranlagt, konnte er mit der Kultur der Maori nicht viel anfangen und folgerichtig diese auch nicht von seinen eher strengen Vorstellungen überzeugen. Der Engländer Henry Williams hatte da elf Jahre später deutlich mehr Erfolg, so wurde uns erzählt. Als ehemaliger Offizier der Royal Navy eher praktisch veranlagt, baute er für den Häuptling Hongi Hika erst einmal ein Schiff, mit dem dieser Handel mit anderen Stämmen treiben konnte. Liebe und Religion gehen halt auch durch den Magen.

Williams gelangte später im Rahmen der „Staatsgründung" Neuseelands (aus britischer Sicht) noch zu einiger Berühmtheit.

Die Situation auf den beiden Inseln wurde nicht besser, im Gegenteil. Als dann auch noch Frankreich Interesse am Ende der Welt zeigte, wurden die Briten dann doch aktiv. Ist ja verständlich. Interessant wird der Knochen erst, wenn ihn auch andere Hunde haben wollen.

1833 wurde der in Edinburgh geborene James Busby von der britischen Krone offiziell zum ersten englischen Einwohner Neuseelands gekürt, sozusagen als Duftmarke für andere europäische Konkurrenten. Der gute Mann war nun auf einmal verantwortlich für den Schutz der Siedler und Missionare, natürlich ohne militärische Unterstützung. Soweit ging die Reviermarkierung dann doch nicht. Busby, schon vorher durch die halbe Welt gereist, wusste sich aber zu helfen und wurde von den in der Bay lebenden Maori als Mittler akzeptiert. Er brachte sogar über dreißig Häuptlinge der Nordinsel dazu, 1835 die „Unabhängigkeitserklärung Neuseelands" zu unterzeichnen. Das hatte für die Maori nicht wirklich Bedeutung, kann man aber wohl als deutliches Signal an die Grande Nation verstehen, die immer noch leichten Appetit auf Neuseeland hatte.

Mittlerweile war man sich in Großbritannien einig, dass die beiden Inseln am Ende der Welt doch das Zeug dazu hätten, eine Schmuckstück der britischen Kolonialkrone zu werden, und so wurde 1839 der ehemalige Marine-Offizier William Hobson zum ersten Gouverneur Neuseelands berufen, mit dem klaren Auftrag, Neuseeland an die Krone zu übergeben. Das Dumme war nur, dass die Briten ja nicht die Einzigen vor Ort waren. Die Erben Kupes hätten sicherlich einiges anzumerken gehabt, wenn irgendein Rot- oder Blaurock einfach mal so den Chef gespielt hätte.

Busby, Hobson und dessen Sekretär James Freeman schrieben innerhalb weniger Tage einen Vertrag zusammen, der bis heute als Gründungsdokument Neuseelands gilt. Gut 500 Maori diskutierten einen Tag und eine Nacht, bis 1840 am 6. Februar (heute der Nationalfeiertag) im Ort Waitangi das Dokument von den meisten anwesenden Häuptlingen unterzeichnet wurde.

Allerdings hatte die Sache einen kleinen, nicht unbedeutenden Haken Aufgrund der sprachlichen Verständigungsschwierigkeiten gab es zwei Ausführungen; eine englische und eine in der Sprache der Maori, übersetzt vom Missionar Henry Williams. Der mit der praktischen Ader. In der britischen Version (die selbstverständlich durchgesetzt wurde) wurde glasklar die Unabhängigkeit Neuseelands an die Briten übertragen, inklusive Exklusivrechte für Landkäufe. Sozusagen als Entschädigung bekamen die Maori das Recht über ihre eigenen Ländereien, ihre Besitztümer sowie über ihre Jagd- und Fischgründe. Dazu selbstverständlich die gleichen Rechte und Pflichten wie die britischen Siedler. Wenn man mal ganz ehrlich ist, also genau das, was sie eh schon hatten. Doch dank der für die Europäer praktischen Übersetzung von Williams war das den Chiefs gar nicht bewusst. Es sei mal dahingestellt, ob Williams die Übersetzung bewusst oder unbewusst geschönt hat, in der Ausführung für die Maori ist zwar von einer Abgabe der Regierung des Landes die Rede, nicht aber von dem Verlust der Selbstverwaltung. Auch so unwichtige Wörtchen wie „Besitztümer“ waren nicht eindeutig definiert und ließen großzügigen Interpretationsspielraum. Wen wundert´s, dass es da in der Folge zu massiven Streitigkeiten und auch gewaltvollen Konflikten kam. Bis in die Gegenwart blieb und bleibt dieser Vertrag, immerhin Grundlage der neuseeländischen Verfassung, ein Diskussionspunkt.

Am Museum der Treaty Grounds

1975 wurde das „Waitangi Tribunal“ gegründet, das auf den Treaty of Waitangi zurückzuführende Ungerechtigkeiten klären soll. Bis heute hat die Kommission gut zu tun. Und bis heute nutzen viele Maori eben diesen sechsten Februar, um gegen ethnische Ungerechtigkeiten zu protestieren.

Für uns Betrachter bietet sich in diesem kleinen, feinen und, wie ich finde, ehrlichen Museum eine wechselvolle Geschichte von Landraub und Entwurzelung, aber auch gegenseitigem wirtschaftlichen und kulturellen Austausch, der bis heute anhält. Wer dabei wie weggekommen ist, das abschließend und unumstößlich zu beurteilen steht uns nicht zu. Aufgrund der Fakten kann sich jeder ein eigenes Bild machen. Gleichwohl mag mir erlaubt sein zu sagen, dass ich schon den Eindruck habe, dass Neuseeland in seiner Gesamtheit sein Maori-Erbe nicht vom Tisch wischt, sondern sich damit auseinandersetzt und vielleicht sogar damit wirbt. Natürlich ist das die völlig subjektive, momentane Sicht eines zeitlich begrenzten Besuchs. Wer weiß, wie ein Maori das sieht, der bis heute mit ethnischen Ungerechtigkeiten zu kämpfen hat.

Langhaus

Im Museum sind die sehr lebensnahen Porträts einiger Chiefs und ihrer Frauen ausgestellt.

Starke, kraftvolle Gesichter schauen uns an; Persönlichkeiten, deren Blicke aber auch erahnen lassen, dass sie um den Wendepunkt ihrer eigenen Geschichte mit allen Folgen wissen.

Sowohl Sinja als auch ich sind tief beeindruckt. Gleichzeitig fühlen wir auch ein gewisses Maß an Scham. Es ist überdeutlich, was unser doch so zivilisierter und von Aufklärung und Freigeist geprägter Kontinent anderen Völkern so gebracht hat. Die Auswirkungen sind bis heute spürbar.

Der weitere Rundgang auf dem Gelände der Stätte führt uns zu dem restaurierten Haus Busbys, dem „Treaty House“, nebenbei als eines der ältesten Gebäude Neuseelands Kulturdenkmal. Davor befindet sich Richtung Klippe ein großes, sehr gepflegtes Rasenfeld, auf dem mit einem Flaggenmast die Stelle gekennzeichnet ist, wo der Vertrag unterzeichnet wurde. Dieser Mast mit Blick auf die See und seinen Flaggen sieht schon sehr martialisch aus. Irgendwie freut es mich tief innen drin, dass ausgerechnet davor eine Horde von Kindern diesen so ehrfurchtgebietenden Ort einfach mal als Spielwiese für ein Pamperskrieger-Rugby-Spiel nutzt und sie völlig unbeeindruckt von der historischen Bedeutung dieser Stätte toben, schreien und Spaß haben. Und es stört auch niemanden.

Ein paar Meter neben dem Treaty House wurde 1940 ein Whare Runanga, ein traditionelles Maori-Versammlungshaus gebaut, indem man die Möglichkeit hat, den berühmten Haka zu sehen. Uns bekannt wurde dieser archaische Kriegstanz durch die neuseeländische Rugby-National-Mannschaft, die vor ihren Spielen traditionell die eigene Stärke zur Abschreckung der Gegner präsentiert.

Der Haka ist multifunktionell. Er kann auch als Begrüßung eingesetzt werden. Zunge rausstrecken inklusive. Eigentlich habe ich auf diese Einheimischen-Shows so gar keine Lust. Ich fühle mich dabei immer als unwillkommener und dummer Zuschauer, der sich ganz doll freut, wenn jemand vor ihm traditionelles Männchen macht. Platt gesagt: Ich komme mir dabei immer doof vor, so ein bisschen zwischen Fremdschämen und Touri-Arroganz.

Sinja will das aber unbedingt sehen, und da nicht nur Kupe Ehemann war, sondern ich auch, bin ich schlau und höre auf meine Frau. Es zeigt sich mal wieder, dass das die richtige Entscheidung ist.

Die siebenköpfige Kombo (vier Frauen und drei Männer) versucht, uns durch Tänze und Gesänge die Kultur der Maori etwas näherzubringen. Die drei Krieger der Truppe, muskelbepackte Kanten, gebrauchen ihre Kampfstöcke so schnell und sicher, dass ich den Bewegungen nur mit Mühe folgen kann. Beim Haka geben sie locker zweihundert Prozent, und da ich mit einer manchmal zu reichhaltigen Fantasie geschlagen bin, stelle ich mir die Gesichter der Briten vor, die zum ersten Mal vor ein paar Jahrhunderten vor solchen Maori-Kriegern gestanden haben. Ich wäre abgehauen und nach Hause gesegelt.

Das Ganze hier ist aber keine Eingeborenen-Esoterik für betuchte Touris. Das hier ist ernst gemeint. Man spürt das Anliegen, die eigene Geschichte zu leben und auch weiter zu tragen. Sowohl Publikum als auch Darsteller haben echten Spaß bei der Sache und wir können beobachten, wie manch einer der männlichen Zuschauer anfängt, den rauen und massiven Rhythmus mit Fäusten und Füßen mitzugehen. Ich natürlich nicht, ich Ausbund an rationaler Intellektualität. Sinja tritt mir vorsichtshalber doch auf die Füße.

Wie sehr sich die Maori-Kultur mit ihren Herkunftsmythen, dem Meer und ihren Wakas identifiziert, erfahren wir am Ende des Besuches.

Unten an der Küste kann man „Ngatokimatawhaorua“ besichtigen, ein 35 Meter langes Kriegskanu, traditionell aus dem Kauri-Baum geschlagen, mit

Bugfigur

Platz für bis zu 76 Paddlern, martialisch verziert. Gebaut wurde der Einbaum genau wie das Langhaus 1940 zur Jahrhundertfeier; ein echter Hingucker. So langsam bekommen wir einen Eindruck, was für eine stolze und reiche Kultur wir hier erleben dürfen und bedauern es fast, als der Rundgang zu Ende ist.
Sind wir jetzt „drin“ in diesem „Land“? Sind wir in seine Geschichte und Kultur eingetaucht?
Es wäre sicherlich vermessen zu behaupten, nach einem mehrstündigen Besuch einer nationalen Gedenkstätte (inklusive Café) wären wir jetzt Experten in Sachen Aotearoas und Neuseelands. Aber wir sind erst einmal schlauer. Wir haben ein Bild, Anknüpfungspunkte, eine zumindest stärkere Verbindung zu unserem Reiseziel als vorher. Und wir haben Lust auf mehr. Lust, mehr von seiner Geschichte und seiner Entwicklung zu erfahren. Das Land der langen weißen Wolke bietet ab jetzt für uns mehr als „nur“ eine zu Recht vielgepriesene Natur und Landschaft. Wir freuen uns darauf, das zu entdecken.
Und als Abrundung dieses erkenntnisreichen Tages kann ich mir unten am Strand sogar noch ein Kajak mieten. Diesmal in meiner Größe und mit einem ordentlichen Paddel, das sich gut und sauber durch das Wasser ziehen lässt. Geht doch!

Whangarei Heads - neuseeländische Fitness

Sinja geht es heute nicht gut. Schon beim Aufstehen so gegen neun, nach knapp zwölf Stunden Schlaf, kommt sie nicht wirklich in die Gänge. Gestern Abend hatten wir uns nach einem anstrengendem Fahrtag das Essen nur so reingeschaufelt und das bekommt ihrem Magen heute so gar nicht. Sie hat sich auch ein bisschen erkältet. Trotzdem will sie auf den Ausflug zum Ocean Beach am Südostzipfel der Whangarei Heads nicht verzichten, aber mit Planänderung. Statt zusammen den Te Whara Track rauf auf einen 426 Meter hohen, mit Urwald bewachsenen Küstenberg zu bestreiten, um dann ganz entspannt im Pazifik zu baden, soll ich allein gehen und Sinja fängt direkt mit dem Baden an.

Den Tipp für diese Gegend Neuseelands hatten wir in der i-SITE von Whangarei erhalten, einer der mittelgroßen Städte der Nordinsel mit über 40.000 Einwohnern. Vom Stadtbild und angrenzendem Industriegebiet her nicht unbedingt aufregend, versprüht der Ort doch einen gewissen chilligen Charme, um das mal so auszudrücken. Es scheint hier gemütlich zuzugehen, so wirkt es jedenfalls auf uns. Kann aber auch daran liegen, dass dies eigentlich unser erster Kontakt mit einer „normalen" neuseeländischen Stadt ist, die nicht primär vom Tourismus geprägt wird.

Eigentlich wollten wir hier nur kurz Proviant fassen, doch haben wir uns beide trotz der tropischen Hitze doch leicht verkühlt (stundenlanges Ausharren im saukalten Wasser zwecks Abkühlung bleibt eben meist nicht folgenlos), also beschließen wir spontan, ein, zwei Tage zu bleiben und mal zu schauen, was hier denn so los ist. Und was macht man, wenn man in Neuseeland erst mal grundsätzlich keine Ahnung von gar nichts hat? Man geht in die i-SITE. Die haben zwar die gleichen Aufgaben wie unsere heimischen Touristen-Informationen, sind aber eigentlich mit denen nicht zu vergleichen. Man möge es mir verzeihen, aber was Service, Geduld, Auskunftsfreude und praktische Hilfe angeht, da sind die Kiwi-Infos ungeschlagen (bis auf das Office de Tourisme in Paimpol, Bretagne; wer da mal hinkommt, die sind spitze). Grundsätzlich auf Touristen aus aller Herren Länder eingestellt, erfüllen die Damen und Herren der i-SITEs nicht unbedingt jeden Wunsch, kommen dem aber recht nahe. Teilweise hatten wir während der gesamten Reise das Gefühl, dass die Mitarbeiter ein lokales Hochschulstudium absolviert haben müssen, auch über die eigene Region hinausgehend. Da wird nicht einfach lapidar ein Faltblättchen rübergereicht und sich dann wieder hinter den PC-Bildschirm verkrochen, da bekommst du einen ausgearbeiteten und fundierten Vortrag, und am Ende

deiner Fragen und deren kompetenter Beantwortung heißt es „Do you have another question?“.
Mag jetzt ein bisschen übertrieben klingen, aber im Ernst, sämtliche Seiten im Netz haben eben nicht so viel drauf wie die i-SITEs, von der persönlichen Ansprache ganz zu schweigen. Und von diesen Stellen gibt es über achtzig flächendeckend im ganzen Land.

Die junge Dame in Whangarei gibt uns auch gleich einen historischen Schnelldurchlauf zur Stadt, bevor sie uns auf die kulturelle Vielfältigkeit, besonders in der Kunstszene, aufmerksam macht. Unsere Gesichtsmuskeln verziehen sich, Sinjas zu einem Grinsen, meine zu etwas anderem, aber auch die Umgebung, die Whangarei Heads, wären mindestens einen Ausflug wert. Anscheinend hat die Dame ein gutes Auge und meinen Gesichtsausdruck völlig richtig interpretiert. Sinja hätte zwar grundsätzlich Lust, ist aber nicht so richtig in Form für einen Bildermarathon, drunter macht sie´s nicht, also schlendern wir ein bisschen am Hafen entlang, gönnen uns in einer der vielen Lokalitäten ein Kaltgetränk und fahren nach Osten zur Halbinsel der Heads auf einen schnuckeligen kleinen Campingplatz direkt an der Küste.
Die Strecke des darauffolgenden Morgens Richtung Wanderweg ist für sich schon einen Ausflug wert. Wir fahren an wunderschönen malerischen Buchten vorbei, die zum Baden und Faulenzen geradezu einladen. In unserer Vorstellung wohnen wir in einem der flachen Häuschen, die verteilt an der Küste und immer in Spuckweite zum Wasser liegen. Es ist so idyllisch, dass es fast schon weh tut. Aber wie heißt es so schön: Die Natur kennt keinen Kitsch. Wobei ...
Kurzzeitig erwägen wir, gar nicht bis zum Ocean Beach zu fahren und uns direkt am Weg ins Wasser zu werfen, aber laut unserem äußerst praktischen und informativen Reiseführer soll unser Ziel nicht weniger wunderschön und sozusagen ein „Muss“ für diese Ecke sein. Na ja, dann vielleicht auf dem Rückweg.
Allerdings erfordern Asphalt und Strecke wieder mal ein nicht geringes Maß an fahrerischem Können. Kurven nehme ich ja schon gar nicht mehr wahr, da steuert sich unser mobiles Charakterfahrzeug mit bedenkenswerter Seitenlage schon fast allein durch. Heute kommt aber noch die Komponente „Höhenunterschied“ hinzu. Es geht achterbahnmäßig rauf und runter und zwar so abrupt, dass wir jedes Mal gefühlt abheben. Auch wenn ich die erlaubten 100 Kilometer pro Stunde nie erreichen kann, muss ich doch, um den Verkehr hinter uns nicht gänzlich zum Erliegen zu bringen, wenigstens achtzig Sachen

fahren. Das fühlt sich in diesem japanischen Wundergeschoss wie die Startgeschwindigkeit einer Apollo-Rakete an. Zumindest wackelt es so. Netterweise sind die nur mit viel Schwung zu nehmenden Anstiege so steil, dass nicht zu sehen ist, was dahinter kommt. Sozusagen ein Flug ins Nichts.
Wir kommen trotzdem heil an und dann greift Plan B: Sinja Meer, ich Berg. Da wir zwei Schnecken aber dann doch erst gegen eins losgekommen sind, starte ich meine Tour jetzt idealerweise in der größten Mittagshitze, locker 36 Grad. Und selbst hier am Meer, wo doch wenigstens ein laues Lüftchen säuselt, ist nichts von Abkühlung zu spüren. Aber gut, wandern ist schließlich eine schweißtreibende Angelegenheit und es gibt ja Sunblocker, Schirmmützen und Wasser. Viel Wasser! Mittlerweile habe ich draußen, wenigstens in der Sonne, mein langärmliges Schwimmshirt an. Nicht wirklich sexy, aber sehr zweckmäßig.
Wir hatten uns in Paihia auf Anraten lange Schwimmsachen mit Sonnenschutz 50plus gekauft, da die neuseeländische Sonne aufgrund der sehr dünnen Ozonschicht sogar im Schatten UV-Werte erreicht, die in Europa höchstens im alpinen Bereich zu finden sind und als extrem gelten. Wir können mit Fug und Recht behaupten: Stimmt! Die Sonne gleicht hier in Teilen einem Brennstrahl. Es tut auf der Haut regelrecht weh. Nebenbei sieht man überall, meist bei Älteren, Hautverletzungen oder Narben. Wir haben den Eindruck, dass lange Kleidung hier eher als Sonnenschutz, weniger für die Kälte gebraucht wird. Da ich aber bei diesen Extremtemperaturen schlecht im Pulli laufen kann, dann also eben Schwimmshirt.
Sinja hüpft ins Meer und ich stiefele los.
Die ersten 500 Meter vom Parkplatz aus gehen an der Straße entlang. Ist nicht schön, aber Wanderer scheinen hier kein seltener Anblick zu sein, denn die paar Autos, die mir begegnen, weichen früh und großzügig aus und die Fahrer grüßen lässig mit den obligatorischen zwei Fingern. Da dies meine erste Wanderung in Neuseeland ist und ich noch überhaupt keine Ahnung habe, wie das hier so läuft, staune ich am eigentlichen Beginn des Trails nicht schlecht. Einfach Stiefel an und Rucksack auf ist hier nicht, denn ich betrete Kiwi-Gebiet. Da versteht der Neuseeländer keinen Spaß, wenn es um den Schutz seines gefiederten Namensvetters geht. Warn- und Benimmschilder, deren Aussagekraft und Deutlichkeit einem 80er-Jahre-Grenzübergang an der Mauer alle Ehre gemacht hätten, weisen erst einmal darauf hin, dass Hunde Kiwis essen (gemeint sind hier wohl eher nicht die Früchte), und deswegen sind sie erstmal grundsätzlich verboten.

Gut, einen Hund habe ich nicht. Ich hatte zwar mal einen Dackel, der hätte den Teufel getan, sich an so einem fluguntauglichen Federknäuel zu versuchen. Da scheinen die neuseeländischen Vertreter seiner Art wohl andere Geschmäcker zu haben. Trotzdem bin ich nicht raus aus der Ver- und Gebotsnummer. Sehr detailliert wird mir auf einem weiteren Schild erklärt, wie ich meine Stiefelsohlen zu reinigen habe, bevor ich diese dann mit einem in rauen Mengen vorhandenem Desinfektionsmittel besprühe. Ob das nicht dann doch ein klitzekleines bisschen übertrieben ist …

Schließlich haben wir ja schon das Einreiseabitur am Flughafen Eins A mit Sternchen bestanden. Was soll also noch Nicht-Neuseeländisches unterm Stiefel sein? Asphaltsporen aus der City?

Spaß beiseite, Neuseelands Gegend bietet nun mal weltweit ein einzigartiges Ökosystem, also halte ich mich an die Regeln und übe mich im hygienischen Zweikampf. Hoffentlich verträgt das Leder dieses Desinfektionsmittel. Ich Paddel habe es dann doch geschafft, nicht nur meine Sohle, sondern gleich den ganzen Schuh in diese Brühe zu tunken. Alles für die Kiwis!

Dann geht es einem alten Maori-Pfad folgend direkt steil bergan und sofort kommt echtes Wanderfeeling auf. Kaum fünfzig Höhenmeter weiter, mittlerweile zerfließe ich regelrecht, hüpfen mir auf einmal drei Kinder entgegen, locker und leicht mit Baseball-Kappe und Flipflops angetan. Sie eilen an mir vorbei, grüßen höflich. Ein kleiner Strohkopf mit Zahnlücke zeigt auf mich, dann lachen alle und schlittern weiter.

Leichte Ratlosigkeit macht sich breit. Also zum Lachen sehe ich jetzt nicht aus. Finde ich!? Im Vergleich bin ich sicherlich etwas stabiler ausgerüstet (Wanderstiefel, Wander-Shorts, Langarmshirt, Rucksack, Buff, Kappe, Stöcke; man weiß ja schließlich, was man dem Berg schuldig ist!) und wohl auch nicht so behände wie Bambi. Vielleicht sind meine Altherrenteleskopstöcke Marke Knüppel etwas übertrieben für eine Vier-Stunden-Tour, für die laut Beschreibung „medium fitness for some steps“ erwünscht ist. Aber meine Knie sind ja auch nicht mehr taufrisch (Erinnerung: Mitleid!). Also weiter im Schritt und nicht beirren lassen.

Knapp fünf Minuten später bin ich aber mehr als beruhigt. Aus dem Bergwald kommt mir eine Wanderin entgegen, die ohne den geringsten Zweifel dem angelsächsischen Kulturraum zuzurechnen ist. Klein, sehnig, übergroße Khaki-Shorts, Pfadfinderhemd, Wanderstöcke (Aha!), Aufsatzsonnenbrille und derbe Stiefel.

Was mich jetzt aber eher beunruhigt, sind die kniehohen Gamaschen der Dame, und die sind bis obenhin verdreckt mit noch feuchtem Schlamm! Wo bitte soll denn hier Schlamm sein? Es ist bullenheiß und der Boden knochentrocken. Zu einer befriedigenden Antwort kommt es allerdings nicht, denn so wie ich den Hügel rauf keuche, keucht sie ihn runter, ein rübergeworfenes „Hello ..." und ich bin wieder allein.

Te Whara Track: Wo ist der Weg?

Egal, dies ist mein Tag, rauf jetzt, ich mache das schließlich nicht zum ersten Mal. Ohne Übergang dringt der baumlose Pfad in den Bergwald ein und ich befinde mich in einer völlig anderen Welt. Um mich herum ist dichtester subtropischer Dschungel. Der Weg ist gesäumt mit gigantischen, sich schlangengleich windenden Baumwurzeln, überzogen mit Moosen und Flechten. Lianen schlängeln sich vom beinahe geschlossenen Blätterdach herunter und verdichten den Wald an einigen Stellen wie einen Vorhang. Und es ist heiß! Feuchtschwüle, heiße Luft, die das Atmen fast zur Qual werden lässt. Ich kann kaum glauben, dass es hier nichts Gefährliches geben soll, was sonst so in solchen Urwäldern kreucht und fleucht. Darüber bin ich allerdings auch mehr als froh, denn Pfad und Vegetation kommen sich jetzt immer näher und gehen auch gerne mal eine Symbiose ein. Es geht steil und steiler hoch. Das entwickelt sich zu einer ausgewachsenen Bergtour. Fröhliches Hüpfen mit einem Liedchen auf den Lippen ist nicht, die Schritte wollen wohlgesetzt sein, sonst droht Knöchelbruch oder Schlimmeres. An einigen Stellen muss ich die Stöcke an den Rucksack schnallen und die Hände zur Hilfe nehmen. Also „medium fitness for some steps", das hätte ich dann eventuell etwas anders definiert. Aber schließlich war es ja auch ein Neuseeländer, der mit als Erster den Everest bestiegen hat. Alternativ war im Wanderführer noch eine Sieben-

Stunden-Tour mit „high fitness“ angegeben, lag aber nicht auf dem Weg. Es gibt ja so viel, wofür man dankbar sein kann …
Dann komme ich mitten in einem Steilstück an eine Abzweigung, deren Pfad deutlich flacher und breiter gesetzt ist. Da kamen wohl auch die Pamperskrieger her. Das beruhigt mein Ego irgendwie.
Nach gut zwei Stunden erreiche ich ordentlich dampfend und schnaufend den Gipfel und trete aus dem Urwald heraus.
Atemberaubend!

Blick auf den Pazifik

Vor mir breitet sich bis zum Horizont der spiegelglatt anmutende Pazifik aus, der zur Küste des dicht bewachsenen Bergkegels schlägt. Einige vorgelagerte Felsinseln werden von der nachmittäglichen Sonne in ein orangefarbenes Licht getaucht. Ich komme mir vor wie der erste Mensch. Das legt sich aber schnell, als ich beim Weitergehen an einer verrosteten Hütte vorbeikomme, die sich die Natur fast zurückgeholt hat. Und ich staune nicht schlecht. Ich stehe vor den Überresten einer Radarstation aus dem Zweiten Weltkrieg, die vor möglichen Angriffen der Verbündeten Nazideutschlands in dieser Weltregion warnen soll. Es ist schon irgendwie ein bedrückendes Gefühl, selbst hier, mitten in der wunderbaren Natur am Ende der Welt, ein Überbleibsel der dunkelsten Stunden der Vergangenheit vorzufinden. Es stimmt nachdenklich, gerade wenn man sich unsere aktuelle politische Situation in Europa vor Augen führt.
Ich gehe in Gedanken weiter und stolpere fast über eine Picknickbank, die ich dann auch gleich nutze. Es geht doch nichts über ein paar durchgeweichte Schoko-Müsliriegel (gerade bei Hitze sehr zu empfehlen, der Überzug ist dann trinkbar) und einige Schlucke aufgeheiztes Wasser. Trotzdem nehme ich mir nicht wirklich viel Zeit für eine immerhin wohlverdiente Pause. Ich sollte eher zusehen, dass ich wieder an die Küste komme, denn es ist mittlerweile stark abgekühlt. Ein Blick zur Bergspitze, die sich wie die Schneide einer Axt nach Osten streckt, zeigt aufziehende dunkle Wolken und auch der Wind hat merklich aufgefrischt. Da kommt was herüber. Gegen Wasser von oben ist gerade

bei diesen Temperaturen eigentlich nichts einzuwenden, aber was weiß denn ich, wie hier ein Regenstürmchen am Ende der Welt aussieht? Wenn das auch so etwas ist wie „medium fitness“, dann sollte ich das besser nicht auf dem Gipfel erleben. Also runter.

Allen maorischen Berggöttern sei Dank ist der Abstieg auf dieser Seite zwar länger, aber wesentlich flacher und sanfter. Und damit auch schneller.

Die ersten Meter laufe ich wieder durch diesen Dschungel, der im düster werdenden Licht jetzt etwas Bedrohliches ausstrahlt. Wie Tolkiens Düsterwald, würde ja auch filmtechnisch passen. Sogar die Vögel, die vorher kostenfrei ein Platzkonzert nach dem anderen gegeben haben, sind jetzt fast verstummt. Nur das Rauschen des Windes im Blätterdach wird immer stärker. Und dann treffe ich auf den Matsch, den die Wandersfrau vom Aufstieg mit sich herumgetragen hatte. Unter dem dichten Dach der Baumwipfel erstreckt sich ein gut zwanzig Meter langes, die gesamte Breite des Weges einnehmendes Schlammfeld. Scheint wohl nicht immer so trocken zu sein wie bis eben. Umgehen geht nicht, der Wald ist zu dicht. Also mitten durch und zwar zügig, es wird hier nicht gemütlicher. Ich saue mich ordentlich ein, erreiche aber ohne größere Probleme den weiterführenden Pfad und trete aus dem Bergdschungel zur Nordseite des Te Whara heraus. Diesmal bietet sich mir ein völlig anderer Anblick. Kilometerweit erstrecken sich weiße Sandstrände bis zum Horizont, nur hier und da unterbrochen von großen Dünen, die bis zur Wasserlinie reichen. Was aber wirklich – man kann es nicht anders sagen – abgefahren ist; es sieht aus wie an der holländischen Nordsee, nur im deutlich größeren Format. Sogar die XXL-Ausgabe eines Krüppelkieferküstenwäldchens ist zu sehen. Völlig verrückt!

Ausblick vom Te Whara Track

Leider habe ich dafür jetzt keinen angemessenen Blick, denn der Wind rauscht nicht mehr. Er stürmt! Ich springe mehr oder weniger zur Küste runter, nehme eine Nase voll Salz und Tang, bedaure sehr, dass ich das jetzt nicht in aller gebotenen Ruhe in mich einsaugen kann und erreiche völlig kaputt und erleichtert unseren Camper. Sinja, ebenfalls vor dem drohenden Unwetter geflohen, hat die Tür schon aufgemacht, also rein, und dann knallt und ergießt es sich aufs Autodach, dass wir instinktiv nach oben schauen, ob denn auch wirklich alles dicht ist. Ist es.
Aber: Ich bin trocken angekommen, zumindest, was diese Sintflut betrifft. Und im Kühlschrank warten frisch gemachte Käse-Schinken-Sandwiches, die mein Traum von einer Ehefrau schon vorbereitet hatte! Wie gesagt, es gibt ja so vieles, für das man dankbar sein kann.

Matamata – die kleinen Dinge

Wer kennt es nicht, das weltberühmte Mittelerde-Epos J.R.R. Tolkiens, eine Saga über pfiffige kleine Hobbits, Zwerge, Zauberer, Elben und Orks, über Krieger und Könige, gewaltige Schlachten großer Heere und kleine Taten unscheinbarer Halblinge, die doch zur Rettung einer ganzen Welt führen. Die ultimative Erzählung über den Kampf Gut gegen Böse, wenn nicht die Geschichte des 20. Jahrhunderts überhaupt.
1937 eingeleitet durch sein Buch „The Hobbit“, die Geschichte des Bilbo Beutlin, (im Deutschen „Der kleine Hobbit“, haben wir in der Schule gelesen, achte Klasse, die schönsten Wochen meiner gesamten Schulzeit) folgte 1954 sozusagen als Fortsetzung „The Lord of the Rings“ (der Herr der Ringe), bis heute eines der meistgelesenen Bücher weltweit, mit einer Auflage von über 150 Millionen.
Tolkien nutzte die reiche Sagen- und Mythenwelt Europas, um daraus und seiner schier unbegrenzten Fantasie eine fantastische Welt zu erschaffen, die bis heute nichts von ihrer Faszination verloren hat. Elemente der Artus-Legende und auch die keltischen und nordischen Sagen baute Tolkien in seinen Kosmos ein und schuf neben einer unglaublichen Fiktion auch ein Universum, in dem das reiche erzählerische Kulturgut Europas bis heute tradiert wird. Es gilt in Teilen schon als Allgemeinbildung, wenigstens einmal hineingeschaut zu haben. So ähnlich wie bei unseren Vorvätern „Faust“ oder andere Klassiker der Weltliteratur.
Und es galt über Jahrzehnte hinweg als unverfilmbar.

Im Auenland

Bis Peter Jackson kam.

Der neuseeländische Regisseur, der sich in der Vergangenheit durchaus für Filme verantwortlich zeigte, für die, sagen wir mal, ein sehr schräger Humor nötig war („Bad Taste", nichts für schwache Mägen), war bekannt für seine Beharrlichkeit und wagte sich an die filmische Umsetzung der „Herr der Ringe"-Trilogie, auch wenn das in der Filmwelt als völlig aussichtsloses Unterfangen galt. 1978 hatte es der US-amerikanische Regisseur Ralph Bakshi schon einmal mit der Zeichentrick-Variante probiert. Auch wenn der Film ein paar Preise einheimste, so wirklich überzeugend war das nun nicht.

Peter Jackson nahm den Kampf mit dem literarischen Stoff auf, kam, sah und filmte.

Dank neuester Film- und digitaler Techniken und einer gehörigen Portion Durchhaltevermögen gepaart mit Geduld und schier unbegrenzter Energie schuf Jackson ein filmisches dreiteiliges Epos (man erinnere sich, 2001 gab es den ersten Teil, dann jeweils ein ganzes qualvolles Jahr warten), das insgesamt siebzehn Oscars gewann. Das muss man erst einmal nachmachen. Und als Krönung obendrauf gab es ein paar Jahre später die dreiteilige Verfilmung des „Hobbit"-Buches, vielleicht mit etwas zu viel digitalem Schnickschnack, aber auch sehr eindrucksvoll.

Natürlich leben solche Werke von der Kulisse, nicht nur von der künstlichen, sondern auch von der natürlichen Umgebung, in der so etwas realisiert werden kann. Jackson suchte also den passenden Ort für Mittelerde, eine urwüchsige, geheimnisvolle und auch bedrohliche Landschaft, in der es sich vorstellen lässt, wie Frodo durchs liebliche Auenland wandert, Gandalf den Balrog auf den höchsten Gipfeln des Nebelgebirges verhaut oder Aragorn sich mit seinem Edelschwert an der Grenze zu Mordor durch Scharen von Orks hackt.
Die Antwort war Neuseeland, das Land am anderen Ende der Welt und passenderweise die Heimat Jacksons. Vorweggenommen, was wir von Neuseeland noch sehen werden, lässt uns die Wahl Jacksons voll und ganz nachvollziehen. Eine Welt wie geschaffen für solch ein Ansinnen.
Das Zentrum dieser Welt ist für alle Filmliebhaber und deren Anhang (für den eher gezwungenermaßen, aber in einer Ehe muss man auch mal Opfer bringen) das Filmset „Hobbiton“ in der Nähe des Örtchens Matamata.
Eigentlich ein verschlafenes Nest mitten im Inland der Nordinsel wurde der gut 7000 Seelen zählende Ort durch die Verfilmung des „Herrn der Ringe“ und später des „Hobbits“ weltberühmt.
Jackson hatte hier die Heimat von Frodo, seinem Onkel Bilbo und Sam, sein Gärtner und heimlicher Held der Geschichte, erschaffen, das Dörfchen „Hobbiton“ (in der deutschen Übersetzung „Hobbingen“), und das streng nach der sehr detaillierten Beschreibung Tolkiens. Um die so behaglichen Hobbithöhlen auch lebensecht darzustellen, wurden die Außenfassaden schon Jahre im Vorfeld bepflanzt, damit zum eigentlichen Drehtermin eine wahrhaft lebensechte Kulisse vorhanden war. Hat auch funktioniert.
Und als eingefleischter „Herr der Ringe“-Fan muss ich es gar nicht erwähnen, dass ich mich vor Ort davon überzeugen will.

Spät am Abend fahren wir in Matamata ein, müde, hungrig und auf der Suche nach einem Stellplatz in der Nähe des Sets. Den finden wir auch etwas südlich der Stadt und ganz nebenbei gibt es auch noch ein Freibad, um die müden Knochen von den Anstrengungen der Fahrt zu erholen. Der freundliche Wirt empfiehlt uns dazu seinen „hot pool“.
Neuseeland ist ähnlich wie Island reich an Thermalquellen, aber heißes Wasser aus dem Erdreich ist keine Seltenheit. Nur nicht ganz ungefährlich, zumindest wenn es unbehandelt bleibt. Wer in solchen Quellen badet, sollte den Kopf über Wasser halten, ansonsten kann es zur Infizierung mit Amöben-Meningitis kommen. Eine der wenigen Gefahren Neuseelands, neben ausländischen Mietwagenfahrern und Sandflies.

Der freundliche Mann versichert uns, dass das Wasser dieser Quelle behandelt und damit sicher wäre. Sogar die kleinen Kinder des Ortes würden darin rumplanschen. Sinja reicht das als Versicherung, ich bin da als Beamtenkind und nebenbei Sohn eines TÜV-Prüfers eher skeptisch, nicht dass wir die eine Niete von Hunderttausend gezogen haben, und begnüge mich damit, meiner Frau beim Planschen im heißen Wasser zuzusehen. Sieht ja schon sehr entspannend und erholsam aus, so im Warmen dazuliegen und die Seele baumeln zu lassen. Da ist auch mein obligatorisches Belohnungseis des heutigen Tages kein echter Ersatz. Schmeckt aber.

Der Wirt hatte uns noch einen guten Tipp für die Besichtigung von Hobbiton gegeben.

Klar, man könnte einfach hinfahren, dann bräuchte man aber für die Buchung einer möglichen Tour „really good luck“, denn Besucherplätze seien sehr begehrt, gerade jetzt im Sommer. Sicherer wäre eine frühe Buchung direkt bei der i-SITE, von der es auch einen Bustransfer nach Hobbiton gäbe. Natürlich im Preis inklusive.

Also steht der Plan für den Besuch fest, doch bevor wir uns am anderen Morgen Richtung Mittelerde aufmachen, haben wir noch eine Begegnung mit einem mehrbeinigen Bewohner Neuseelands, der selbst ohne Probleme im Fantasy-Epos hätte mitspielen können. Eine Weta.

Der Name dieser Langfühlerschrecke kommt von dem Maori-Wort „Wetapunga“ und bedeutet so viel wie „Gott der hässlichen Dinge“. Man mag diesem Überbleibsel aus der Dino-Zeit Unrecht tun, Schönheit liegt ja bekanntlich im Auge des Betrachters, aber mit einer Größe von bis zu neun Zentimetern und satten siebzig Gramm Gewicht wirkt dieses Insekt zumindest für den Nicht-Kiwi, sagen wir mal, abschreckend.

Sinja hat so ein Ding in der Dusche gehabt, der Anblick erfrischte mehr als kaltes Wasser. Das Vieh war wohl schon tot, vielleicht durch eine Überdosis Duschgel, trotzdem fand die Morgendusche ein recht schnelles Ende. Um ehrlich zu sein, ich hätte sie ausfallen lassen. Zuviel duschen schadet ja auch der Haut.

Die i-SITE in Matamata ist, eigentlich wie der gesamte Ort, voll und ganz abgestimmt auf die touristischen Filmsüchtigen und begeistert schon vor dem Betreten durch ihre Architektur, die eindeutig an eine Hobbit-Höhle angelehnt ist. Bei diesem Anblick kommt bei mir schon mal kindliche Freude auf, Sinja lässt das eher kalt, aber das war schon vor Beginn unserer Reise klar, ohne Hobbiton kein Neuseeland. Und meine Süße ist hart im Nehmen.

Im Bus empfängt uns dann Peter Jackson höchstpersönlich, natürlich nicht in Echtformat, sondern als Erzähler der kleinen Einstiegs-Doku (Sinja nennt es etwas spöttisch Einstiegsdroge), die auf dem kleinen Bildschirm über dem Fahrer läuft.
Wir erhalten erste Informationen über den Bau Hobbitons und die nachfolgende Idee, daraus ein für die Öffentlichkeit begehbares Filmset zu machen, davon bekomme ich aber nicht wirklich viel mit, ich bin schon ganz im abgespielten Soundtrack versunken und sehr gespannt, was uns da wohl erwartet. Hat ein bisschen was von dem Gefühl, heiligen Boden zu betreten. Nun ja, vielleicht nicht ganz so. Aber fast.
Wir fahren durch eine hügelige Graslandschaft, die schon sehr an die grünen Hügel des Auenlandes erinnert. Und dann endlich sind wir am Eingang von Hobbiton angelangt und werden von Sharon, unserem heutigen Tour-Guide, in Empfang genommen.
Sharon hat von Anfang an unseren Respekt.
Denn als sich die Türen des vollbesetzten Besucherbusses öffnen, ist das nicht nur der Beginn einer Reise ins Auenland, sondern auch in die pickelige Vergangenheit.
Stichwort: Klassenfahrt!
Es ist schon faszinierend, wie bei solchen eigentlich nur kommerziell-touristischen Touren auf einmal das Kind im Manne und der Frau wieder zum Vorschein kommt. Als habe sich seit der letzten Stufenfahrt bis auf Gewicht und Falten nichts geändert.
Ganz vorne stehen die Streber, die mit geröteten Wangen freudig den Erläuterungen des Lehrers oder des gebuchten Referenten lauschen, erleichtert, Anweisungen befolgen und Wissen erlangen zu dürfen, ein paar Schritte entfernt gammeln die Obercoolen vor sich hin, provozierend desinteressiert und ängstlich darauf bedacht, ja keinen Zweifel an ihrer Lässigkeit aufkommen zu lassen, während ganz hinten die Zicken ein Meeting abhalten und so leise über Klamotten und Frisuren aller anderen lästern, dass es selbst der letzte Hobbit in seiner Höhle noch verstanden hätte. Selbst die Stufenschönheit ist vor Ort, natürlich, wie vorm heimischen Spiegel geübt, elegant und absichtlich unabsichtlich in Pose gesetzt, die Schokoladenseite muss schließlich jedermann präsentiert werden. Nur dass in den letzten zwanzig Jahren mehr Schokolade und etwas weniger Seite dazugekommen ist (wo wir jetzt stehen, überlasse ich mal der persönlichen Fantasie).
Das Ganze in einem babylonischen Sprachgewirr, da käme ich als Guide schon nach fünf Minuten an meine Grenzen.

Sharon scheint da aber nicht unerfahren.
Mit Charme und Durchsetzungsvermögen hält sie den wieseligen Haufen zusammen, hat gleichzeitig ein Ohr für sämtliche Anliegen (wo ist die Toilette, sind Frodo und Sam auch hier, kann ich die Höhle kaufen, warum werden wir nicht von Peter Jackson geführt; der war doch auch im Film im Bus) und schafft es sogar, einige Mitreisende aus Fernost, die für ein gutes Selfie auch gerne mal die Absperrungen durchbrechen und es sich in den Kulissen bequem machen, sanft aber bestimmt wieder zur Gruppe zurückzuführen. Und wenn nicht sanft, aber bestimmt, dann hart und direkt. Trotz möglicher Sprachbarrieren eindeutig zu verstehen.
Selbst ein etwas orientierungsloser Touri, der uns für seine Gruppe hält und Sharon stets mit Steve anredet, wird von ihr behutsam integriert und anschließend bei Steve abgegeben.
Nebenbei führt sie uns durchs Auenland und hat die eine oder andere wirklich interessante Geschichte zum Film, Peter Jackson, den Dreharbeiten und dem Filmset parat.
Das ist der Hammer und übertrifft, wenn man denn die Massen an Besuchern mal ausblendet, aber wir sind ja selbst Teil davon, all meine Erwartungen.
Die Macher haben nicht nur eine Filmkulisse geschaffen, sondern in meinen Augen eine kleine Welt. Wir stehen in einer sanften Hügellandschaft, in die völlig natürlich wirkend kleine Häuschen oder Höhlen eingebaut sind, mit niedlichen Vorgärten und witzigen Details, wie auf der Leine hängende Wäsche in Hobbit-Größe, Schnitzarbeiten oder vergessener Käse auf einem Tischchen vor einer gemütlich aussehenden Bank. Es hätte niemanden gewundert, wenn jetzt wirklich Frodo und Sam aus einem der Häuschen gekommen wären und uns nett gegrüßt hätten. Selbst meine Frau kann sich jetzt dem Zauber dieser künstlich-natürlichen Umgebung nicht entziehen, im Gegenteil, sie ist voll im Hobbit-Fieber, schießt ein Foto nach dem anderen (zu Hause werden wir unzählige Fotos von Hobbit-Gardinen, verzierten Türknäufen und Vorgartenblumen auf dem Rechner haben) und strahlt übers ganze Gesicht. Mal- und Zeichenmotive in Hülle und Fülle. Da zeigt es sich mal wieder, Geduld zahlt sich aus. Mir zuliebe guckt Sinja die Trilogie alle zwei Monate (in Stresszeiten auch mal öfter), und ich wusste, irgendwann wird es auch sie packen.

Diese Landschaft scheint aber auch wirklich direkt der Fantasie Tolkiens entsprungen zu sein.
Als Peter Jackson auf der Suche nach dem Auenland war, muss ihm die Farm und das Gelände der Familie Alexander wie ein Geschenk des Himmels vor-

Film-Szene aus „Der Hobbit“: Bilbos Gattersprung ins Abenteuer

gekommen sein. Die Heimat der Hobbits war gefunden und die Verhandlungen mit den Besitzern erfolgreich. Sharon erzählt uns, dass die Alexanders mit dem „Herrn der Ringe“ erstmal gar nichts anfangen konnten, sich aber vertraglich zusichern ließen, jederzeit bei den Dreharbeiten vorbeischauen zu dürfen. Das taten sie auch, nur ausgerechnet in der Szene, in der die Hobbits bei Bilbos Geburtstag vor einem Feuerwerks-Drachen flüchten.

Man stelle sich vor, du gehst nichts Böses ahnend nachts zu einem Filmset und siehst Dutzende von Menschen, die aussehen wie kleine irische Kobolde, wild schreiend durch die Gegend laufen und sich vor irgendetwas auf den Boden werfen. Da gerätst du als Verteidiger des kulturellen Gehalts von Fantasy-Filmen aber erstmal in Erklärungsnot.

Hier wohnen Bilbo und Frodo.

Dann endlich stehen wir vor dem Allerheiligsten dieser Welt, der Hobbithöhle von Bilbo und Frodo. Erst haben wir sie gar nicht erkannt, denn die Perspektive ist dann doch etwas anders als im Film. Aber das an der Tür angebrachte Schild

zur Party-Vorbereitung (für alle Nichtkundigen, die Feier zu Bilbos hundertelfzigsten Geburtstag, auf dem er dann Dank des Rings der Macht verschwindet) zeigt, wer hier wohnt: Und ich gebe zu, auch wir haben uns davor natürlich fotografieren lassen. Auch wenn´s ein bisschen peinlich war, bei der ganzen Lästerei über Foto-Touris. Aber mit Sharons Erlaubnis.
Sie erzählt uns dann noch die Geschichte zum Baum, der über Bilbos Hügel steht.
Auch wenn Neuseeland ohne Zweifel das Land der verzauberten Gehölze ist, man sollte doch meinen, dass es da in solch einem legendären Filmset wichtigere und interessantere Dinge zu bestaunen gibt. Schnöde Bäume sind da wohl zu vernachlässigen.
Nicht, wenn man Peter Jackson heißt.
„Have a look. Is this really a tree?“ Ja, was soll das denn sonst sein, wenn nicht ein Baum? Hat einen Stamm, Äste und Blätter, die sich im leichten Wind wiegen … Nein, die wiegen sich nicht, das ist gar kein natürlicher Baum. Das Ding ist Kulisse!
Peter Jackson brauchte über Bilbos Heim einen Baum, warum, verstehe ich nicht, da kommt mein Englisch an seine Grenzen. Der wurde gebaut, angeliefert und auf die Höhle gesetzt. Dann hat Jackson sich das Ding angeschaut.
Und angeschaut.
Und wieder angeschaut.
Und entschieden, dass ihm die Grünfärbung der Blätter nicht hundertprozentig zusagt.
Also Retour, und Tausende von Blättern mussten neu bemalt werden, bis sich der Meister zufrieden zeigte. Zu Hause werde ich beim Schauen der Filme mal ganz besonders auf den Baum achten. Wird der Geschichte wahrscheinlich eine neue Wendung geben, die mir bisher verschlossen blieb.
Zum Ende der Tour hat Sharon für uns noch ein ganz besonderes Ereignis in petto.
Wir dürfen ein Bier trinken.
Aber nicht irgendein Bier, wobei die Plörre, die wir dann bekommen, jedem Braumeister Magenschmerzen (und nicht nur dem) bereitet hätte.
Wir bekommen ein Bier im „Grünen Drachen“!
Das ist die Dorfkneipe Hobbingens und der Ort, zu dem sich die Hobbits in Not und Gefahr zurücksehnen, um in aller Ruhe und Behaglichkeit einen ganzen Halben zu trinken. Das tun wir, auch wenn wir keine Hobbits sind. Nebenbei erfülle ich damit ein Versprechen an einige Arbeitskollegen, die darüber selbstredend mit einer Auenland-Postkarte informiert werden.

Was bleibt am Ende des Tages nach so einer Besichtigung?
Natürlich, die Filme schaut man nicht unbedingt wegen pittoresker Bauten kleiner Halblinge. Natürlich stehen die epischen Schlachten, die Abenteuer in Mordor und der Kampf um die Weiße Stadt im Vordergrund, wenn man sich solch einem Fantasy-Spektakel hingibt.
Und doch sind es genau die Vertreter der kleinen Halblinge aus Hobbingen, die dem Leser und Betrachter so sehr ans Herz gewachsen sind. Vielleicht gerade, weil sie so klein und unscheinbar wirken, manchmal so unbeholfen und nicht unbedingt groß und stark. Wenngleich ungeheuer tapfer.
Schließlich erinnert uns Gandalf daran, dass es die kleinen Dinge und die Taten ganz gewöhnlicher Leute sind, die die Welt ein Stückchen besser machen.
Klingt doch irgendwie beruhigend.

Nachtrag: Tags darauf wandern wir den Wairere Falls Track hoch zum mit 153 Metern höchsten Wasserfall der Nordinsel.
Im Wald pfeife ich aus Jux und Dollerei, und weil ich noch immer gedanklich in Hobbingen bin, einen Teil des Soundtracks, Aragorn´s Theme.
Prompt kommt die Antwort.
Ein Tui, eine neuseeländische Vogelart, die Stimmen imitieren kann, greift meine Pfeiferei auf und gibt sie tapfer wieder. Mehrmals.
War ein guter Abschluss für den Aufenthalt im Auenland.

Tongariro National Park - Weihnachten in Mordor

Weihnachten in Neuseeland.
Das bedeutet sowohl für Sinja als auch mich, Weihnachten nicht zu Hause mit den Familien zu verbringen, sondern am anderen Ende der Welt. Für uns absolutes Neuland, und ich gebe zu, dass das kein kleiner Diskussionspunkt mit den Lieben daheim war. Silvester, Ostern, den eigenen Geburtstag in der Fremde zu verbringen ist ja nichts Ungewöhnliches und ehrlich gesagt manchmal sehr von Vorteil. Aber Weihnachten? Ist dann doch ein seltsames Gefühl. Zudem liegt Neuseeland bekanntermaßen auf der Südhalbkugel und da ist am 24. Dezember nun mal Hochsommer. Da in allen bisherigen Begegnungen, sei es mit Neuseeländern oder mit Touris, nach zwei Sätzen die Hitze Thema Nummer eins war, wissen wir auch ziemlich sicher, dass wir passenderweise den Jahrhundertsommer erwischt haben. „Jingle Bells“ und „White Christmas“ bei über fünfunddreißig Grad im Schatten muss der handelsübliche Mitteleuropäer erst einmal verdauen.

In Paihia hatten wir abends eine Christmas Parade gesehen. Der gesamte Ort hatte daran teilgenommen, inklusive der als Engelkombo verkleideten Rollstuhlfraktion des ortsansässigen Altenheims, und die wurde frenetisch gefeiert. Persönliche Anmerkung: Das hat uns ganz ehrlich schwer beeindruckt! In Auckland war rund um den Sky Tower ein „Christmas Wonderland“ stilecht mit Fusselwollschnee und elektrischen Rentieren aufgebaut. Nebenbei wagten ein paar Verrückte vom Tower einen Bungee-Sprung, wohl in der Hoffnung, Santa Claus gleich im Flug zu begegnen. Alles sehr schöne und witzige Angelegenheiten, die die Kiwis mit aller ihnen zur Verfügung stehenden Freundlichkeit zelebrieren. Aber wir fühlen uns dabei wie bestellt und nicht abgeholt. Dementsprechend hält sich unsere Weihnachtsstimmung auch in Grenzen. Eigentlich müssen wir zugeben, dass wir es am liebsten eher heute als morgen hinter uns gebracht hätten, um uns nicht weiter damit beschäftigen zu müssen. Ist schon seltsam, auf was für unerwartete Probleme man auf solch einer langen Reise stößt. Ich hätte eher mit Jetlag, Reisedurchfall und Sonnenbrand gerechnet (gut, der ist nicht von der Hand zu weisen), aber Weihnachtsfrust? Nun ja, wir kommen halt aus einer Stadt, in der es mehr Kirchen gibt als Einwohner, da hat Weihnachten einen etwas anderen Stellenwert als zum Beispiel im Frankfurter Bankenviertel.
Also versuchen wir, für die Feiertage das Beste aus der Situation zu machen und suchen uns ein Ziel, das laut Wettervorhersage ein bisschen kühler sein soll und durch seine geografische Lage und Vegetation leicht an zu Hause erinnert. Ist ja schließlich Weihnachten.

Unser Ziel ist der Tongariro National Park, relativ mittig auf der Nordinsel gelegen. Der Tongariro ist einer von vierzehn Nationalparks Neuseelands, die zusammen ungefähr ein Zehntel der Gesamtfläche des Landes bedecken. Mit über 76 Hektar ist er der zweitgrößte Park der Nordinsel. Die Nationalparks werden betreut vom Department of Conservation (DOC), einer Behörde, die im gesamten Land für den Naturschutz zuständig ist und damit eine auch für die neuseeländische Wirtschaft gewichtige Rolle spielt. Warum fährt man schließlich nach Neuseeland? Ganz sicher nicht wegen der Städtekultur (auch wenn zum Beispiel Wellington ein echtes Schmuckstück ist, wie wir noch sehen werden). Neben Aufgaben des Naturschutzes ist das DOC auch zuständig für eine, man kann durchaus sagen, sanfte touristische Erschließung, und sie versteht sich als Instanz, die ausdrücklich die Belange aller Neuseeländer bedenkt. Bei der Gründung des Departments 1987 wurde gesetzlich festgehalten, dass der „Treaty of Waitangi“ bei den DOC-Entscheidungen stets berück-

sichtigt werden muss, um sicherzustellen, dass die Belange der Maori zum Beispiel bei Land-, Grund- und Boden-Angelegenheiten nicht unter den Tisch fallen. Ist erstmal ein Statement, finde ich. Ob das dann auch umgesetzt wird, können wir natürlich nicht beurteilen.
In jedem Nationalpark und meist auch in größeren Städten ist ein DOC-Büro zu finden und neben der i-SITE, gerade was Wanderungen oder andere Outdoor-Aktivitäten angeht, Anlaufstelle Nummer eins. Auch die DOC-Campingplätze innerhalb der Nationalparks, also Felder mit Toilette, dafür meist kostenfrei, werden von ihnen betreut. Sehr attraktiv für den kleinen Geldbeutel. Da wir aber auf unseren Kühlschrank angewiesen sind und der nach einer Nacht ohne elektrisches Futter an seine Grenzen kommt, können wir solche Plätze nur sporadisch nutzen. Hat aber auch seine Vorteile. Ich dusche halt gerne.

Am Vorabend zu Heilig Abend erreichen wir dann Whakapapa, die einzige Siedlung innerhalb des Tongariro, die, wie wir finden, völlig zu Unrecht meist nur als Transit-Punkt genutzt wird. Die meisten Touris haben Quartier im nördlich gelegenen Turangi oder im Westen in Ohakune.
Das auf 1127 Metern gelegene Örtchen ist so klein, dass wir im Netz bezüglich der Einwohnerzahl nur die Angabe „wenige" finden. Trotzdem gibt es ein Hotel und einen Campingplatz. Und da wollen wir hin. Da mit den Feiertagen die Kiwis vierzehn Tage Weihnachtsferien (oder besser Sommerferien) haben, müssen wir ab jetzt aber vorher reservieren, zumindest bis nach Neujahr. Der Campingplatz in Whakapapa ist Gott sein Dank ein „richtiger", mit sanitären Anlagen und einer laut Reiseführer stinkgemütlichen Küche, die ein bisschen an eine Bergwanderhütte erinnert. Ist auch genauso dunstig.
Mich stört das irgendwie. Wir sind jetzt einen knappen Monat unterwegs und es hat schon was Feines, wenn man zeitlich so unabhängig ist, dass man wirklich erst abends entscheidet, wo man den nun genau schlafen will. Vorbuchen klingt so spießig.
„Wenn der Herr es denn drauf ankommen lassen möchte, dass wir Heilig Abend irgendwo auf dem Acker verbringen? Bestimmt gibt´s hier einen arbeitslosen Hamster. Den stecken wir dann in ein Laufrad und für ein bisschen Käse produziert der dann für uns Strom. Ist ja auch nachhaltiger!"
Ja, wenn meine Frau von den Nörgeleien ihres Gatten genervt ist, dann kann sie manchmal eine wirklich spitze Zunge haben. Das Dumme dabei ist nur, sie hat auch meistens recht. So auch in diesem Fall. Bei allem Individualitätsgetue meinerseits rufen wir trotzdem bei der Campsite im Whakapapa an, und

siehe da: Sie haben für die Feiertage noch einen Platz frei. Und zwar nur noch einen. Sinja kann so schön die Augenbrauen hochziehen, wenn sie auf einen Kommentar meinerseits wartet. Da bin ich doch sehr froh, dass gerade ein Motorrad laut knatternd an uns vorbeifährt. Aber ich habe ganz sicher „Hast ja recht." gesagt. Zu mindestens gemurmelt.
Bei der Ankunft auf dem Campingplatz hat das auf der anderen Straßenseite gegenüberliegende DOC-Büro noch geöffnet und wir erfahren Nützliches.

Ausblick auf der Weihnachtswanderung

Im Winter ein sehr beliebtes Skigebiet, herrscht im Sommer dagegen allerorts Wanderstimmung. In und um den Tongariro gibt es über dreißig Wandertouren aller Kategorien. Die berühmteste ist da sicherlich das Tongariro Alpine Crossing, eine gut siebenstündige Wanderung von knappen zwanzig Kilometern durch eine Vulkanlandschaft mit smaragdgrünen Seen, heißen Quellen und erstarrten Lavatrümmern. Der höchste Punkt ist der Red Crater mit 1886 Metern. Täglich laufen mehr als 700 Wanderer diesen Weg. Damit ist er einer der beliebtesten Wanderwege im gesamten Land, und damit wohl auch genau das Richtige für mich. Meint zumindest Sinja. Ich habe da leichte Zweifel, denn auch solche „sehr beliebten" Wege sind gerade in den Bergen vom Wetter abhängig und da ist momentan noch sehr viel Luft nach oben. Siebzehn Grad und leichter Niesel, da kann auch ein Geröllfeld mal rutschig werden. Sinja und die Dame der DOC überzeugen mich aber doch, Sinja, weil sie weiß, dass ich eigentlich rattenscharf auf eine Tour über erstarrte Lavafelder bin, die DOC-Dame, nun, weil es ihr Job ist.
Also buche ich ein Shuttle-Ticket zum Ausgangspunkt. Morgen um sieben geht´s los! Naja …
Als wir dann zurück zum Campingplatz gehen, kommen wir an der Rezeption an einem Schild vorbei, das wir vorher nicht beachtet hatten.

Warnung – aktives Vulkangebiet?! Bei Ertönen der Alarmsirene soll man sich umgehend in Sicherheit bringen!?

Das muss ich wohl überhört haben, dass wir hier die Feiertage auf einem geologischen Glühofen verbringen. Sehr anschaulich ist in lavaroten Farben auch noch dargestellt, dass ausgerechnet unser Campingplatz mitten in dem bei einem Ausbruch zu erwartendem Lavastrom liegt. Kein Wunder, dass Peter Jackson hier einige Szenen des „Herrn der Ringe" gedreht hat. Der Berg Ngauruhoe in Sichtweite des Örtchens diente den Filmleuten als „Schicksalsberg", in dem Frodo und Sam den Ring der Macht vernichten sollten (Cool, wir sind in Mordor!).

Jetzt schaue ich Sinja mal an und jetzt ziehe ich mal wortlos die Augenbrauen hoch. Stört sie aber nicht.

Auf den vulkanischen Magma-Schreck machen wir uns erst mal unser traditionelles Camping-Urlaubs-Essen: Spaghetti mit frischen Tomaten in ganz viel Sauce überhäuft mit Schafskäse, dabei O-Saft und Cola. Ist lecker, reichhaltig und schafft Stimmung. Danach völlig vollgefressen in die Schlafsäcke und ab ins Land der Träume.

Kein Scherz: In der Nacht träume ich von Frodo und Sam, wie sie durch die Lavawüste von Mordor taumeln. Dann erscheint am düsteren Himmel einer dieser ekligen Flugsaurier auf der Suche nach dem Ring der Macht und der kreischt und kreischt in nervenzerfetzenden Tonlagen, und er kreischt weiter und weiter … Und hört nicht auf, selbst als ich die Augen aufschlage, schreit er weiter und ich begreife so langsam, dass da kein verkappter Urzeitgeier aus einem Fantasy-Epos irrwitzige Töne von sich gibt, sondern eine Sirene. Genauer gesagt, eine Alarmsirene. Das ist wirklich die Alarmsirene! Das ist doch jetzt wohl ein Scherz, das ist doch nicht wirklich das Zeichen für einen Vulkanausbruch!? Ich schaue zu Sinja, doch die ist seit dem Beginn unserer Beziehung begeisterter Fan von Oropax und kriegt nichts mit. Kurz schweife ich ab und zolle dem Gehörschutz Respekt, mir hätten bei diesem Lärm nicht mal Ohrenschützer geholfen. Aber zurück zum Wesentlichen. Ich mache die Campertür auf, schaue nach draußen und … nichts!? Das Einzige, was hier flackert, ist die rudimentäre Platzbeleuchtung. Ansonsten ist alles dunkel und ruhig. Bis auf diese Sirene natürlich. Anscheinend scheinen die anderen Gäste sich nicht im Mindesten durch das Gefahrensignal in ihrer Nachtruhe stören zu lassen. Ein paar Meter weiter geht eine Schiebetür quietschend auf und ein verwuschelter Männerkopf erscheint. Jemand im Bulli ruft „Don´t worry. It´s nothing!", und der Kopf verschwindet wieder.

Ich versuche mal logisch zu denken.
Wir sind hier in Neuseeland, nicht in Klein Küppersbusch. Die sind hier nicht doof, sondern zuverlässig und leben mit dem Vulkan. Wenn hier wirklich irgendetwas passiert wäre, würden die Kiwis über den Platz laufen und an sämtliche Fahrzeuge hämmern. Tut aber keiner. Also ist das ein Fehlalarm oder irgendein Scherzbold hat einen etwas verfrühten Silvester-Scherz verbrochen. Auf der Straße sind auch keine Autos zu hören, gar nichts. Wobei das kein echter Indikator ist, hier wohnen ja nur „wenige."
Ich entscheide mich dafür, mich mit meinen selbstgestrickten Erklärungen zufriedenzugeben und krieche zurück in den Schlafsack. Und wirklich, nach ein paar Augenblicken ist der Spuk vorbei. Wahrscheinlich wirklich nur ein Fehlalarm. Sinja hat übrigens gar nichts davon mitbekommen.

Trotz des nächtlichen Schreckens werde ich schon um kurz vor sechs wach. Aber nicht vom Wecker, eher vom mittlerweile ziemlich stark gewordenen Regen, der auf das Autodach knallt. Ein Blick nach draußen zeigt eine gräuliche Landschaft, die nicht wirklich zum Aufstehen geschweige denn zum Wandern einlädt.
Egal, gebucht ist gebucht, also raus aus den Federn und dann zur ersten Bewährungsprobe des heutigen Tages: Kalte Spaghetti von gestern Abend und heißer Kaffee. Kein Gaumengenuss, aber als Grundlage für den heutigen Tag nicht zu verachten. Sinja ist mittlerweile zumindest im Ansatz wach geworden. Ein Auge ist noch zu, mit dem anderen lächelt sie mich an und wünscht mir einen guten Wandertag, bevor sie ratzfatz wieder eingeschlafen ist. Ich gebe zu, das würde ich jetzt auch gerne machen. Den Rucksack hatte ich schon gestern Abend gepackt und die Haltestelle für den Shuttlebus ist quasi direkt vor der Haustür, also gönne ich mir noch einen Müsliriegel aus dem Tagesproviant (dann ist der Rucksack auch direkt leichter) und auf geht's.
Draußen sind es knappe vierzehn Grad: Der Wind pfeift ordentlich und der Regen prasselt ganz schön, also genau das Wetter, das wir zu Hause seit Jahren zu den Weihnachtstagen haben. Im Stillen gratuliere ich mir zu der spontan aufkommenden heimatlichen Weihnachtsstimmung und stelle mich zu ein paar anderen Unverfrorenen, die sich am Heiligen Abend auch durch die Vulkanlandschaft quälen wollen. Sind aber keine siebenhundert, sondern nur fünf. So früh am Morgen kommt nicht wirklich ein Gespräch in Gang, deshalb sind alle froh, als der Bus kommt. Der bringt uns aber leider kein Weihnachtsgeschenk, sondern die Nachricht, dass oben auf dem Berg mittlerweile Sturmböen gemessen worden sind. Der Regen würde im Laufe des Tages

noch weiter zunehmen. Zwar sei der Track noch nicht geschlossen, die Ranger würden aber vor einer Begehung warnen.
Scheiße!!!
Das hätte es nun nicht gebraucht!!!
Ein Blick in die Gesichter meiner unbekannten Mitstreiter zeigt mir, wie ich wohl ungefähr jetzt aussehe. Frustriert, enttäuscht und stinksauer!
Für mich bedeutet diese Ansage eindeutig: Heute wird das nichts mit dem Alpine Crossing, und wie gesagt, das Wetter soll nicht besser werden. „Not yet closed." ist meiner Erfahrung nach nur nett formuliert für „Tu's, wenn du's nicht lassen kannst, aber heul' hinterher nicht rum!"
Zwei von den Wanderfreudigen steigen dann doch ins Shuttle und sofort überkommt mich der Zweifel, ob ich das nicht doch etwas zu unentspannt sehe. Aber innen drin weiß ich, die Entscheidung ist richtig. Hilft nur gerade nicht gegen die Enttäuschung.
Die anderen beiden, ein australisches Pärchen, sind nicht weniger schlecht gelaunt und schlurfen zurück zur Campsite.
Ich kann das jetzt nicht!
Ich bin zwar auch noch müde, dabei aber total aufgekratzt!
Es ist jetzt kurz nach sieben, der gesamte Ort schläft noch oder verkriecht sich im trockenen Warmen, ich kann jetzt aber nicht einfach zurück in die Federn. Ich habe doch nicht umsonst kalte Nudeln mit Sauce runtergewürgt und mich am heißen Kaffee verbrannt. Der Rucksack ist gepackt, die Regenkombi schon angezogen, ich bin startklar. Also mache ich das Beste aus der Kiste und schaue in meinen kleinen roten Wanderführer, der noch einige andere Touren direkt vom Ort ausgehend vorschlägt. Ich entscheide mich für einen knapp dreistündigen Rundweg, der erst durch einen Bergdschungel, dann durch eine Moorlandschaft weiter zu einigen felsigen Passagen führt, bevor es später auf einer weitläufigen Ebene zurück zur Bergstraße gehen soll, die mich nach knapp zwei Kilometern wieder nach Whakapapa zurückbringen soll.
Jetzt, wo ich einen Plan habe, geht es besser.
Zwar werde ich bei diesem Neuseelandbesuch das Tongariro Alpine Crossing nicht machen, aber das ist noch lange kein Grund, den ganzen Tag Frust zu schieben. Ich bin nicht das erste Mal in den Bergen. Wenn hier jemand irgendetwas entscheidet, dann ist es das Wetter. Da bist du machtlos. Außerdem ist Heilig Abend, da wird nicht gemeckert!
Immer noch leicht gereizt starte ich meinen Plan B und tauche ein in diese mich immer wieder faszinierende Waldvegetation.

Wandern im Tongariro

Trotz norddeutschem Schmuddelwetters ist allein der Anblick dieser Bäume ein Genuss. Im Prinzip erinnern sie eigentlich nur an unsere heimischen Nadel- und Laubhölzer. Aber hier erscheinen sie in fast bizarren Formen. Äste und Zweige sind seltsam gewachsen und verwoben, teils vollständig überzogen mit Moosen und Flechten. Sie wirken wie fantastische Traumwesen, die in ihren Bewegungen erstarrt und trotzdem lebendig sind. Ein irrer Anblick. Und schon angemerkt, das werden wir fast überall in Neuseeland sehen.

Während ich weiterwandere, bemerke ich auf einmal, wie meine anfängliche Enttäuschung langsam, aber sicher schwindet. Plan B tut mir gut! Ich bin allein auf weiter Flur (dem Regen sei Dank), ich mache das, was ich am liebsten tue, und dabei muss ich mich noch nicht einmal auf holprige Geröllstrecken konzentrieren, ich kann es entspannt genießen. Das hier ist keine Aufgabe, das ist ein unerwartetes Geschenk. Ich freue mich geradezu darauf, nachher mit meiner Frau den Abend vorzubereiten und dann doch ein bisschen Weihnachten zu feiern. Nach sieben oder acht Stunden Großkampf wäre das wohl eher mager ausgefallen. Ich kann es zwar nicht sehen, aber ich merke, dass ich ein breites Grinsen im Gesicht habe. Da hier außer ein paar interessiert schauenden Piepmätzen niemand ist, brumme ich „Jingle Bells“ vor mich hin, auch wenn meine Stiefel matschbeschmiert statt schneebedeckt sind.

Jeder Wanderer kennt diese Momente. Irgendwann sind alle störenden Einflüsse im Wortsinn weggelaufen und du beschäftigst dich nur noch mit dem, was dir gerade wirklich wichtig ist. Ein befreiendes Gefühl, und ganz sicher keine Wanderesoterik. Das ist Fakt!

Als ich nach einer felsigen Passage eine Kuppe erreiche, ist es dann bei mir soweit. Es regnet immer stärker und der Wind zerrt regelrecht an meiner Kapuze, als ich auf die weite grasige Ebene unter mir blicke, die sich kilometerweit im trist-schönen Zwielicht vor mir erstreckt. Eine Aussicht, die sich mir einprägen wird. Es ist gut, die Weite in sich aufzunehmen. Mir wird bewusst, dass ich gerade meinen eigenen, persönlichen Weihnachtsgottesdienst erlebe. Und der fühlt sich hier im stürmischen Regen bedeutend intensiver und ehrlicher an als manch einer, den ich zu Hause vielleicht sogar nur abgesessen habe. Ich bin mit Gott, der Welt und auch mit mir im Reinen.

Mordor lässt grüßen!

Irgendwann am frühen Mittag stehe ich dann völlig durchnässt am Auto, indem Sinja gerade werkelt. Sie hat gut und lange geschlafen, ist vom Nachbarn über den nächtlichen Fehlalarm befragt worden (was bei ihr leichte Irritationen ausgelöst hat; war da was?) und hat sich dann nach einem ausgiebigen Frühstück für ihr persönliches Hobby Nummer eins entschieden, zu malen. Wobei ich finde, ich darf als stolzer Ehemann durchaus mal sagen, dass das, was da unter den Pinselstrichen so entsteht, meiner Meinung nach schon

lange aus dem Status „Hobby“ herausgewachsen ist. Meine frühe Ankunft mit nachfolgender Erklärung nimmt sie gelassen hin, sie ist halt nicht so leicht zu erschüttern.
Der weitere Tag verplätschert dann etwas, Sinja malt, ich lese.
Am frühen Abend beginnen wir mit den weihnachtlichen Vorbereitungen und entscheiden uns für eine Neuauflage des gestrigen Abendessens, diesmal erweitert durch Rotwein und Sahnejoghurt mit Manuka- Honig, der neuseeländischen Geheimwaffe gegen alles.

Sinja hat dann noch eine Überraschung für mich. Sie hat von zu Hause eine Weihnachtskrippe „to go“ im Taschenformat zum Basteln mitgebracht. Jetzt weiß ich auch, warum sie immer so vorsichtig mit der Deckeltasche ihres Rucksacks war. Ist sonst gar nicht ihre Art. Es dauert allerdings eine nicht kleine Weile, bis wir vom Rotwein leicht besäuselt die Krippe stehen haben. Zusammen mit der gestern im DOC-Büro gekauften Weihnachts-Bulli-Kugel sieht unser mobiles Heim jetzt richtig festlich aus. Und wir sind nicht die einzigen mit Sinn für Festtagsschmuck. Unser Nachbar hat sein Gefährt gleich ganz in eine grün und rot leuchtende Lichterkette eingewickelt. So wie das blinkt, müsste der Extrastrom bezahlen. Sinja grinst mich an „Frohe Weihnachten!“ Ich grinse zurück.

Weihnachtskrippe to go

Wellington - der Kopf des Fisches

Warum fährt man nach Neuseeland?
Natur, Freiheit, Weite, Abenteuer, Selbsterkenntnis, weit weg von zu Hause, Flug war im Angebot, Australien war zu teuer, mein Nachbar war auch schon da und so weiter und so fort.
Bei all den möglichen Gründen (und die oben stehende Aufzählung ist nur ein kleiner Auszug der Motive, die wir von anderen Reisenden erzählt bekommen haben) ist es vielleicht einfacher, wenn man das aufführt, weswegen man ganz sicher nicht ans andere Ende der Welt reist.
Alle Neuseeländer mögen es mir verzeihen, wenn ich wage auszusprechen, was eigentlich jeder Besucher dieses Landes zumindest einmal auf der Reise denkt.
Nach Neuseeland reist man ganz sicher nicht wegen der Städte.
Klingt gemein, ist aber wahr.
Dabei ist das ein nicht zu unterschätzendes Pfund, mit dem die Kiwis wuchern können und auch tun. Es gibt hier eben nicht diese riesigen Ballungsräume, die wir von anderen Ländern und Kontinenten so kennen. Hier hat man Platz. Im Verhältnis zur Größe Neuseelands sogar viel Platz. Platz zum Leben, zum Erleben und, für mich nicht unwichtig, ganz viel Platz zum Durchatmen. Eines der größten Geschenke, die mir diese Reise macht.
So gesehen ist es wiederum gar nicht gemein, wenn man die Städte Neuseelands eventuell etwas stiefmütterlich behandelt.
Grundsätzlich ist die Besiedelung dünn. Die Orte, gerade im Hinterland, also dem größten Bereich Neuseelands, erinnern uns immer so ein bisschen an Goldgräberstädtchen aus alten Western. Nebenbei, gar nicht so weit hergeholt; Neuseeland hat eine große Bergbau-Tradition, Goldrausch inklusive.
Eine Hauptstraße, an der sich alles Wichtige anreiht, dahinter etwas Wohngegend und dann eben ganz viel Platz. Mal sind die Orte klein, mal gemütlich, mal verschlafen, mal täte hier und da ein Anstrich gut, mal werden sie herausgeputzt und jede noch so kleine Attraktion als touristisches Highlight vermarktet. Da sind die Kiwis durchaus erfinderisch. In den Catlins haben wir sogar die Niagara Falls (nein, nicht die in Kanada) besucht, beworben als „der kleinste Wasserfall der Welt." Klar, Touri-Falle, war aber trotzdem sehr nett und der Kaffee in der angrenzenden Lokalität heiß und stark.

Natürlich gibt es auch einige größere Städte, da steht Auckland auf der Nordinsel mit seinen fast eineinhalb Millionen Einwohnern einsam und verlassen an der Spitze. In Auckland sind wir angekommen, haben uns dann direkt nach Norden aufgemacht und uns die größte Stadt Neuseelands erst zehn Tage später angetan. Und waren von der Hektik, dem Dreck, dem Lärm und auch dem erschreckenden Gegensatze zwischen Arm und Reich zumindest im Zentrum und am Hafen abgeschreckt. War ein Kulturschock, von der gemütlichen, entspannenden Einsamkeit in den wuseligen Betrieb einer Großstadt. Ehrlich gesagt war das nicht anders als in unseren Ballungsräumen, nur wenn man einmal die Freundlichkeit und Höflichkeit im Hinterland kennengelernt hat, da schaut man sich doch schon mal erschrocken um, wenn man angeranzt wird, nur weil man das Busgeld nicht passend hat. Der Rest Neuseelands bezeichnet die Einwohner Aucklands als „JAFAs", hat uns eine Auckländerin erzählt, die nach Dunedin ausgewandert ist. Was das jetzt heißt, werde ich hier nicht erzählen, sonst darf ich nie wieder nach Neuseeland einreisen.

Fairerweise müssen wir aber auch sagen, dass wir viele andere Reisende, in dem Fall meist jüngere, getroffen haben, die den Aufenthalt in Auckland und Umgebung spannend fanden. Die jeweiligen Interessen sind halt vielfältig und unterschiedlich.

Auckland ist eigentlich der einzige wirkliche Ballungsraum, ansonsten hält sich die Bevölkerungsdichte in den Städten in Grenzen.

Christchurch, das urbane Zentrum der Südinsel, hatte bei unserem Besuch etwas über 340.000 Einwohner, und ist damit die zweitgrößte Stadt Neuseelands. Im Ökonomie-Zentrum Hamilton auf der Nordinsel leben auch nur knapp über 140.000 Menschen.

Dunedin, die kleine schottische Enklave Neuseelands, beherbergt gut 130.000 Menschen, kann aber immerhin mit der Baldwin Street aufwarten, mit 35 Prozent Steigung die steilste Straße der Welt. Wir haben uns dort gefühlt wie in Klein-Edinburgh, besonders als wir beim Rausfahren in die Vorauswahl der regionalen Ausscheidungskämpfe der „Drums and Pipes"-Groups, der berühmten Dudelsackkapellen, geraten sind. Und das war kein Spaß. Die Wertungsrichter trugen Minen zur Schau, als ob sie ein militärisches Manöver zu Ehren der Queen abnehmen. Dafür waren die Bands spitze!

Selbst Nelson auf der Südinsel, berühmt für seine nationale wie internationale Kunstszene, kommt gerade mal auf knapp über 40.000 Einwohner. Zum Vergleich: Castrop-Rauxel, eher eine kleine Stadt im Ruhrgebiet, ist mit seinen fast 80.000 etwa doppelt so groß.

Wie gesagt, wegen der Städte fährt man nicht unbedingt nach Neuseeland.

Mit einer Ausnahme!

Lambton Harbour

Wellington, von seinen Bewohnern liebevoll „the coolest little capital“ genannt. Ganz persönlich: Stimmt!

„Windy Welly“, selbst in den engen Häuserschluchten des Stadtzentrums ist der Wind stets spürbar, ist sozusagen der letzte Zipfel der Nordinsel und bietet dem Reisenden eigentlich alles, was das Herz begehrt. Kunst, Kultur, Geschichte und vor allen Dingen Geselligkeit wird in dieser so jung anmutenden Hauptstadt Neuseelands großgeschrieben. Laut unserem Reiseführer gibt es hier mehr Lokalitäten pro Kopf als in New York. Das lässt doch hoffen.

Und ganz nebenbei sind Wellington und seine Umgebung auch „Upoko o Te Ika – der Kopf des Fisches“. Stinkt aber nicht so, vom Fährhafen mal abgesehen.

Den Maori-Legenden nach hat der Halbgott Maui, wir erinnern uns, einen sensationell großen Fisch gefangen, der zur Nordinsel wurde. Und da ein Fisch, zumindest vor der kulinarischen Verarbeitung, selbstredend einen Kopf hat, wurde aus dem die Region um Wellington.

Kupe, wer sonst, soll dann Mitte des 10. Jahrhunderts der Erste gewesen sein, der sein Waka auf den Strand des heutigen Wellingtons gesetzt hat, er ist aber nicht lange geblieben. War wohl schon damals ziemlich windig.

Kupe zog es vor, zurück in die polynesische Heimat zu segeln, gut 200 Jahre später schlugen dann andere auf. Der große Anführer Whatonga schickte seine Söhne Tara und Tautoki (oder kam gleich selbst; uns wurde beides erzählt), und denen war es dort nicht zu windig, also gründeten sie die erste Siedlung. Seit dieser Zeit wurde der Wellington Harbour auch „Te Whanganui a Tara“, der große Hafen des Tara, genannt, noch heute der Maori-Name der Hauptstadt.

City Wellington

Nebenbei waren sie fruchtbar und mehrten sich. Soll heißen, Nachkommen in geradezu biblischer Zahl, die sich selbstverständlich im Laufe der Jahre nicht nur bös beäugten, sondern auch bekriegten. Später waren es dann natürlich Abel Tasman und dann James Cook, die es in diese Gegend verschlug.

Beide Entdecker gingen aber nicht an Land. Die ironischerweise später nach dem guten James benannte Cook-Straße, die Meerenge zwischen Nord- und Südinsel, hatte mit Wind, Wetter und Wellen etwas dagegen.

Da blieb es in der ersten Hälfte des 19. Jahrhunderts der New Zealand Company überlassen, die kommerzielle Angel nach dem Kopf des Fisches auszuwerfen. Mit großem Erfolg, je nachdem, welche Perspektive man einnehmen mag. Die Praktiken dieser Company waren wie bei eigentlich allen europäischen Companies auf fremden Boden nicht ganz sauber, eigentlich waren sie furchtbar dreckig, war aber in diesem Zeitalter nichts Ungewöhnliches. Was die Situation nicht besser machte.

Ein gewisser William Wakefield erwarb von dem ansässigen Maori-Stamm Land im Tausch gegen Decken, Musketen und Regenschirmen. War damals wohl nicht nur windig, sondern auch sehr regnerisch. Hat sich bis heute auch nicht geändert.

Viel trauriger ist allerdings die Tatsache, dass der besagte Stamm so gar nichts gegen das britische Breitmachen hatte. Sie erhofften sich Hilfe gegen einen konkurrierenden Stamm. Ein Glück für die Briten. Wussten ja schon die alten Römer: Teile und herrsche! Wenn wir ehrlich sind, geht das auf der Welt bis heute so. Nur die Mittel sind vielleicht etwas moderner geworden.

Im Gefolge der ersten Siedler kamen selbstredend auch die beiden Säulen der europäischen Zivilisation; Kirchen und Kneipen. Seltsamerweise tauchen die immer zusammen auf. Ein Schelm, wer Böses ... und so weiter.
1840 wurde die erste Siedlung in Petone, einem Stadtteil des heutigen Lower Hutt, erreichtet, da war es aber auf die Dauer zu nass, nicht nur von oben, sondern auch von unten. Aufgrund der zahlreichen Überschwemmungen wurde die Siedlung Richtung Südwesten verlegt, wo sie wuchs und gedieh.
Für die Maori war kein Platz mehr.
Benannt wurde die spätere Hauptstadt übrigens zu Ehren des Duke of Wellington, Arthur Wellesley, politisches Schwergewicht der damaligen britischen Kolonialmacht, Sieger über Napoleon bei Waterloo (der alte ABBA-Song, noch heute ein Ohrwurm) und ganz nebenbei in inniger Beziehung stehend zur so rührigen New Zealand Company.
Doch bei allen politischen und ganz sicher auch wirtschaftlichen Erfolgen mussten die Europäer auch eine bittere Pille schlucken. Denn wenn irgendetwas den Lauf der Dinge am anderen Ende der Welt bis heute bestimmt, dann ist es die Natur Aotearoas.
Mit einer Stärke von über acht das stärkste Erdbeben in der Geschichte Neuseelands verschob und verwarf die Urgewalt ganze Landmassen und zerstörte die junge Siedlung, geschehen am 23. Januar 1855. Davon ließen sich die Siedler aber nicht abhalten, aus den Trümmern ein neues Wellington zu erbauen, und zwar so erfolgreich, dass zehn Jahre später Auckland den Titel „Capital" an Wellington abgeben musste. Vielleicht sind die deswegen bis heute da so bräsig, natürlich nur eine rein subjektive Vermutung.
Danach folgte das, was eben so folgt, wenn man Hauptstadt wird. Man putzt sich heraus.
Eine solide Infrastruktur mit Verkehrswegen, Versorgung, Handelswegen und auch Kultur musste her, natürlich auch alle nötigen politischen Einrichtungen und Ähnliches. Der Hafen brodelte vor Schiffen, die Güter aus aller Welt nach Neuseeland brachten, Wellington wurde im frühen 20. Jahrhundert sogar das Finanzzentrum der Kiwis, später wurde ein Flughafen gebaut.
Weltkrieg Eins wurde überstanden, der Zweite Weltkrieg brachte eine Einwanderungswelle aus Europa, meist Holländer und Griechen, bekam man auch geregelt. Alles in allem lief es gut für die Hauptstadt am südlichsten Zipfel der Nordinsel.
Dann kamen die Sechziger. Hier eher weniger mit Flower-Power und freier Liebe, dafür mit wirtschaftlichen Einbrüchen, Fabrikschließungen und den daraus folgenden Entlassungen. Viele Unternehmen gingen ausgerechnet nach

Auckland und siedelten sich da neu an; man sieht sich eben immer zweimal im Leben.

Aber auch diese Krisen überstand Wellington. Heute Regierungssitz, macht Wellington sein Geld unter anderem mit einer breit gefächerten Bekleidungsindustrie, einer großen IT-Branche, einer gut gehenden Filmindustrie (man denke nur an die ansässigen Studios, in denen „Der Herr der Ringe“ gedreht wurde), Kultur und selbstverständlich Dienstleistungen. Hier gibt es ja nicht umsonst so viele Pubs.

Was uns an Wellington ganz besonders fasziniert hat, ist seine Multikulturalität. Natürlich kann das immer nur eine subjektive Moment-Aufnahme sein, wir hatten hier trotzdem das Gefühl, dass die verschiedenen Ethnien ganz selbstverständlich miteinander leben. Es wirkte auf uns alles sehr natürlich und unkompliziert. Und wenn das wirklich so wäre, dann wäre das etwas, was wir von diesem Ort lernen könnten. Wäre doch schön.

Aber keine Suppe ohne Haar; der Anteil der Maori-Stämmigen beträgt keine zehn Prozent, unterm landesweiten Durchschnitt also. Da wurde ganze Arbeit geleistet.

In Wellington haben wir aber auch einen Tiefpunkt. Kennt jeder: Lagerkoller!!! Einen Monat auf der Reise, einen Monat praktisch draußen, einen Monat zu zweit auf noch nicht einmal sieben Quadratmetern, wenn man denn großzügig die Vordersitze als Wohnfläche definiert, einen Monat Campsite-Sanitäranlagen und, mit Abstand der schlimmste Punkt, einen Monat keinen vernünftigen Käse, weil der Käse in diesem Paradies aller Fernreisenden das Allerletzte ist, was ich beim Reisen bisher genießen musste. So eine Mischung aus Styropor und Weichgummi. Und alles andere ist importiert und hat den Flug wohl nicht vertragen.

Wie gesagt, Lagerkoller.

Der Campingplatz fungiert auch nicht gerade als Stimmungsaufheller. Wir hatten uns bei der Suche nach einem Stellplatz schon gewundert, warum es denn in Wellington selbst nur wenige Camping-Möglichkeiten gibt, uns wurde sogar empfohlen, außerhalb zu nächtigen. Allerdings warnt uns unser Reiseführer vor der zeitraubenden Fahrt in die Innenstadt, besonders zu Stoßzeiten. Wir mögen es bequem, also fragen wir in einem Motorhome mit integriertem Campingplatz nach. Ein Motorhome ist in Neuseeland eine Art Motel mit, je nach Preislage, Wäscheservice und Lokalität, eigentlich ganz knuffig, aber als Dauerlösung natürlich teurer als die Camping-Variante. Gar nicht so selten ist ein Campingplatz angeschlossen, nicht immer auch für Zelte, nur zur Info.

Wir bekommen noch einen Stellplatz, nebenbei den letzten ganz am Rand, und sind alles andere als begeistert. Wellington ist Hauptstadt, Hauptstadt ist teuer, aber fünfzig Dollar, um auf einem Parkplatz zu stehen, das wäre am Highway billiger gewesen. Nicht erlaubt, aber billiger. Wir brauchen den Strom, also beißen wir in den sauren Apfel.

Der „Campingplatz“ besteht aus einem großen Asphaltfeld, an denen sich die Camper-Gefährte wie Sardinen in der Büchse aneinanderschmiegen und man erschreckend viel von den anderen Gästen mitbekommt. Wir dürfen ausgerechnet neben einem jungen österreichischen Pärchen parken, das wohl auch gerade Sturmtief hat. Sie pflaumt ihn an, er solle endlich sein Pascha-Gehabe ablegen, sie sei ja nicht mit ihm hierhin gereist, um seine Wäsche zu waschen und den Haushalt zu schmeißen et cetera, et cetera, er schweigt beredet und fläzt sich im Campingstuhl.

Tipp für jeden, der so etwas unverschuldet mitbekommt: Nie grüßen! Das richtet die negative Aufmerksamkeit der Kontrahenten nach außen, und so wie der übelst (wie der so da sitzt eventuell zu Recht) Gescholtene mich ansieht, besteht durchaus die Möglichkeit, dass ich jetzt das handfest abbekomme, was ihm so an den Kopf geworfen wurde.

Bei uns herrscht auch nicht gerade Festtagsstimmung. Kennt man ja, bei Lagerkoller wird jede liegengelassene Socke zum Pulverfass. Und eine leere Milchtüte in den Kühlschrank zurückgestellt gibt eine prima Zündschnur ab.

Also erkunde ich mal die sanitären Anlagen und bin schon der Ansicht, dass zwei Duschen und zwei Toiletten doch etwas knapp bemessen sind für die nicht unbeträchtliche Anzahl von Gästen, die sich auf dem Asphalt drängelt. Klar, wir sind schon mit weniger ausgekommen, aber da war auch kein Lagerkoller.

So langsam steigt in mir das bedrohliche Gefühl auf, dass der Aufenthalt in Wellington eine echte Aufgabe werden könnte. Und Sinja geht es da nicht anders, wie sie mir später im Schlafsack gesteht. Wir haben halt Lagerkoller.

Dann geschieht das, was mir auf Reisen schon so häufig passiert ist, dass es mich mittlerweile wundern würde, wenn es einmal ausbliebe. Wenn gar nichts mehr geht und die Situation aber so richtig verfahren ist, dann wird dir geholfen. Von wem, warum, ich weiß es nicht, aber Brief und Siegel, bisher hat das funktioniert. Vielleicht bin ich beim Reisen auch einfach nur offener für solche, sagen wir mal, Problemlösungen, vielleicht hat man in der Hektik des Alltags kein Gespür dafür. Auf Reisen, muss ich sagen, hat sich bisher immer ein Weg gefunden, Dinge wieder gerade zu rücken.

Wir werden am anderen Morgen geradegerückt.

Praktischerweise hält direkt neben dem Motorhome der Bus Richtung Innenstadt. Und im Bushäuschen sitzen Caro und Martin.
Sie ist eine zierliche, unglaublich nett lächelnde Dame, er könnte ein Zwillingsbruder von Gregor Gysi sein und ist mindesten genau so klug und schlagfertig, wie wir später merken. Beide sind etwas älter als wir, haben uns Deutsch reden hören und fangen beim Warten auf den Bus ein Gespräch mit uns an.
Eigentlich will ich jetzt mit dem Rucksack allein auf irgendeinen Berg rauf und mir dabei die Seele aus dem Leibe rennen, eigentlich will ich jetzt auch keine Stadt besichtigen und ganz sicher will ich mich jetzt nicht unterhalten. Eben Lagerkoller.
Doch die beiden Damen stören sich gar nicht daran, dass sowohl Martin als auch ich uns erst einmal beäugen, und schon nach wenigen Minuten steht eindeutig fest: Die zwei sind unglaublich freundlich und sympathisch. Die sind richtig nett!
Beide stammen praktischerweise auch aus dem Münsterland, wo wir mittlerweile wohnen. Da hat man doch direkt Anknüpfungspunkte.

Die Fahrt in die City geht recht zügig, natürlich wollen wir alle in der Cuba Street aussteigen, laut Reiseführer ein wuseliges Sträßchen zum Verweilen und Einkehren, bekannt durch seine Gemütlichkeit und Straßenkünstler, die nicht nur die Touristen erfreuen.
Beim Aussteigen erleben wir mal wieder die Höflichkeit der Kiwis, die uns die ganze bisherige Reise begleitet hat und auch bis zum Ende begleiten wird. Alle vor uns aussteigenden Fahrgäste rufen dem Busfahrer ein „Thank you!“ zu, der antwortet mit einem Kopfnicken. Das stelle man sich bei uns mal vor, Fahrgäste, die sich bedanken! Ich weiß nicht, wer da verwirrter gucken würde, die Mitreisenden oder der Fahrer selbst. Wir schließen uns der Landessitte an, und irgendwie ist das ein schönes Gefühl, für den Service Danke zu sagen. Schafft natürlich keine Freundschaften, ist aber gut für die Stimmung.
Spontan beschließen wir, die gute Stimmung auszunutzen und zu viert das Sträßchen zu erkunden, bevor dann jeder seiner Wege geht.
Geht aber keiner, denn es ist wirklich nett und wir bekommen das, was uns bei aller Liebe und allem Vertrauen, das wir als Ehepaar so haben und gerade bei so einer Reise auch haben müssen, doch etwas gefehlt hat; ein Gedankenaustausch mit anderen Menschen, der über einen Fünf-Minuten-Schnack beim Waschhäuschen hinausgeht. Und unterhalten kann man sich mit den beiden ganz sicher nicht nur über das Wetter. Das beste Mittel gegen Lagerkoller.

Der Tag vergeht wie im Flug, die Sympathie ist gegenseitig, also verschieben wir den kulturellen Teil auf morgen, gehen am Hafen etwas essen, trinken ein Gläschen, bummeln und fahren am Abend gemeinsam zurück zum Stellplatz.
Das zeternde Pärchen von gestern ist auch nicht mehr da, also steht einem entspannten Abend vor und danach in Caros und Martins Camper nichts mehr im Wege. Der ist doch wesentlich größer und komfortabler als unser treues Mobilheim. Aber auch deutlich teurer.
Seltsamerweise gibt es zwischen uns wenig Grenzen. Wir reden über vieles, auch Persönliches. Gibt es ja manchmal, man trifft sich zur rechten Zeit am rechten Ort, da läuft es, als solle es so sein.
Die beiden haben ein etwas anderes Reisekonzept. Martin war vor Jahren schon einmal in Neuseeland und will die Schönheit des Landes am anderen Ende der Welt seiner Angebeteten näherbringen, allerdings in vier Wochen, da Caro beruflich nicht länger weg kann.
Das nenne ich mal ein ambitioniertes Vorhaben, vor allen Dingen, da sie beide Inseln von Anfang bis zum Ende bereisen wollen. Aber Martin ist ein Macher, der den daraus resultierenden unvermeidlichen Adrenalinspiegel wohl auch braucht, und gestresst sehen die beiden jetzt nicht aus. Demzufolge haben sie für Wellington auch nur einen Tag eingeplant und setzten schon morgen zur Südinsel über. Eigentlich schade, zum Abschied wollen wir aber noch gemeinsam frühstücken. Ich frage ihn, ob sie es denn nicht bedauern, dass sie jetzt von der Stadt nicht wirklich viel gesehen hätten, er antwortet entspannt: „Ist nicht so schlimm, nach Neuseeland kommt man ja nicht unbedingt wegen der Städte.“

Martin hat ein ganz besonderes Hobby, das auch für mich weitreichende Folgen haben wird. Er hat einige Jahre in Frankreich gelebt und hegt eine besondere Verehrung für das französische Nationalgetränk.
„Verbreitung, Anbau, Vertrieb und auch Verkostung“, wie er augenzwinkernd zugibt. Für mich hatte sich das mit dem Wein schon früh mit siebzehn erledigt. Auf einer Fahrrad-Tour die Loire entlang war ich selbstverständlich der Verlockung erlegen, auch mal den süßen Rebensaft zu probieren. Nur war Wein aus einem Tetra Pak, der drei Tage in einem völlig überhitztem Küchenzelt gestanden hatte, vielleicht nicht die beste Wahl fürs erste Mal. Gab auch zwanzig Jahre lang kein zweites. Sehr zum Missfallen meiner Frau, die ihren Gatten zu einem gemeinsamen Gläschen geradezu zwingen muss. Klappt auch eigentlich nur zu besonderen Gelegenheiten, und da kippe ich es dann einfach schnell runter. Dann tut es nicht so weh.

Martin hat hier quasi von Berufs wegen einige Kiwi-Weine erstanden, die neuseeländischen Weinanbau-Gebiete genießen ja einen guten Ruf, und vor allen Dingen hat er eine Art, über Wein zu erzählen, die schon beinah poetisch ist. Er schwärmt so von diesem „Göttergeschenk“, dass ich es fast bedaure, dazu mit meinen mittlerweile über vierzig Jahren keinen Zugang zu haben.
„Du musst lernen, Wein zu trinken. Das ist keine süße Limo, das ist ein hochkompliziertes Produkt!“
Also kommt es, wie es kommen muss, eine Reise ohne neue Erfahrungen ist eben keine Reise, ich probiere, und siehe da, selbst der Gummi-Brie aus dem Supermarkt schmeckt in Kombi mit dem roten Saft gleich viel besser. Selbstverständlich ist bei nur einem Gläschen der Lernerfolg gleich null, Rom wurde ja auch nicht an einem Tag erbaut, also übe ich unter Anleitung weiter und wache am Morgen nach einem wunderbaren Abend mit leichtem Kopfweh neben meiner Süßen in unserem Camper auf.
Wir frühstücken noch zusammen, tauschen unsere Nummern aus (etwas, was ich sonst auf Reisen eigentlich so gut wie nie tue) und verabreden uns in Deutschland zu dem einen oder anderen Gläschen. Ich habe ja schließlich noch so viel zu lernen. Vorweggenommen, wir halten den Kontakt, sogar während der Reise, die moderne Kommunikation macht´s möglich.

Leicht verkatert, aber ohne Lagerkoller (!), machen wir uns dann auch auf, um Wellington von seiner kulturellen Seite zu erleben. Ist ja immerhin eines der Kunst- und Kulturzentren der Kiwis.
Und es gibt hier eine beruhigende Anzahl von Kirchen, in denen man sich auch einmal für einen Moment hinsetzen und die Seele baumeln lassen kann. Ansonsten ist das hier eher wie in Norddeutschland. Die Hütten sind meist zu. Sehr beeindruckt war ich von der alten Saint Paul‘s, einer ehemaligen anglikanischen Kathedrale von 1855. Eher mittelklein und auch ein bisschen unscheinbar im Vergleich zu der neuen großen Kathedrale ist der Holzbau nicht unbedingt etwas fürs Auge, ganz sicher aber etwas fürs Herz. Noch immer ist im Innenraum die Vergangenheit der Europäer lebendig. Es fällt nicht schwer, sich vorzustellen, wie hier am Ende der Welt vor nun mehr als 150 Jahren die Siedler nicht nur eine wirtschaftliche und politische Heimat gesucht haben, sondern auch eine spirituelle.

Natürlich geben wir uns die volle Touri-Keule, wenn wir schon mal hier sind. Wellington hat da auch einiges zu bieten. Parlamentsgebäude und Regierungssitz bestaunen wir von außen, fahren die Cable Car hoch zum Botanischen

Garten, laufen wieder runter und erkunden die Sehenswürdigkeiten der Stadt. Nebenbei, gar nicht so unanstrengend, Wellington ist nicht nur immer windig und häufig regnerisch, sondern oftmals auch hügelig.

Das kulturelle Highlight Wellingtons ist ganz sicher das Te Papa Tongarewa, kurz und liebevoll Te Papa genannt. Es gilt als das beste Museum des Landes. Der Name setzt sich aus poetischen Ausdrücken der Maori-Sprache zusammen, er kann sinngemäß mit „Ort“ oder „Kiste der Schätze“, also der „Schätze Aotearoas“ übersetzt werden. Und eine Schatzkiste ist das Te Papa ohne Zweifel.

Auf vier Ebenen erfährt man sehr viel zur Geschichte Neuseelands, seine Entstehung, seine Besiedelungen sowohl durch die Polynesier als auch später durch die Briten. Nebenbei besteht die Möglichkeit, ein klein wenig in die Welt der Maori einzutauchen. Alltagsgegenstände und Wohnungen der Stämme sind nachgebaut oder ausgestellt und können auf vielfältige Weise erfahren werden.

Wir sind immer wieder beeindruckt von den Porträts abgebildeten Stammesführer. Das war auch schon in Waitangi so. Ähnlich wie in den Treaty Grounds scheinen die Gesichter eine eigentümliche Kraft und Melancholie gleichermaßen auszustrahlen. Sie erzählen von Stolz, aber auch dem Wissen über eine neue Zeit und dem, was die so bringen wird. Positiv wie negativ.

Und es herrscht eine zwar wuselige und laute, doch sehr angenehme Atmosphäre. In Neuseeland haben die meisten staatlichen Museen freien Eintritt, zumindest für die Dauerausstellungen, wird uns erzählt. Das Prinzip dahinter ist simpel, doch wirksam. Jeder soll die Möglichkeit haben, sich über die Geschichte und Kultur des Landes zu informieren, ohne dass ein sonntäglicher Familienausflug ins Museum gleich zum finanziellen Kraftakt wird. Das nutzen die Kiwis. Bildung wird großgeschrieben. Das war uns schon auf den Autofahrten durchs Land aufgefallen. Jede noch so kleine Katzenkirmes hat eine eigene Schule, wenigstens für die ersten Klassen.

Für den Besuch von Sonderausstellungen muss natürlich bezahlt werden, aber die Preise sind durchaus im Rahmen. Während unseres Besuches gab es im Te Papa zwei Sonderausstellungen, die uns beide jede auf ihre eigene Weise vom Hocker gehauen haben.

Wir können unser Glück kaum fassen, die weltberühmte Terracotta-Armee ist zu Gast in Wellington, auch genannt das „achte Weltwunder“!

Natürlich nicht die ganze, sondern acht der tönernen Soldaten aus der Grabanlage des Qin Shi Huang Di (259 bis 210 v. Chr.), des ersten Kaisers von China. Der fing gleich nach seinem Amtsantritt in jungen Jahren an, schon

mal vorausschauend für die Ewigkeit zu planen. Er wollte im Jenseits das haben, was er auch im Diesseits besaß, unter anderem die Zeichen seiner Herrschaft. Also ließ er in der heutigen Provinz Shaanxi auf einem über fünfzig Quadratkilometer großen Areal ober- wie unterirdische Bauten errichten, um seine Macht zu demonstrieren. Eine ganze Palastanlage entstand. Einsam ist es ihm dann in der Ewigkeit wohl nicht geworden, er wurde im Tode begleitet von 8000 Ton-Soldaten, die Terracotta-Armee. Seit 1987 Weltkulturerbe der UNESCO, ist gerade mal ein Viertel der Anlage ausgegraben und archäologisch untersucht. Teile eines solchen Schatzes hier sehen zu dürfen, das ist die Erfüllung eines Herzenswunsches. Sinja zückt direkt Stift und Zeichenkladde und ist für die nächste halbe Stunde beschäftigt, sodass ich in aller Ruhe mich einfach in eine freie Ecke des Raumes stellen und den Anblick der über 2200 Jahre alten Krieger auf mich wirken lassen kann. Und die Ton-Krieger sind ein echter Hingucker. Lebensecht und sehr detailliert erstellt, erzählen sie von der großen Fertigkeit der damaligen Künstler. Ganze Rüstungsteile sind immer noch erkennbar, sie geben Hinweise auf den Rang der jeweiligen Figur. Das vermittelt dem Betrachter das leicht verwirrende Gefühl einer gewissen Individualität jedes Ton-Kriegers. Als ob der nicht gefertigt, sondern eher konserviert sei. Dazu tragen sicherlich auch die Gesichter der Krieger bei. Egal aus welcher Position man sie anschaut, es wirkt immer, als ob sie zurückschauen. Schaurig und faszinierend zugleich.
Danach brauchen wir erst einmal einen Kaffee und eine kleine Stärkung im hauseigenen Café. Kultur macht schließlich hungrig, und mir wird klar, warum die hier freien Eintritt haben. Das machen die mit den Verpflegungspreisen locker wieder wett.

So begeistert wir von der ersten Sonderausstellung sind, so nachdenklich stimmt uns die zweite zur Schlacht von Gallipoli.
Diese Schlacht, vielleicht besser dieses Massaker, ist in der Türkei, in Australien und in Neuseeland bis heute ein Mythos. Oder ein Trauma. Wir sind uns da nicht so ganz sicher.
Während des Ersten Weltkrieges landeten im April 1915 unter anderem australische und neuseeländische Einheiten auf der türkischen Halbinsel Gallipoli, um die Dardanellen unter ihre Kontrolle zu bringen. Zuvor waren die mit dem Deutschen Reich verbündeten Osmanen von Kriegsschiffen beschossen worden, sie konnten den Angriff jedoch zurückschlagen und sich weiter verschanzen. Die Folge war ein blutiger Stellungskrieg mit insgesamt 100.000 Toten auf beiden Seiten. Die Truppen der Angreifer wurden 1916

evakuiert, zumindest das, was noch übrig war. Noch heute ist der 25. April in Australien und Neuseeland ein Gedenktag zu Ehren der Toten von Gallipoli. Gerade wir als Deutsche wissen um das Leid und die Grausamkeit der Barbarei eines Weltkrieges, und auch wenn die nachfolgenden Generationen so etwas dem Himmel sei Dank nicht erleben mussten, so wird doch in unseren Schulen diese Thematik unterrichtet mit der Vorgabe, dass so etwas nie wieder passieren darf. „Nie wieder Krieg" ist und muss die oberste Maxime unserer Gesellschaft bleiben. Auch wenn die Zahl der Ewig-Gestrigen zurzeit bei uns leider größer wird. Vielleicht sind die auch einfach nur lauter und deswegen präsenter. Je größer das Maul, desto kleiner das Hirn. Ist ja nichts Neues.

Wir spüren immer noch die Folgen der damaligen Barbarei, aber wenn man das Bild Deutschlands im Ausland, wenigstens bis jetzt, als Maßstab nimmt, so scheint es, dass wir aus diesen unsäglichen Verbrechen und dem Leid gelernt haben. Unser Land gilt als freiheitlich und demokratisch, ein Land, in dem es sich zu leben lohnt. Gibt schlechtere Konzepte, finde ich.

Vielleicht ist es genau diese Erfahrung der Schuld eines Landes und der daraus resultierenden Verantwortung für spätere Generationen, die uns so betroffen macht, als wir die Ausstellung zu Gallipoli besuchen. Um ganz ehrlich zu sein, wir sind bedrückt und auch entsetzt.

In Zusammenarbeit mit Weta Workshops, die auch beim „Herrn der Ringe" maßgeblich mitgearbeitet haben, hat das Te Papa eine Ausstellung erarbeitet, die voll und ganz auf das direkte Kriegsgeschehen und den Kampf des einzelnen Soldaten ausgerichtet ist. Die sachlichen Informationen treten unserer Ansicht nach dabei in den Hintergrund, die emotionale Ebene ist das Ziel.

Figuren von Soldaten, fast zweieinhalb Mal so groß wie normal, werden lebensecht dargestellt, wie sie Maschinengewehre bedienen, im Dreck dahinvegetieren oder als Leiche von der Brutalität der Kämpfe erzählen. Aus den Gesichtern, den aufgerissenen Augen und Mündern springt uns eine unglaubliche Wut entgegen. Hass, Gewalt, Verzweiflung und auch Angst sind allgegenwärtig. Man kann die Fliegen auf dem verschimmelten Proviant erkennen, das ganze Leid und die gesamte Brutalität stürmen auf den Betrachter ein.

Soweit so gut, die Frage ist, was man damit jetzt macht? Worum geht es hier, um eine Verneinung und Ablehnung eines Krieges? Oder um vermeintliches Heldentum? Sieht man die Reaktionen der mehrheitlich Englisch sprechenden Besucher, eher um Letzteres. Kleine Kindern werden von ihren Vätern mit Soldatenkappen geschmückt und fotogen mit soldatischem Gruß abgelichtet. Man hört Lachen und stolze Kommentare zum Kampfgeist der damaligen Soldaten. Es ist in unseren Augen eine, so finde ich, gewöhnungsbedürftige Form der Verehrung, ohne den Einsatz der damaligen Soldaten schmälern zu wollen. Ich weiß nicht, was die Toten dazu sagen würden. Vielleicht hätten die gerne auf ihren Heldenstatus verzichtet und einfach gelebt, als in einen Krieg gezogen zu werden, mit dem das Land am anderen Ende der Welt außer durch seine Beziehung zum Empire eigentlich nichts zu tun hatte. Fast am Ende unserer Reise werden wir in einem kleinen Örtchen an der Ostküste der Südinsel eine anglikanische Kirche besuchen. Dort sind in den Ecken auf den Kirchenfenstern kleine Bäume abgebildet, jeder steht für ein Opfer dieses unsinnigen Krieges. Es war ein stilles Gedenken der Stadt, aus dem bis heute die tiefe Trauer spricht, dass so viele junge Menschen um ihr Leben betrogen worden sind. Der Dame, die uns durch die Kirche geführt hat, war es egal, woher wir stammten. Ihr war es nur wichtig, dass Menschen grundsätzlich daraus lernen. Wir haben uns warm und herzlich voneinander verabschiedet.

Der Besuch dieser Sonderausstellung wird das einzige wirkliche Mal sein, dass wir uns in Neuseeland völlig fehl am Platz vorgekommen sind, obwohl uns niemand während des Rundgangs angesprochen hat. Aber es war ein Gefühl, dass wir hier als Deutsche nicht erwünscht sind. Mag pure Einbildung gewesen sein, sonst sind wir ja überall mit offenen Armen empfangen worden. Sogar in Auckland, in deren ganz spezieller Weise. Und es geht uns als Besucher auch eigentlich nichts an, wie die eigene Geschichte den folgenden Generationen vermittelt wird. Trotzdem, über die Form dieser Art von Umgang mit der Geschichte darf diskutiert werden. Das zumindest hat die Ausstellung erreicht. Ist ja auch ein Ergebnis.

Wir wollen nicht mit einem etwas verstörten Gefühl vom Te Papa scheiden, heißt, Sinja schaut sich noch die Bilder-Ebene an, ich schaue noch einmal im Café vorbei, vielleicht ist es ja gegen Ende des Tages günstiger (ist es nicht, aber immer noch genauso lecker), dann verlassen wir das „Schatzkästchen“ und gönnen uns einen entspannten Abend in einer der Lokalitäten nebenan. Kunst und Kulinarik liegen in Neuseeland nie weit auseinander. Ein Konzept, das wir gerne importieren würden.

Am Ende des Tages steht fest: Wellington mit seinen Sehenswürdigkeiten, seiner Stimmung und seinen Begegnungen war ein sehr erfolgreiches Konzept gegen Lagerkoller.

Wir sind bereit für die Südinsel.

PS: Und seine Weinanbaugebiete. Man lernt ja nie aus.

Marlborough Sounds - ein außergewöhnlicher Handabdruck

Da muss der sagenhafte Kupe aber richtig hingelangt haben, als er einer Maori-Legende nach die Marlborough Sounds erschaffen hat. Wenn auch nicht ganz freiwillig.

Nach dem Mord an seinem Verwandten Hoturapa fuhr er ja mit dessen Witwe Richtung Westen und sie entdeckten als erste das Land der langen weißen Wolke. Aber Kupe wäre nicht Kupe gewesen, wenn ihm das gereicht hätte. Ein kleines Scharmützel hier und da mit einem mythischen Seeungeheuer musste schon sein.

Also kämpfte Kupe mit Te Wheke-a-Muturangi, einem riesigen Kraken, der der Legende nach das Haustier eines gewissen Muturangi, eines Priesters, gewesen sein soll.

Also, unser alter Gemeindepfarrer hatte vor ewigen Zeiten eine stummelbeinige Promenadenmischung aus Terrier, Mops und Bulldogge. Der hieß dann auch noch passenderweise Lumpi und hat meinen heißgeliebten Dackel durchs Dorf gejagt. Den fand ich als tierischen Freund für einen Geistlichen schon mehr als grenzwertig, aber gleich einen Kraken, das ist schon mal eine Ansage. Wie auch immer, selbstredend besiegte Kupe das Ungetüm, allerdings nicht ohne Mühe. Während dieser epischen Seeschlacht suchte er standfesten Halt, krallte sich mit seinen Fingern in die Spitze der Südinsel und grub dabei tiefe Furchen ins Land. Daraus entstand ein gut 4000 Quadratkilometer großes Gebiet, das ein auf der Welt wohl einzigartiges Netz von Wasserwegen bildet. Aus der Vogelperspektive bietet sich dem Betrachter ein Wirrwarr von Meeresengen, Meeresarmen, Buchten, kleinen und großen Fjorden, Halbinseln, Traumstränden und ganz viel Grün, da die Höhen der Marlboroughs fast ausnahmslos mit dichtem Dschungel bewachsen sind.

Nur der Vollständigkeit halber, einem anderen Mythos nach bildete der oben liegende Kiel des Wakas von Aoraki die Südinsel und der Bug des gekenterten Kanus den Queen Charlotte Sound und den Pelorus Sound, die zusammen mit dem Kenepuru Sound die Hauptbuchten der Marlboroughs darstellen. Klingt auch nicht schlecht, aber irgendwie finde ich die Story mit Kupe spannender. Muss so ein Männerding sein, Sinja gefiel die zweite Version besser.

Will man auf die Südinsel, kommt man automatisch durch diese Wasserwelt, da die Fähre zwischen den beiden Inselteilen von Wellington kommend Picton, einen der drei größeren Orte der Marlboroughs, ansteuert.

Natürlich könnte man auch nach Christchurch fliegen, aber erstens wollen wir ja unser rollendes Heim mitnehmen und außerdem ist so eine Fährfahrt doch ein echtes Erlebnis. Wobei das hier nicht zu vergleichen ist mit einem schnuckeligen Ostseetransfer, zum Beispiel von Rødby nach Puttgarden. Die Fahrt von der Nord- zur Südinsel ist eine echte dreistündige Seereise, die es bei nicht ganz so gutem Wetter durchaus mal in sich haben kann. Und da wir durch die Cook Strait müssen, stehen die Chancen für gute Bedingungen eher schlecht. Das musste ja auch der Namensgeber erfahren.

Mein ganz persönliches Abenteuer am Tag der Überfahrt fängt allerdings schon im Fährhafen an. Genauer gesagt, mit dem Fahren auf die Fähre, die die Größe eines mittelprächtigen Kreuzers hat. Sinja hat sich schon mal vorsichtshalber auf den Beifahrersitz zurückgezogen, oberflächlich gesehen außerhalb des Geschehens, tief innen drin aber hellwach und jederzeit bereit, auf ihren Ehemann beruhigend einzuwirken, wenn dem mal wieder beim motorisierten Entern eines Schiffes und der daraus resultierenden Anspannung die verbale Ebene entgleist.

Zur Erläuterung, es geht gar nicht mal darum, ein Auto, und sei es ein Camper, in seine schwimmende Behausung zu bringen. Es sind mehr so die Umstände. Bei den meisten Fähren herrscht da das Gesetz des Stärkeren. Und das sind die Mitarbeiter der Fähre, die dich einwinken, dir deinen Platz zuweisen, dir signalisieren, dass du noch dreieinhalb Zentimeter vorfahren kannst, obwohl du felsenfest davon überzeugt bist, schon im Kofferraum deines Vordermanns zu sein, dich ankacken, wenn du nicht schnell genug reagierst oder, höchste Auszeichnung, dir mit hochgerecktem Daumen deine Tauglichkeit fürs zentimetergenaue Einparken auf einem Schiffsdeck bescheinigen. Kommt aber eher selten vor. Das Ganze natürlich in einer Schnelligkeit und Lautstärke, die an die Vorbereitungen für eine Seeschlacht erinnern. Wer das mal am Mittelmeer oder auf den großen Fähre nach Island mitgemacht hat, weiß, das ist Großkampf.

Wie eigentlich alles andere auch ist das in Neuseeland deutlich entspannter, allerdings gibt es einen nicht unwesentlichen Punkt, der mich ein kleines bisschen aus meiner fahrtechnischen Komfortzone holt. Die Auffahrt zum Autodeck ist steil. Wirklich steil. In Neuseeland gibt es ja die steilste Straße der Welt. Aber musste sie gleich für diese Rampe Pate stehen?

Ich bete, dass der zusammengezimmerte VW-Bus vor uns jetzt endlich mal Gas gibt und die Rampe erklimmt, denn unser treues Gefährt verfügt nicht unbedingt über die Antriebskraft, die ein unaufgeregtes Bezwingen einer schiefen Ebene stressfrei gewährleistet. Eigentlich gar nicht.

Ich habe noch nicht ausgebetet, da passiert's. Dem vor uns verreckt die Karre. Wir müssen stoppen und ich ziehe vorsichtshalber noch die Handbremse an. Die Fußbremsen allein, das könnte, sagen wir mal, interessant werden. Es ist wirklich sehr steil. Der Camper vor uns hat enorme Schwierigkeiten, wieder zu starten, ein ums andere Mal würgt er den Motor wieder ab, bevor dann endlich sein Auspuff ein rußig dunkles Gemisch ausstößt, das in der EU zu einem sofortigen Diesel-Fahrverbot geführt hätte. Aber er bewegt sich vorwärts. Auch für uns die Möglichkeit, endlich von diesem Abhang wegzukommen.

Doch wie heißt es so schön, hinten wird die Ente fett, an unser Heck hat sich ein richtig mitdenkender Mitmensch mit seinem XL-Wohnsilo so nah herangeschoben, dass wir beim heißgeliebten Anfahren am Berg keinen Spielraum nach hinten haben. Schon gar nicht mit einem für dieses Situation nicht ganz optimal motorisierten Gefährt. Da nützt auch das ungeduldige Gestikulieren der Pfeife hinter uns nichts, und bevor ich jetzt die Scheibe runterdrehe und dem in universaler Zeichensprache deutlich mache, was ich von seinem Drängeln halte, schlägt Sinjas Stunde. Sie legt beruhigend ihre Hand auf meinen Arm und sagt nur „Fahr einfach."

Das machen wir dann auch.

Ich trete das Gaspedal im Leerlauf bis zum Anschlag durch, lasse die Kupplung fliegen und löse die Handbremse. Wir machen einen Satz vorwärts (eigentlich mehr ein Sätzchen, aber es reicht), und ohne Schäden an unserem oder einem anderen Wagen erreichen wir den Gipfel. Im Geiste singe ich Beethovens Ode an die Freude, Sinja gesteht mir hinterher, dass ich nicht nur im Geiste gesungen habe, wir werden eingewiesen und bekommen den hochgereckten Daumen. Geht doch.

Auf der Fähre hat der obligatorische Run auf die Sitzplätze schon stattgefunden. Drei Stunden können auf so einem Schiff schon mal lang werden, da will man die Zeit nicht unbedingt im Schneidersitz auf dem Gang verbringen. Wir können noch zwei Plätze direkt neben der Bord-Cafeteria ergattern und wundern uns, dass die noch nicht belegt sind. Beim wohligen Niederlassen wissen wir auch warum. Die Stühle sind so was von unbequem, da erscheint die Variante mit dem Schneidersitz auf einmal gar nicht mehr so unsympathisch. Aber egal, wir sitzen (irgendwie), ein kleines Tischchen gibt es auch, und aus der Bordküche dringt der Geruch von Fisch, Fritten und Beef-Lasagne, da geht doch bestimmt was. Sinja schaut noch mal schnell auf dem Oberdeck vorbei, während ich unsere Plätze verteidige. Das Oberdeck wird für die Überfahrt geschlossen, heißt, niemand darf, wenn wir aufs offene Meer kommen, an die frische Luft. Ein Zeichen für die widrigen Bedingungen in dieser Region.

Leicht beunruhigt bin ich von der Tatsache, dass unser Schiff leichte Schlagseite nach Backbord hat, zumindest, wenn man aus dem Bugfenster heraus den Horizont betrachtet. Sogar schon im Hafen. Nun gut, die Jungs hier machen die Tour jeden Tag, die werden schon wissen, was sie tun. Also widme ich mich lieber der Lasagne, die ist für eine Fährküche gar nicht so schlecht und hilft ganz sicher gegen das zu erwartende Geschaukel.

Das hält sich allen polynesischen Meeresgöttern sei Dank in Grenzen, irgendwelche Ungeheuer sehe wir auch nicht, dann wird das Außendeck am Bug geöffnet und wir können die Einfahrt in die legendären Marlborough Sounds genießen.

Fähre zur Südinsel

Das ist für uns und augenscheinlich auch für alle anderen Fahrgäste ein besonderer Augenblick; aus zwei Gründen.

Die Landschaft ist atemberaubend, als wir in den Queen Charlotte Sound einfahren.

Eine tiefblaue See, umrandet von hohen, grünen Hügeln, tief eingeschnitten von Buchten und kleinen Fjorden, die erahnen lassen, in was für ein Labyrinth wir hier eintauchen.

Gleichzeitig wirkt diese Landschaft aber so ganz anders als die Natur auf der Nordinsel. Auch da gibt es Dschungel, aber irgendwie anders. Der Regenwald hier scheint genauso lieblich, doch auch abenteuerlich, mystisch.

Wir haben das Gefühl, nicht einfach nur von einem Landesteil in den anderen zu fahren, es ist eher wie das Betreten eines neuen Kontinents. Das ist auch Neuseeland, aber gleichzeitig etwas völlig anderes, Fremdes, was sich da in all seiner Pracht durch den Seenebel geschoben hat. Es fällt nicht schwer, sich wenigstens im Ansatz vorzustellen, wie sich die frühen Siedler, sowohl die Maori als auch später die Europäer, wohl gefühlt haben, als sie diese Küste auf einmal vor Augen hatten. Vielleicht haben sie sich vorgestellt, wo ein guter Platz zum Ankern wäre, wie man an Nahrung kommt, ob es genügend Wasser gibt, wo man vielleicht ein neues Leben beginnen könnte.

Und ob es Feinde gibt.

Die gibt es für uns ganz sicher nicht, bis auf die zu erwartenden Sandflies, also ist unsere Aufregung eher eine freudige, als wir am Abend des 29. Dezember in Picton anlegen und von Bord fahren. Diesmal runter statt rauf, das liegt unserem Gefährt eher.

Picton ist durch seine Lage als Anleger für die Inselfähren das Zentrum der Region, damit natürlich auch das Ziel der meisten Touristen, die von hier aus die Wasserwelt der Sounds erkunden wollen und auch auf vielerlei Weise können. Die Angebote für Bootsfahrten, Tauchausflüge, Kajak- und Beobachtungstouren sind schier unübersehbar. Dazu eine reichhaltige Lokalitäten-Szene, da ist es kein Wunder, dass das nur knapp 3000 Einwohner starke Örtchen gerade zum Jahreswechsel aus allen Nähten platzt. Ich bin sehr froh, dass meine vorausschauende Ehefrau darauf bestanden hatte, Überfahrt und Stellplatz schon in der i-SITE von Matamata zu reservieren. Hier würde aktuell noch nicht mal eine kleine Hobbit-Familie ein Eckchen zum Übernachten finden.

Picton

Doch bei allem Trubel hat sich Picton einen ganz besonderen Charme bewahrt. Schon beim ersten Durchschlendern (geht ziemlich schnell, das Zentrum besteht eigentlich nur aus der High Street, mit Lokalen und Geschäften auf jeder Seite) merken wir: Picton ist stinkgemütlich und lädt zum gepflegten Faulenzen geradezu ein. Besonders die Wiese vor der kleinen Strandpromenade hat es uns angetan. Und mit Rotwein (der Unterricht trägt bereits

Früchte) und vier Pies auf die Hand (eine für Sinja, drei für mich) verbringen wir einen entspannten Abend vor einer verheißungsvollen Kulisse.
Müssen wir auch, denn der nächste Tag bringt die so ungeliebte und doch notwendige Alltagsarbeit, auch und gerade in einem Campingurlaub. Wäsche waschen.
Heute Morgen brettert die Sonne vom wolkenlosen Himmel. Also entscheidet Sinja, dass jetzt Waschtag ist. In Wellington hatten wir auf unserem Asphalt-Parkplatz dazu keine Möglichkeit. Obwohl es da schon dringend nötig gewesen wäre.
Da wir grundsätzlich mit leichtem Gepäck reisen, selbst auf die Gefahr, ab und an mal, natürlich nur ganz leicht, zu müffeln, ist das jetzt nicht ganz so aufwendig, als wenn wir mit zwei Rollkoffern pro Person durch die Welt gondeln, doch leichtes Gepäck kommt schnell mal an seine Grenzen und will gesäubert werden. Bei in der Regel maximal drei Waschmaschinen pro Campingplatz kann das schon mal Zeit in Anspruch nehmen.
Eine ist grundsätzlich kaputt, eine ist belegt, eine muss man wie eine Löwin ihr Junges verteidigen. Camper-Gesetz.
Wir haben aktuell gerade mal saubere Badesachen, also sucht Sinja alles zusammen, während ich schon vorgehe und so tue, als ob ich die einzig freie Waschmaschine befülle. Ein Unding, reservieren geht eigentlich gar nicht, aber die textile Not ist halt groß, da muss man schon mal zu verzweifelten Mitteln greifen. Ich muss die Maschine auch wirklich gegen zwei energische Engländerinnen verteidigen, aber Sinja hat den richtigen Riecher fürs genaue Timing und kommt mit unseren gesamten Klamotten, bevor die Damen unhöflich werden.
Der Rest des Vormittages vergeht mit waschen, nochmal waschen, da ich mal wieder die Taschentücher in der Hose vergessen habe, trocknen lassen, warten, lesen und endlich verstauen. Zwischendurch erregen wir leichtes Aufsehen, weil Sinja im Waschhäuschen zwei herrenlose Wasserpistolen gefunden hat. Ein sehr nasser und sehr angenehmer Spaß in dieser Bruthitze, und die anderen Gäste sind auch nur ganz leicht irritiert, als wir eine laute Wasserschlacht anfangen und dabei gleich mal den gesamten Campingplatz benutzen. Der ist aber auch nicht wirklich groß und die Nässespender haben wir nach Sinjas Sieg natürlich wieder ins Waschhäuschen gebracht.
Nach einem den Temperaturen angemessenen Mittagessen (Vanilleeis am Stiel mit Schokosauce) wollen wir unser aktuelles Reiseziel erkunden und entscheiden uns für schwimmen in einer der Traumbuchten am Queen Charlotte Drive, einem der Scenic Drives, man kann sagen Panoramarouten, Neusee-

lands. Wie viele es davon gibt, das konnten wir nicht herausfinden. Auch nicht in den i-SITEs. Sie schwanken so zwischen zehn und fünfzehn, ein lokalpatriotischer Kiwi hat uns allen Ernstes gesagt, jede Straße wäre ein Scenic Drive, so wunderschön wie es hier sei.
Da hat er Recht, denn wir haben schon den Eindruck, dass mit diesem „Siegel“ auch geworben wird, egal ob das da gerade offiziell ist oder nicht.
Fast allen gemeinsam ist aber, dass, eben weil so beworben und beliebt, sie sicherlich zu den gefährlicheren Straßen Neuseelands gehören. Gerade an der Küste eng, kurvig und wunderschön laden sie ein, vom Auto aus die Landschaft zu genießen. Da verguckt sich gerne mal ein Fahrer in die Ausblicke, anstatt auf die Straße zu schauen. Das Befahren einiger ganz bestimmter Straßen wird teilweise von den Vermietungsfirmen sogar verboten. Tut der Mieter das doch, erlischt der Versicherungsschutz. Unfallrisiko und Unfallquote sind im Vergleich zum Rest des Landes auf diesen Straßen hoch, woran die Touristen, sei es aus mangelnder Fahrpraxis mit einem Camper, sei es aus Rücksichtslosigkeit oder auch Überforderung, sicher nicht unschuldig sind.
Der vielbefahrene gut vierzig Kilometer lange Queen Charlotte Drive zum westlich gelegenen Örtchen Havelock macht da keine Ausnahme. Er ist eben auch eng, kurvig und wunderschön. Und saugefährlich. Finde ich jedenfalls. Sinja kann die Ausblicke während der Fahrt auch nicht wirklich genießen, in jeder Kurve kommt uns ein Auto entgegen, das selbige schneidet. Wir haben den Eindruck ausnahmslos Mietfahrzeuge. Und so wie die fahren, sind die nicht überfordert, sondern überschätzen sich vollständig oder sind einfach nur selten dämliche Zeitgenossen. Man hat ja bezahlt, da will man auch genießen, ohne Rücksicht auf Verluste. Mit uns auf der Straße sind Camper in der Größe eines Einfamilienhauses, die den engen Drive fast gänzlich ausfüllen und stoppen müssen, wenn ihnen in der Kurve jemand oder etwas entgegenkommt. Die haben hier gar nichts zu suchen, aber wie gesagt, man hat ja bezahlt. Ist ja Urlaub, da wird schon nichts passieren.
Wir haben schon nach einer Viertelstunde genug vom Scenic Drive und halten an einer Bucht, wo wir den Rest des Tages mit Baden und Dösen verbringen. Traumhaft!
Und am Abend wird auf der Route zurück nach Picton hoffentlich nicht mehr ganz so viel los sein.
Am Campingplatz angekommen besorge ich uns an der Rezeption noch unser obligatorisches Belohnungseis, immerhin haben wir den Queen Charlotte Drive heil überstanden, da werde ich durch die Frage des Campsite-Mitar-

beiters etwas aus dem Konzept gebracht. „What are your plans for tomorrow night?“ Tomorrow night, was soll denn da sein?

„Silvester, mein Freund. Gibt es hier auch. Halt nur im Sommer.“ Und meine Frau, vorausschauend wie immer, wobei ich mich schon frage, woher sie das jetzt schon wieder weiß, erzählt mir von dem geplanten Straßenfest in der „City“ mit anschließendem Feuerwerk.
Ach ja, da war ja noch was. Weihnachten haben wir mehr als gut über die Bühne bekommen, Silvester fanden wir eh nie wirklich spannend, trotzdem hat man immer das Gefühl, man muss da irgendetwas Besonderes hinlegen. Nur steht uns der Sinn gerade nicht nach ausgelassenem Feiern in einer Menschenmenge, eher etwas Gemütliches und dann früh ins Bett, denn Sinja weiß nicht nur Bescheid, sie hat auch schon einen Plan.
Es wäre ja nicht das erste Mal, dass wir den Jahreswechsel verschlafen würden, warum denn mit einer so lieb gewordenen Tradition brechen, nur weil wir am anderen Ende der Welt sind?! Wie wäre es aber stattdessen mit einer Wanderung über einen Teil des Queen Charlotte Tracks am Neujahrsmorgen?

Ship Cove, Beginn des Tracks

Sie legt mir den Flyer eines Shuttle-Transfers zur Ship Cove, der Schiffs-Bucht, auf den Tisch. Von dort gehe ein vierstündiger Wanderweg zurück zum Endeavour Resort, von wo wir dann wieder abgeholt werden könnten. Und sie legt mir unser kleines rotes Wanderbüchlein, in dem diese Tour sehr ausführlich beschrieben ist, gleich daneben. Wie gesagt, Sinja ist eben vorausschauend.

Klingt nach einem Plan.

Den setzten wir in die Tat um, gehen früh ins Bett, werden durch das Feuerwerk um Mitternacht kurz geweckt, schauen nach draußen, ich sehe nur Farbblitze, weil ich meine Brille irgendwo im Auto verlegt habe, wir geben uns den ersten Kuss des Jahres, schlafen schnell weiter und werden am 1. Januar 2019 von lautem Vogelgezwitscher (Sinjas Handy-Alarm-Ton) pünktlich um sieben geweckt. Und bei der Lautstärke wohl nicht nur wir, wie man dem genervten Kommentar aus dem Bulli nebenan entnehmen kann. Klang irgendwie italienisch.

Das ist der kleine Nachteil unseres Plans, unser Shuttle geht um acht vom Hafen in Picton aus, für Neujahr nicht unbedingt eine Premium-Zeit, aber wir haben das ja so gewollt.

Natürlich sind wir mal wieder spät dran, eilen in die Stadt, aber auch das nicht ohne Unterbrechung.

Zu solch früher Stunde ruft die Natur und ich suche verzweifelt eine schon offene Lokalität, in der ich mal diesbezüglich anfragen könnte. Nur, wer sollte am 1. Januar um diese Zeit aufhaben?

Die Antwort: Neuseelands öffentliche Toiletten!

Völlig zu Recht kann, darf und muss die Frage gestellt werden, warum in einer Reisebeschreibung ausgerechnet dieses Thema seinen Platz findet. Es gibt ja nun auch Dinge, die eher im Verborgenen bleiben sollten. Zuviel Information ist nicht immer von Vorteil.

Ausblick vom Queen Charlotte Drive

Absolut richtig, aber trotzdem sind die neuseeländischen Toiletten eine Erwähnung wert. Oder ist schon mal irgendwer auf einem öffentlichen Klo mit leichter Swing-Musik und wohlgewählten Worten begrüßt worden?
„Come in and enjoy your stay! You will have ten minutes. Have an nice day!" ertönt eine automatische Männer-Stimme vom Band, die so ähnlich klingt wie der Ansager einer amerikanischen Quiz-Show aus den Sechzigern.
Unfassbar und völlig unerwartet!
Einen kleinen Moment muss ich mich sammeln, da ich nicht hundertprozentig sicher bin, nicht in die Kiwi-Ausgabe der Versteckten Kamera geraten zu sein. Mal ehrlich, ein Land, in dem sogar die Toiletten höflich sind (Und unglaublich sauber, wie machen die das bloß?), was will man eigentlich mehr?
Mit uns wollen noch ein halbes Dutzend anderer Frühaufsteher die erste Tagesetappe des Queen Charlotte Tracks gehen, jeder macht es sich auf dem offenen Deck des kleinen Motorbootes soweit es geht bequem, dann rauschen wir in die Stille des frühen Morgens Richtung Nordosten zur Ships Cove.
Die Fahrt dorthin ist trotz der lauten Motorengeräusche schon ein Erlebnis für sich, gerade in dieser frühen Morgenstimmung.
Das Wasser ist ruhig und wirkt fast ein bisschen ölig, rechts und links sind durch den Morgendunst die Höhen der Marlboroughs schemenhaft zu erkennen. Wasservögel steigen auf, durch uns gestört, oder blicken uns entspannt nach. Die Sonne ist trotz der Temperaturen jetzt schon über zwanzig Grad nur zu erahnen, der Fahrtwind wirkt angenehm kühlend. Über allem liegt ein ganz spezieller Geruch, eine seltsame Mischung aus Salz, Tang, verwesenden Pflanzen und Waldfrische. Hat was.
Nach einer guten Stunde erreichen wir dann die Schiffs-Bucht, obwohl wir sie im Frühnebel erst einmal gar nicht sehen können. Dafür hören wir den Dschungel umso lauter. Wie eine spannende Verheißung. Oder mit etwas Fantasie wie der Beginn eines guten Abenteuer-Streifens. Macht Lust auf Entdeckung. Schauerlich und spannend zugleich.
Nur langsam schält sich die Bucht bei unserem Näherkommen durch die dichten Schwaden, und erst beim Anlegen am Bootssteg sehen wir die Küstenhügel in voller Größe vor uns aufragen. Aber nicht wirklich einladend. Eher nach dem Motto „Wollt ihr es wirklich wagen?"
Natürlich wissen wir, dass es in Neuseelands Urwäldern nichts Gefährliches gibt (wobei ich mich immer frage, ob der Dschungel das auch weiß, aber außer ein paar giftigen Spinnen soll es da wirklich nichts geben), trotzdem wirkt diese grüne Welt irgendwie bedrohlich. Aber auch faszinierend. Sinja sieht das genauso, es scheint sich seit den Zeiten der Maori und danach der Europäer

nicht viel verändert zu haben, bestätigt uns unser Reiseführer. Was müssen die Menschen vor uns, mit einer eher überlebensorientierten und nicht touristischen Motivation, wohl gedacht haben, als sie diese Küste gesehen und zum ersten Mal betreten haben?
Ein besinnlicher Moment vergeht, da kräht es in die Stille: „Mum, Mum, I have to pee!“
Nun denn, auch bei allen weitreichenden Gedanken über Zukunft und Gegenwart darf das Wesentliche nicht vergessen werden, woran uns der sechsjährige Stöpsel der neuseeländischen Familie, unsere Sitznachbarn, lauthals erinnert. Soviel zur Weihe des Augenblicks, der ist jetzt vorbei, und Mum schnappt sich den Kurzen und eilt Richtung Dschungel, während Dad entspannt hinterher schlendert. Auch für uns und den Rest das Zeichen, in die Hufe zu kommen.
Ein paar Meter hinter dem Anleger gibt es versteckt ein kleines Sanitärörtchen, etwas daneben stehen einige Info-Tafeln zum legendären Kampf zwischen Kupe und dem Kraken sowie ein Denkmal zur Ehren James Cooks, der hier mit seiner „Endeavour“ 1770 ankerte. Ganz nebenbei soll er in der Ships Cove auch das „scurvy grass“ entdeckt haben, eine Heilpflanze gegen Skorbut, der Seekrankheit Nummer eins der damaligen Zeit.

Ausblick vom Track auf die Küste

Der Queen Charlotte Track ist einer der „Great Walks“ Neuseelands und aufgrund seiner Schönheit und guten Begehbarkeit auch für Familien sowohl bei Tages- wie auch Fernwanderern sehr beliebt. Siebzig Kilometer lang verläuft er mal an der Küste, mal über die Hügel der Marlboroughs bis nach Anakiwa am Ende des gleichnamigen Sounds, westlich von Picton gelegen.
Irgendwie fände ich es witzig, wenn der Track womöglich nach einer Hafendirne in Picton benannt wäre, für die begeisterte Matrosen nach einsamen Wochen auf See gerne auch mal über Land laufen (Sinja schielt mich von der Seite her an, aber auch sie muss mal wieder über meine zu reichhaltige Fantasie lachen), aber für den Queen Charlotte Sound und folgerichtig auch für

den gleichnamigen Wanderweg stand Sophie Charlotte, Herzogin zu Mecklenburg, durch die Heirat mit George III., Königin der Briten, Pate. Ist ja auch nicht schlecht.

Der Track beginnt in einer Öffnung in dem undurchdringlich anmutenden Küsten-Dschungel, und schon nach einigen Schritten hat uns diese Welt verschluckt, eine völlig andere Welt als noch vor wenigen Augenblicken an der Küste.

Ad hoc ist es schwül und stickig, Insekten veranstalten im Geäst und in den Blättern versteckt einen Heidenlärm, den wir mit dem Aufnahmegerät unserer Kamera festhalten wollen. Keine zwei Minuten hier drinnen und wir sind völlig von Schweiß durchnässt, sehr zur Freude der Fliegen und Stechmücken. Aber dank Chemiekeule haben wir vorgesorgt.

Der Weg ist breit und gut gepflegt, ansonsten ist dieser Urwald zumindest auf den ersten Blick sich selbst überlassen. Ab und an müssen wir über umgestürzte Bäume klettern oder uns durch abgebrochenes Geäst hindurchwinden. Über allem liegt der seltsame Geruch, den wir schon bei der Hinfahrt auf dem Wasser bemerkt hatten. Eine Mischung aus Verwesung und Frische. Nur ist der hier im Urwald um ein Vielfaches intensiver. Fast berauschend.

Anfangs vereinzelt, dann immer öfter können wir auf die Küste unter uns herabblicken, bis wir ihrem Verlauf schließlich folgen. Viele Menschen treffen wir nicht, alles in allem vielleicht ein knappes Dutzend Wanderer. Mag an Neujahr liegen, oder es verläuft sich in den vielen engen Biegungen und Wendungen, die der Weg so macht. Denn Stimmen hören wir oft genug, die dazugehörigen Menschen sehen wir aber gar nicht oder erst dann, wenn sie direkt vor uns sind.

Toter Baum

Auffällig sind zahlreiche abgestorbene Baumriesen, die in der mittlerweile wieder brennenden Sonne eigentümlich fahl, fast weiß leuchten. Die sehen irgendwie tot und lebendig zugleich aus. Passt aber zu dieser so gegensätzlichen Landschaft mit ebensolchen Eindrücken.

An einem ausgewiesenen Aussichtspunkt müssen wir doch ein bisschen schlucken.

Auf einer Schautafel wird frank und frei erläutert, dass diese Bäume wirklich tot sind, und zwar von den Kiwis höchstselbst vergiftet. Da sie nicht zur indigenen Flora gehören, sondern ihr Samen auf anderen Wegen sich eingeschlichen hat, haben sie hier nichts zu suchen, also fort mit Schaden.
Ja, wenn es um seine Natur geht, versteht der Kiwi wirklich keinen Spaß. Da mag sicherlich irgendwie eine biologische Notwendigkeit hinter stecken, aber für uns laienhafte Besucher klingt das eher nach so einer Art botanischem Rassismus. Zumindest ein bisschen.

Ein Weka

Auf dem Weg sehen wir dann auch einen Weka. Das sind einen knappen halben Meter große Vögel mit braunem Gefieder und so kleinen Flügeln, dass diese kaum zu sehen sind. Sie erinnern ein bisschen an Wildhühner, sind aber deutlich wehrhafter. Muss ich erfahren, als ich bei einer Müsliriegel-Pause so unhöflich bin, einem sehr neugierigen und wohl auch hungrigen Vertreter seiner Art keinen noch so kleinen Happen abzugeben. Er schob weiterhin Kohldampf und ich hatte zwei Tage lang den Abdruck einer Schnabelspitze auf dem Handrücken.
Trotzdem freuen wir uns über diese Begegnung (es wird nicht die einzige bleiben), denn Wekas gehören zu den spezifisch neuseeländischen, flugunfähigen Vögeln, deren berühmtester Vertreter sozusagen das Wappentier des Landes ist, der Kiwi. Der hat nur leider die Angewohnheit, nachtaktiv zu sein, und ist dann auch noch unglaublich scheu. Wer ihn also live und in Farbe sehen will, braucht entweder einen hyperaktiven Kiwi mit Schlafstörungen oder eine geführte Nachtwanderung, auf der man, so wurde uns von anderen Reisenden jedenfalls erzählt, gerne auch mal zwei, drei Stunden still und leise das Standbild gibt, um den Kiwi nicht zu verscheuchen. Für uns inakzeptabel, also sind wir froh, dass wir wenigstens die Nummer zwei auf der Liste der neuseeländischen Nichtflieger vor die Fotolinse bekommen haben. Als Ersatz für einen Kiwi doch durchaus akzeptabel.

Nach dreieinhalb Stunden erreichen wir dann das Endeavour Resort, Zeit genug also, um die qualmenden Füße noch kurz ins Wasser zu tauchen. Eine wahre Wohltat bei diesen Temperaturen.
Wieder zurück in Picton frönen wir endlich dem, was uns schon am ersten Tag ins Auge gefallen war, eine riesige Seafood-Pizza in einem wuseligen kleinen Lokal in der Nähe der Strandpromenade. Ist ja schließlich Neujahr, da ist die streng kalkulierte Reisekasse nicht ganz so verschlossen.
Für alle kulinarisch Interessierten, als Nachtisch gab es eine Tässchen Espresso, dazu Baileys und eine Kugel Vanilleeis. Das Ganze je nach Gusto zusammengemixt. Nichts für die schlanke Linie, aber Genuss pur!

Abel Tasman National Park - klein aber fein

„Hier ist alles voller Inseln und Klippen!“
Das soll der holländische Seefahrer Abel Tasman gesagt haben, als er im Jahr 1642 als erster Europäer vor der Golden Bay ankerte und einen Blick auf die Küste der Südinsel geworfen hatte. Und da hat er recht.

Bucht am Anfang des Tracks

Die Nordspitze der Südinsel, insbesondere die Gegend des nach dem guten Abel benannten Nationalparks, ist voll mit Inseln und Inselchen, versteckten Klippen und Felsen, die, wenn man sich nicht auskennt, einem Segelschiff des 17. Jahrhunderts wohl gefährlich sein könnten. Ist halt nicht das holländische Wattenmeer. Riecht auch besser.

Trotzdem ist das eine sehr lapidare Beschreibung einer Ecke Neuseelands, die wir als eine der schönsten, wenn nicht sogar der schönsten des gesamten Landes empfinden werden.

Kurz nach Neujahr verlassen wir die Marlborough Sounds Richtung Westen, um mit einem Tagesstopp in Nelson zu unserem nächsten Reiseziel zu gelangen. Da wir mit drei Monaten Reisezeit ordentlich Puffer haben, sind wir auch in Picton länger als geplant geblieben. Ich gebe zu, dass die Lokalitäten mit ihren sensationellen Fischgerichten da nicht ganz unschuldig waren. Und nun hat meine Frau mal wieder Lust auf Kultur. Heißt für sie Kunstmuseen, heißt für mich Cafeteria in den Kunstmuseen und ganz viel lesen. Denn wenn Sinja erst einmal gemalte Bilder vor sich hat, dann kann das für den Gatten ein sehr langer Tag werden. Mein dezenter Hinweis, dass Wellington mit seinen Museen nun nicht wirklich lange her sei, wird schlicht und ergreifend überhört, also gebe ich in unsere Uschi die Adresse der Suter Art Gallery in Nelson ein, immerhin die berühmteste Galerie der Südinsel. Nelson ist für seine Kunstszene bei Kunstkennern berühmt, bei Leuten wie mir berüchtigt.

Doch ich habe zumindest für dieses Mal echtes Schwein!

Kaum in Nelson angekommen, geht nichts mehr.

Wir sind noch nicht mal in der Innenstadt und stehen im Stau! Bis auf Auckland in Neuseeland ein eher ungewöhnliches Ereignis mit echtem Seltenheitswert. Das ist aber nicht alles. In den Straßen drängeln sich die meist jungen Leute, die Stadt platzt aus allen Nähten.

Ein schneller Anruf beim Campingplatz verschafft Klarheit. Als Sinja nach einem Stellplatz für die Nacht fragen will, antwortet eine nette Dame mit einer Gegenfrage: „How old are you and your husband?“ Na, bei aller Liebe, ist das nicht ein bisschen sehr persönlich? Wir kennen uns doch kaum. Die Dame lacht und erklärt uns, dass in Nelson ab heute Abend ein Rave-Festival stattfindet und sie sich nicht sicher sei, ob wir in unserem Alter Lust auf Tausende von Teenies und leicht darüber haben, die aus dem gemütlichen Kunststädtchen für zwei Tage die Raver-Hölle Neuseelands machen.

Da fällt die Entscheidung doch leicht. Nichts gegen Festivals (Wacken sollte zum UNESCO-Weltkulturerbe erhoben werden), aber Rave und was so dazugehört ist wirklich nicht unsere Musik, und von Menschenmassen sind wir momentan zu entwöhnt. Also weiter. Natürlich zeige ich mich angemessen enttäuscht, was mir wieder einen Rippenstoß einbringt. War wohl nicht sehr überzeugend. Sinja ist ein bisschen geknickt, aber wir könnten hier ja auf dem Rückweg nochmals vorbei. Das verspreche ich ihr selbstverständlich und bete innerlich um ein Free-Jazz-Festival. Das kann sie nämlich auch nicht leiden.

Trotzdem brauchen wir jetzt eine Stadt oder zumindest einen größeren Ort, denn unsere Lebensmittel- und vor allen Dingen Wasservorräte neigen sich bedrohlich dem Ende zu. In Nelson ist da gerade nichts zu machen, die Stadt ist rappelvoll und vor uns direkt eine Kreuzung raus aus dem Zentrum. Also nutzen wir den Fluchtweg und fahren weiter nach Richmond, einem kleinen Örtchen kurz hinter Nelson. Laut unserem Reiseführer ist hier nicht viel los. Wer sich aber für den Aufenthalt im Nationalpark mit allem Nötigen eindecken oder einfach nur eine Kaffeepause einlegen möchte, der ist hier genau richtig. Wir wollen beides und halten an einer Mall, in der passenderweise alles, inklusive Sprit, für unser Gefährt zu bekommen ist.

Stimmt schon, touristisch ist hier nicht viel zu holen, aber es gibt so Orte, für die hat man, ohne wirklich genau zu wissen warum, ein Herz. Richmond ist ohne Zweifel ein solcher Ort.

In der Mall fühlen wir uns dank der Klimaanlage im siebten Himmel. Draußen sind es mal wieder locker fünfunddreißig Grad mit einer Sonne, die trotz Sunblocker wirklich weh tut. Da wir hier konsumtechnisch aus dem Vollen schöpfen können, nutzt Sinja die Gelegenheit, um sich mit zwei günstigen Langarmshirts einzudecken. Sie hat mittelschwere Anzeichen einer Sonnenallergie. Die Verkäuferin, eine mütterlich wirkende Dame um die fünfzig, hat dafür volles Verständnis und schiebt den Ärmel ihrer Bluse hoch. Ihr kompletter Unterarm ist operiert. Die Sonne sei in Neuseeland mittlerweile ein Gesundheitsrisiko, was leider die meisten, und gerade die Urlauber, immer noch unterschätzen würden.

Wir schauen etwas belämmert aus der Wäsche.

Uns war während der gesamten bisherigen Reise immer mal wieder aufgefallen, dass gerade ältere Leute Narben an Armen und Beinen hatten. Das jetzt so direkt zu sehen, macht dann doch betroffen und nachdenklich. Es wird sogar empfohlen, selbst im Schatten Sonnenschutz und Sonnencreme zu nutzen. Sonnenstunden gibt es hier in rauen Mengen, teilweise über 2000 im Jahr. Die UV-Werte liegen grundsätzlich im hohen Bereich, in Bergregionen bei Stufe dreizehn. Alles ab zehn gilt offiziell als extrem. Im Stillen verspreche ich mir, diese Gefahr nicht zu unterschätzen und noch etwas mehr aufzupassen und mich dauerhaft einzukleistern. Und das, obwohl ich Sonnencreme auf der Haut hasse. Keine Ahnung, wie ich das mache, aber sie ist grundsätzlich direkt in meinen Augen oder sogar in meinem Mund. Ist wie beim Döner essen. Sinja sieht dabei und danach grundsätzlich aus wie frisch gewischt, ich habe die Sauce nach dem ersten Bissen immer, aber auch wirklich immer, im ganzen Gesicht.

Im Supermarkt decken wir uns dann mit Lebensmitteln und Wasser für eine knappe Woche ein und im Einkaufswagen landet vorsichtshalber noch eine Tube Ersatz-Sonnencreme, ein neuseeländisches Produkt, speziell als Schutz gegen Sonnenschäden und Hautkrankheiten ausgewiesen. Die Creme, die wir von zu Hause mitgebracht haben, kommt nämlich so langsam an ihre Grenzen. Ist wie in Schweden im Sommer. Mitteleuropäisches Mückenöl ist da eine Lachnummer. Da hilft nur die einheimische Keule.

Solchermaßen ausgerüstet steht uns jetzt der Sinn nach einem Kaffee, wurde uns im Reiseführer ja auch versprochen.

Direkt neben der Kaffeebar mitten in der Mall befindet sich ein Friseursalon.

„Na, was meinst du? Wäre doch die Gelegenheit. Und auch nötig."

Da hat meine Frau recht.

Das letzte Mal beim Friseur war vor acht Wochen. Wenn ich nicht als zu spät geborener Alt- Achtundsechziger mit Nickelbrille und Intellektuellenschwänzchen in zwei Monaten in der Heimat aufschlagen möchte, dann wird´s Zeit. Und wahrscheinlich ist es dann auch gleich kühler um das Häuptl herum.

Gesagt getan. Obwohl der Laden gut besucht ist, muss ich nur zehn Minuten warten, darf entscheiden, ob ich vorher oder nachher die Haare gewaschen bekommen möchte (im Sinne des Wetters und der Friseurin entscheide ich mich für vorher) und dann sitze ich knapp fünf Minuten später wohlig erfrischt auf dem Stuhl.

Ich finde das beim Friseur immer etwas schwierig. Da fummelt dir jemand eine Viertelstunde lang mit spitzen Gegenständen um den Kopf herum und man ist irgendwie immer bemüht oder fühlt sich sogar verpflichtet, Konversation zu betreiben. Zu Hause ist das kein Problem. Meine Friseurin und ich haben uns nach jahrelangem haartechnischen Kontakt darauf geeinigt, dass sie redet und ich nicke, außer sieh schabt mir mit dem Messer den Nacken aus. Habe ich dummerweise einmal gemacht. Mache ich nie wieder. Aber hier, und dann auch noch auf Englisch …

Die Sorge ist unbegründet.

Maggie ist ein quietschfideles Kommunikationsgenie Mitte dreißig mit nicht nur ausgezeichneten Schneidekompetenzen, sondern anscheinend auch mit einem Gespür für muffelige Mitteleuropäer. Sie erkundigt sich höflich nach

meinen Wünschen, scheint diese schon im Voraus geahnt zu haben, macht sich ans Werk und signalisiert mir, dass ich mich, wenn ich möchte, auch einfach zurücklegen und entspannen kann. Sie würde mir dann Bescheid sagen, wenn's fertig ist.
Jetzt muss ich grinsen. Da hat wohl jemand Menschenkenntnis. Ein Gespräch kommt dann doch noch auf und Maggie erzählt, sie habe lange in England gelebt, jetzt aber entschieden, ihre Zelte dauerhaft im heimatlichen Neuseeland aufzuschlagen. Auf die Frage nach dem Grund, sagt sie ohne Umschweife „the people and the way of life." Selbst als Besucher, der nur einen Ausschnitt mitbekommt, weiß ich ungefähr, was sie meint.
Die Uhren gehen hier grundsätzlich etwas langsamer. Das heißt nicht, dass die Kiwis in irgendeiner Weise hinterherhinken. Überhaupt nicht. Es ist nur einfach ein ganz besonderes Lebensgefühl, was auch wir mittlerweile eingesaugt haben. Es ist hier nicht wichtig, wer oder was du bist. Oder hast. Wichtig ist, ob du ein netter Zeitgenosse bist, der auch die anderen in ihren Eigenheiten respektiert. Du darfst hier sogar mit Fokuhila, Schnauzbärtchen und kniehohen Socken, natürlich in Weiß, rumrennen. Und das mit achtzehn! Hier kein Aufreger. Zu Hause Diskussionsstoff im Netz.
Sicherlich wohnen hier wie überall anders auch nicht nur Heilige, aber flächendeckend begegnet uns eine Grundhaltung von Freundlichkeit und Höflichkeit, die wir bei aller Reiserei als Allgemeingut so noch nicht kennengelernt haben. Man kann sich hier einfach wohlfühlen. Für Maggie ist das der Grund, aus dem nebeligen Mutterland zurück ans Ende der Welt zu gehen. Ganz sicher nicht das Wetter, lacht sie. Wir sollten mal erleben, wie es hier im Winter pfeift. Oder bei vereisten Straßen. Ich versuche, mir diese knochentrockene Gegend als eisige Winterlandschaft vorzustellen, doch dazu reicht meine Fantasie bei den aktuellen Hitzerekorden einfach nicht aus.
Maggie ist wirklich schnell fertig, und ohne zu übertreiben, das ist der beste Haarschnitt meines Lebens. Etwas länger als sonst, bin eigentlich mehr der Typ „Kastenkopp", aber Sinja ist schwer begeistert und sagt „Na guck. Geht doch." Mich beschleicht das leise Gefühl, dass die Ausführung meines Haarschnittes nicht unbedingt in meinen Händen beziehungsweise Wünschen gelegen hat. Aber egal. Sitzt, passt und ist kühler. Also auf zum Abel Tasman

Die meisten Urlauber starten ihre Tour von Motueka aus, einem wuseligen Örtchen, das gut sechzehn Kilometer vom Nationalpark entfernt liegt. Alles, was an Aktivitäten im Abel Tasman zu machen ist, kann problemlos von der hiesigen i-SITE organisiert werden. Nebenbei bietet Motueka eine Fülle an

Lokalitäten und Einkaufsmöglichkeiten. Da sich unser Gefährt aber dank Richmond in einen rollenden Rosinenbomber verwandelt hat, werden wir direkt am Eingang des Parks auf dem Campingplatz von Marahau übernachten. Den hatte Sinja in weiser Voraussicht vorgebucht, diesmal ohne Kommentar meinerseits. Marahau, nur durch eine enge und sehr kurvige Straße zu erreichen, liegt traumhaft genau am Pazifik und sieht so aus, wie ich mir immer eine dieser Surfer-Siedlungen auf Hawaii vorgestellt habe. Der dschungelartige Bewuchs der felsigen und hohen Küstenlinie und das azurblaue Wasser verstärken den Eindruck noch. Dieser wunderschöne Flecken besteht eigentlich nur aus einer langgezogenen, am Wasser entlangführenden Straße mit ein paar wenigen Häusern auf der anderen Seite. Und er platzt aus allen Nähten!

Eigentlich wohnen hier etwa zweihundert Menschen. Die Zahl hat sich aktuell gefühlt verhundertfacht. Der Abel Tasman ist eben nicht nur für die Touris eines der absoluten Highlights. Auch die Kiwis erweisen ihm in den Ferien die gebührende Referenz. Und das vollkommen zu Recht. Hätte Sinja nicht reserviert, wir hätten nicht mal einen Parkplatz für eine Kaffeepause bekommen.

Wir checken an der völlig überfüllten Rezeption, eine Kombi aus Campsite-Verwaltung, Tante-Emma-Lädchen und Park-Informationszentrum, ein, und natürlich stellt sich da die Frage, ob wir bei diesem Rummel den Aufenthalt überhaupt genießen können. Doch die junge Frau an der Anmeldung, wohl eine „Work and Travel"-Reisende (wie überall im Lande), beruhigt uns. Klar sei es gerade sehr voll, aber das würde sich verlaufen. Und auf dem Wasser wäre ja Platz genug. Der Kajak-Verleih sei direkt gegenüber vom Campingplatz und passenderweise noch geöffnet. Für eine morgige Tour müssten auch noch Plätze frei sein. Okay, die sind hier sehr geschäftstüchtig, aber so eine Kajak-Tour, da ist auch schlecht zu widerstehen. Also buchen wir für den morgigen Tag eine mit Einweisung, nach der man dann aber auf eigene Faust die vorgelagerte Küste mehrere Stunden lang erkunden kann. Klingt doch erst mal gar nicht schlecht.

Pünktlich um acht stehen wir dann vor dem Bootsverleih und harren der Dinge, die da kommen. Diesmal sind wir die letzten, kann auch daran liegen, dass alle anderen ebenfalls aus dem deutschsprachigen Raum kommen. Doch halt, zwei Minuten nach uns schlägt noch ein Italiener auf, der den Guide gleich im Schlepptau hat, einen braungebrannten Athleten mit lässigem Grinsen und Oberarmenmuskeln wie Conan der Barbar, und ich höre die Schweizerin neben mir verzückt kichern. Vorsichtshalber schaue ich meine Frau von der Seite an, die ist aber gänzlich unbeeindruckt und kontrolliert, ob sie auch ihre Zeichenkladde dabeihat.

Der Athlet heißt Francis, ist sehr freundlich und bittet uns noch um eine Minute Geduld, da er noch kurz den Wetterbericht sichten möchte (das schafft doch Vertrauen). Das wiederum nutzt der Italiener, um sich noch schnell einen Coffee-to-go im Tante-Emma-Lädchen zu holen. Klischees müssen ja bedient werden.

Dann geht die Einweisung, immerhin fast eine Stunde lang, los. Erst einmal werden die Vorerfahrungen abgefragt, das Material erklärt und wir starten mit einigen Trockenübungen zur Paddelhaltung und -handhabung. Doch bei aller Freundlichkeit und Hilfsbereitschaft, Francis macht deutlich, dass wir nach der Einweisung und einigen Übungen auf dem Wasser auf uns allein gestellt sind. Jeder muss entscheiden, wie weit er gehen darf und kann. Das Wetter sei gerade ideal, zum späten Mittag hin würde es aber etwas auffrischen, das hieße höhere Wellen, also sich dann bitte nahe am flachen Küstenabschnitt direkt vor Marahau halten. Es sei zurzeit draußen zwar wunderschön, aber wir seien eben auf dem Meer und nicht in einem Freizeitpark. Nach der Einweisung trügen wir für uns die Verantwortung. Nur wir. Sonst niemand.

Das ist deutlich, und ich sehe einige, die der sehr ausführlichen Einweisung bisher eher oberflächlich gefolgt sind, auf einmal sehr aufmerksam zuhören.

Spontan muss ich an unsere Fährfahrt nach Norwegen vor ein paar Jahren denken. Die See war rau und stürmisch, Wasser und Regen klatschten an die Scheiben und der Gang zur Essensausgabe glich einem Tanz auf dem Hochseil. Trotzdem ließ es sich eine mittelalte deutsche Touristin nicht nehmen, an Deck zu gehen. Fünf Minuten später stürmte sie stinksauer wieder ins Bordrestaurant und auf eine der norwegischen Service-Kräfte zu und beschwerte sich lautstark auf Deutsch (!), warum den nirgendwo ein Hinweisschild angebracht wäre als Warnung vor dem Unwetter! Sie sei völlig durchnässt und der Sturm hätte sogar ihren Hut weggeweht! Da sei nirgends ein Schild gewesen! Dann schrie sie die leicht irritiert schauende junge Frau allen Ernstes an mit „Des habb isch nätt gebbucht!" Seitdem ein Running Gag in unserer Sippe. Die dermaßen Angefahrene tat das einzig Richtige. Sie fing an zu lachen und räumte weiter die Teller ab.

Sinja muss offensichtlich genau dasselbe denken, denn sie stößt mich grinsend an. „Na, haben wir das denn gebucht?" Ja, haben wir, und dann geht es nach dem Verladen der Boote und einem kurzen Transfer zum Strand aufs Wasser. Die Zweier-Kajaks sind echte Schlachtschiffe. Breit, stabil, sehr gut handhabbar und kippsicher flößt uns unser Gefährt wirklich Vertrauen ein. Zwar sind die Boote auch mit Handlenzpumpen ausgerüstet, das beruhigt mich aber eher, als dass es mich nervös macht. Sicher ist schließlich sicher.

Francis macht mit uns noch ein paar Übungen auf dem Wasser, bei denen der Gleichklang der meist aus Pärchen bestehenden Besatzungen gefordert ist, und ich verhehle es nicht, ich habe eine stolzgeschwellte Brust, als das bei uns direkt wie am Schnürchen klappt und Francis uns als „Team Germany. Really good!“ tituliert. Ist aber auch nicht so schwer. Schließlich gibt Sinja den Takt an und das kann sie gut.

Natürlich kommt aus dem Off die obligatorische Frage, was wir denn machen sollen, wenn wir einen Hai sehen würden. Bevor Francis antworten kann, ruft der Ehegatte der kichernden Schweizerin laut und deutlich: „Wirf deine Frau ins Wasser und hau ab! In einer Ehe muss man auch Opfer bringen können!“ Na, da hatte das Gekicher wohl ein leichtes Nachspiel.

Bevor wir jetzt Zeuge eines Ehekrachs werden, denn das potenzielle Opfer schaut nicht gerade mit eidgenössischer Freundlichkeit drein, gibt Francis uns das Zeichen zum Aufbruch, nicht ohne den Hinweis, dass, wenn wirklich etwas passieren sollte, wir laut winkend auf uns aufmerksam machen sollen. Es seien genug Motorboote auf dem Wasser.

Und dann geht es endlich raus und hinein in die Küste des Nationalparks.

Zu Anfang bleiben die Boote noch zusammen. Es hat irgendwie den Eindruck eines spontanen, schweigenden Wettkampfes, welches Paar es denn am besten schafft, im Gleichklang über das ruhige Wasser zu gleiten.

Das verläuft sich aber nach ein paar Minuten und dann sucht sich jeder selbst seinen Weg, natürlich immer in Küstennähe. Hatte Francis ja auch gesagt.

Zwar ist der Abel Tasman mit seinen um die 230 Quadratkilometern der kleinste der neuseeländischen Nationalparks. Aber hier gilt definitiv das alte Sprichwort „Klein, aber oho!“ Wenn der gute Abel gewusst hätte, was für ein Schätzchen sein Name zieren darf. Er wäre begeistert gewesen. Die Ausblicke, die wir sozusagen aus Entdeckerperspektive auf die Landschaft werfen, sind phänomenal. Vor uns ruhiges, türkisfarbenes Wasser, zu unserer Linken eine Märchenlandschaft aus felsigen, dichtbewachsenen grünen Hügeln, vor denen wie winzige Schlösschen immer wieder Felsvorsprünge ins Wasser ragen, wodurch kleine Buchten gebildet werden, die mit ihrem weißen Strand zum Verweilen einladen. Das tun wir auch nach gut einer Stunde, denn erstens brennt die Sonne uns mal wieder den Pelz weg (und das trotz langer Kleidung, Kappe und einer extra Portion Sunblocker) und zweitens ist es doch eine schweißtreibende Angelegenheit, so einen Paartransporter durch den Küstenpazifik zu paddeln. Der Wind hat auch schon leicht aufgefrischt. Wir suchen uns eine dieser schnuckeligen Buchten aus und dann gleich Anforderungsstufe zwei: Anlanden ohne Anleger; Bug voraus. Stufe eins hatten wir beim gemeinsamen Einsteigen ja schon erfolgreich absolviert. Natürlich wird jetzt jeder lachen, denn was ist schon dabei, ein Kajak auf den Strand zu steuern. Das stimmt, das kann jeder Idiot. Die Schwierigkeit darin besteht, nicht nass zu werden. Das gelingt Gott sei Dank im akzeptablen Maße, und dann heißt es erst einmal trinken, essen und dann baden. Das Wasser ist zwar saukalt, aber das ist auch so wirklich das absolut Einzige, was möglicherweise, wenn man denn zu Nörgeleien neigen würde, zu begrummeln wäre. Das hier entwickelt sich langsam, aber sicher zu einem perfekten Tag. Ihrem strahlenden Gesichtsausdruck nach zu urteilen, sieht meine Frau das ganz genauso und vergisst vor lauter Genießen sogar das Zeichnen. Völlig neu und als Indikator für die begeisternde Natur um uns herum nicht zu unterschätzen!

Aber auch die schönste Pause neigt sich irgendwann mal ihrem Ende zu, denn wir wollen ja heute noch etwas schaffen.

Bei der Einweisung hatte Francis uns gesagt, dass die nach Norden gelegene Adele Island ein lohnendes Ziel wäre, außerdem ein guter Umkehrpunkt. Mehr wäre bei einer entspannten Kajaktour von Marahau aus nicht zu schaffen. Und hetzen wollen wir ja nicht. Also kreuzen wir die riesige Meeresbucht in Richtung Insel, wobei wir diesmal höllisch aufpassen müssen, nicht einem dieser äußerst rasanten Motorboote in die Quere zu kommen. Denn die rasen hier übers Wasser, als ob sie dafür bezahlt werden. Werden sie auch, wie wir hinterher erfahren, da die meisten Flitzer Wassertaxen sind. Die Privatraser sind aber auch nicht besser.

Heil angekommen erleben wir eine Überraschung. Das heißt, erstmal erleben wir nichts, denn wir haben mittlerweile gut damit zu tun, den Kahn geradeaus zu halten. Das erwartete Lüftchen hat wohl keine Zeit verloren und ist schon mal ein bisschen früher angerauscht. Dann aber staunen wir Inlandskontinentaleuropäer wahrlich nicht schlecht. Die Insel vor uns ist schon schön, aber jetzt auch nicht anders als die Küstenlinie. Aber das ist nicht das Besondere. Auf den von der Sonne erwärmten Felsen liegt etwas, das wie langgezogene, dunkel glänzende, gigantische Zigarren aussieht. Plötzlich hebt eine dieser Zigarren den Kopf und schaut uns an, bevor sie das Maul zu einem ausgiebigen Gähnen aufreißt. Seelöwen! Die Insel scheint eine ganze Kolonie Seelöwen zu beherbergen! Francis hatte zwar auf Kiwi-English irgendwas von Naturschutzgebiet gesagt, aber da war ich gerade mit Proviant verstauen abgelenkt. Ist ja auch wichtig. Einer dieser Seelöwen ist entweder ganz mutig oder ganz neugierig oder beides und hüpft ins Wasser, um dann elegant auf uns zuzugleiten. Den Stupser an unseren Bug interpretiere ich mal als freundlich gemeinte Kontaktaufnahme.

Das ist wahrlich ein Erlebnis!
Bei uns auf dem heimatlichen Kanal sieht man eher selten solch geschmeidige Meeressäuger, da haben wir es meistens mit betrunkenen Schwimmern oder Lastkähnen zu tun.
Sinja zückt sofort die Kamera. Gott sei Dank hatten wir vor der Abreise noch 150 Euro in eine dieser wasserdichten Outdoor-Kameras investiert. Ich hatte zwar gegrummelt, schließlich haben wir eine und das wird schon teuer genug und so weiter, aber meine bessere Hälfte hatte mal wieder recht. Und wie ich sie kenne, wird sie jetzt das muntere Kerlchen gleich ein Dutzend Mal fotografieren, um dann im heimatlichen Camper die Malproduktion zu starten. Im Geiste plane ich für morgen schon mal eine Tageswanderung.
Nach ein paar Minuten hat der Seelöwe vom Kennenlernen genug und taucht ab. Wahrscheinlich fängt der sich jetzt sein wohlverdientes Mittagessen. Wir paddeln immer noch breit grinsend die Inselküste Richtung Marahau zurück, denn um drei sollten wir wieder im Örtchen sein. Zeit genug für einen kurzen Badestopp und ein paar Müsliriegel in einer dieser Traumbuchten, dann geht es am Südende von Adele Island wieder die Bucht kreuzend zur Küstenlinie. Diesmal nicht ganz ohne Schwierigkeiten.

Küste im Abel Tasman vom Kajak aus

Der merklich aufgefrischte Wind bildet in der Bucht hohe Wellen, die wir bei aller Stabilität unseres Kajaks nicht mehr einfach abreiten können. Treffen sie uns seitlich, sind sie mittlerweile hoch genug, um uns umzukippen. Nehmen wir sie direkt vom Bug aus, fühlt es sich an, wie auf einem bockenden Gaul und wir werden ordentlich vom Seewasser umspült, auch wenn wir natürlich durch Spritzdecken geschützt sind. Da gibt's nur eins: Kreuzen. Verzögert unsere Rückfahrt zwar um einiges, aber das ist jetzt völlig nebensächlich. Es ist nun nicht das erste Mal, dass ich mit einem Kajak auf dem Meer bin und auch hohe Wellen sind nichts Neues. Aber es ist das erste Mal, dass meine Frau dabei ist. War es vorher eine reine Genusstour, so ist da plötzlich siedend heiß das Gefühl, jetzt eben nicht nur für mich verantwortlich zu sein, sondern auch für Sinja. Ich muss jetzt alles richtig machen, sonst könnte es problematisch werden. Und Sinja ebenso, auch wenn sie nur wenig Kajak-Erfahrung hat. Denn allein kann ich diesen Pott bei dem Wind und den hohen Wellen nicht nach Hause bringen.

Und sie macht alles richtig. Sie hält sich großartig, obwohl sie hinterher sagt, dass ihr zeitweise ein bisschen mulmig gewesen sei. Neben dem Gefühl der Verantwortung türmt sich spontan ein neues auf. Stolz und Freude, dass wir auch hier ein echtes Team sind. Das darf mal gesagt werden.

Völlig ausgepumpt und ordentlich dampfend kommen wir bei mittlerweile stürmischem Wind (trotz bilderbuchmäßigen Sonnenscheins) in Marahau an, wo wir unser Gefährt noch einmal küssen, bevor wir es wieder abgeben. Arm in Arm und selig grinsend schlendern wir zur Campingplatz-Anmeldung. Denn dort gibt es etwas, um das wir zwecks Schonung der Urlaubskasse bisher einen Bogen gemacht haben. Eine Bar mit Restaurant! Die werden wir zur Feier dieses wahrhaft perfekten Tages nutzen. Wir sind zwar völlig verschwitzt und salzverkrustet. Das stört hier aber so gar keinen. Und wenn doch, dann ist's kein Kiwi und nicht wichtig.

In der Bar treffen wir die meisten anderen der Gruppe wieder und die sehen aus wie wir wohl auch. Kaputt und glücklich. Natürlich sind die Bedingungen der Rückfahrt Thema Nummer eins, was selbstverständlich mit dem einen oder anderen Kaltgetränk begossen werden muss.

Nur die beiden Schweizer sehen wir nicht. Vielleicht sind die ja einem Hai begegnet, vermutet der Italiener schelmisch.

Den nächsten Tag will Sinja wirklich komplett nutzen, um die Eindrücke der Tour auf die Leinwand zu bekommen, natürlich vorzugsweise den frechen Seelöwen.

Aus vorherigen Erfahrungen weiß ich, dass dabei auch ein liebender Gatte eher zur Kategorie Störung gehört. Also habe ich abends noch direkt den Wanderrucksack gepackt. Denn der Abel Tasman ist neben seiner Wasserlandschaft auch berühmt für den gleichnamigen Track, der sich von Marahau nach Norden gut sechzig Kilometer die Küste bis nach Totaranui entlangschlängelt. Er gehört zu den „Great Walks" und traumhafte Ausblicke, goldene Strände und Buchten mit azurblauem Wasser locken Touris wie Kiwis gleichermaßen. Ausgelegt für drei bis vier Tage kann man auf ausgewiesenen DOC-Flächen übernachten, das muss aber vorher bei der Parkinformation gebucht werden, um einer Überfüllung des Parks und damit einer Schädigung der Natur vorzubeugen. Und das nicht zu tun, ist bei aller kiwieigenen Entspanntheit und Freundlichkeit kein Kavaliersdelikt. Es wird kontrolliert. Wie gesagt, bei seiner Natur versteht der Kiwi keinen Spaß. Lebensmittel müssen natürlich mitgebracht werden. Trinkwasser ist zwar vorhanden, da aber im Park laut unserem Reiseführer schon Erreger gefunden wurden und ein Nicht-Kiwi-Magen eventuell etwas zarter besaitet ist, wird empfohlen, Wasser mitzunehmen oder es vor Ort abzukochen.

Von den wandertechnischen Anforderungen eher leicht sollte man den Track trotzdem nicht unterschätzen. Zwar ist er auch mit Kindern begehbar, aber die große Ausrüstung nebst Proviant für drei bis vier Tage will bei dieser Hitze erst einmal geschleppt werden. Zudem gibt es hinter der Torrent Bay einige ordentliche Anstiege, die sich nicht von allein laufen. Auch muss man sich im Vorfeld über die Gezeiten informieren, einige Passagen sind nur bei Niedrigwasser begehbar.

Tageswanderungen sind ebenfalls möglich und erfreuen sich wachsender Beliebtheit, dazu ist dann, je nachdem, welche Etappe man laufen will, ein Transfer mit dem Wassertaxi nötig. Gestern Abend konnte ich bei der Campsite-Anmeldung noch einen Platz auf einem dieser Wasserraser buchen. Der soll mich heute Morgen um acht nach Torrent Bay bringen und knapp vier Stunden später vom nördlich gelegenen Onetahuti wieder abholen. Bis dahin wird Sinja mit ihren Bildern ja wohl fertig sein.

Leider komme ich heute Morgen nur schwer aus den Federn. Schwer zu sagen, ob das an der gestrigen Tour oder dem anschließenden Abend liegt. Wir haben dann doch etwas ausführlicher gefeiert. Erst finde ich meine Wandersocken nicht, die liegen nach einer mehr oder weniger koordinierten Suchaktion meinerseits neben der Handbremse (?), und auch die frühmorgentliche Nahrungsaufnahme gestaltet sich völlig anders als geplant. Bei der Hitze hat unser Brot den Geist aufgegeben und erfreut mich mit dem Anblick dieser fiesen kleinen Schimmelflecken, die besagen, dass ich heute Morgen dringend einen Plan B brauche. Der besteht aus einer Dose Ravioli. Die würge ich kalt herunter, ich möchte meine künstlerisch motivierte Gattin ja nicht durch Kochgeschepper aus ihrem Kreativschlaf reißen. Bei meiner momentanen Koordinationsfähigkeit wäre mir das ganz sicher gelungen. Klingt aber jetzt schlimmer als es ist, kalte Dosenravioli war in Studentenzeiten ein allseits beliebtes und sehr erfolgreiches Katerfrühstück. Und der Kaffee spült‘s runter.

Bequemerweise ist es von unserem Camper bis zur Taxi-Stelle nur ein Katzensprung, sodass ich drei Minuten später mit anderen Wanderfreudigen am Kajak-Verleih stehe.
Ja, richtig, am Kajak-Verleih, nicht am Strand. Ich hatte zwar einen Platz auf einem Wassertaxi gebucht und wäre automatisch zum Wasser gelaufen, die „Work and Travel"-Frau hatte aber sehr deutlich und ob meiner Nachfragen auch leicht genervt darauf hingewiesen, dass der Abholpunkt am Kajak-Verleih sei. Vielleicht müssen wir wie gestern in einen Kleinbus, der uns dann zum Strand bringt. Wäre ja logisch.
Doch es wäre nicht logisch, wenn es in diesem außergewöhnlichen Land gewöhnlich zugehen würde. In Neuseeland wird man nicht einfach zu einem Wassertaxi gebracht. Das Wassertaxi kommt zu dir, selbst wenn du mitten auf dem Acker stehst. Service ist alles und drunter macht es der handelsübliche Neuseeländer nicht!
Kurz vor acht rast ein Traktor von der Küstenstraße kommend auf den Kajak-Verleih zu und biegt in einem halsbrecherischen Manöver auf den Hof ein. Hinter sich hat er einen Anhänger, auf dem allen Ernstes eines von diesen gut sechs Meter langen Raserbooten befestigt ist! Das Höllengefährt glänzt blau-weiß metallisch und die Aufschrift „Water Taxi" blitzt uns an. Ein Mann mit Gestalt und Barttracht eines nordischen Wikingers auf Beutezug springt vom Traktor, grüßt einmal lautstark in die Runde, zückt ein Klemmbrett mit einem Blatt Papier und rattert maschinengewehrgleich die Passagierliste runter. Jeder hat eben noch Zeit, „Here" zu sagen und dann sitzen wir auch schon im Boot, während der schwere Motor des Traktors sehnsüchtig dröhnend auf den Start wartet. Uns werden Schwimmwesten gereicht, ein paar Erläuterungen zur Sicherheit abgegeben und dann rasen wir vom Hof Richtung Einlegestelle, nicht ohne zuvor einem anderen Taxi-Trailer mit einem kunstvollen Lenkmanöver elegant auszuweichen. Natürlich einhändig, die rechte Hand braucht unser Taxi-Driver für den obligatorisch-lässigen Zwei-Finger-Gruß. Der gesamte Vorgang hat alles in allem keine fünf Minuten gedauert. Ja, Zeit ist Geld. Auch hier. Dann geht es ab zur Einlegestelle, heißt, unser Fahrer fährt Anhänger, Boot und uns ins Wasser und koppelt ab. Ein Ruck fährt durchs Boot, ich knalle gegen die Rückwand, die mindestens genauso hart ist wie der Ellbogen meiner Physiotherapeutin (nur deutlich weniger heilsam), dann schießt der Renner los. Schon nach einigen Sekunden wird mir klar, dass es eine völlig andere Baustelle ist, ein solches Gefährt vom Kajak aus entspannt zu beobachten oder wirklich und wahrhaftig ohne Chance auf Ausstieg darin zu sitzen! Das ist was für Adrenalin-Junkies, doch nichts für einen mäßig ent-

spannten Mitteleuropäer, der nur ein bisschen wandern möchte! Schon bereue ich, dass ich den Wikinger nach den Seepferdchenstärken dieser Rakete gefragt hatte. „250, man!“, hat er mir fröhlich zugebrüllt, während er mit der Rechten auf den auf Hochglanz polierten Außenborder zeigt. Die Linke braucht er ja zum Steuern.

Dummerweise geht es nicht direkt nach Norden, hatte ich wohl bei der Buchung missverstanden. Service wird hier eben großgeschrieben, da wird selbst ein profaner Taxi-Transfer zur Sightseeing-Tour.

Wir biegen erst einmal rasant nach Südosten ab zu einer nahe der Küste im Wasser liegenden Felsformation, dem Split Apple Rock, einem runden Felsriesen, der wirklich wie ein zerteilter Apfel aussieht. Wieso sich der in zwei Hälften gespalten hat, weiß keiner, sicher ist aber, dass es auf natürliche Art und Weise geschehen ist. Unser „Wikinger“, so nenne ich den ab jetzt, hat seine ganz eigene Erklärung. „Chuck Norris was here!“ Gut, ist jetzt nicht ganz neu, aber doch immer wieder gerne gehört. Nach ein paar weiteren Erläuterungen, die ich zu solch früher Tageszeit zwar höre, aber nicht verstehe, geht es danach endlich nordwestlich Richtung Torrent Bay. Allerdings nicht ohne einen zweiten Stopp ausgerechnet direkt vor der Seelöwenkolonie von Adele Island.

Ich weiß nicht, ob das wirklich sein muss. Oder besser gesagt, ich bin mir ziemlich sicher, dass das nicht sein muss. Wir und andere Wassertaxen fahren auf knapp zwanzig Meter auf die Ruheplätze der Seelöwen zu, stoppen abrupt, Kameras und Handys werden gleich Revolvern gezogen und in Anschlag gebracht, Auslöser knattern, man hört verzückte Ausrufe, dann geht es nach fünf Minuten weiter und das nächste Boot kommt. Natürlich haben wir gestern auch Fotos gemacht und natürlich waren auch wir ganz schwer begeistert. Aber es ist meiner unmaßgeblichen Ansicht nach doch ein leichter Unterschied, ob ich mit einem leisen Kajak Richtung Seehund gleite oder mit Höllenlärm darauf zurase.

Blick auf die Torrent Bay

Nach vierzig Minuten sind wir dann endlich am Ziel in der Torrent Bay. Einen Anleger gibt es nicht, also müssen wir ein paar Meter vom Strand entfernt ins

Wasser und an Land waten. Hinter dem Strand liegen vereinzelt einige Häuser, die gleichnamige Siedlung der Bucht. Hier würden wir auch noch Toiletten finden und die sollten wir auch nutzen, empfiehlt uns unser Wikinger. Bis zur nächsten Rast, der Barks Bay, wäre es ja ein Stückchen.
Zur Erläuterung: Wildpinkeln geht in Neuseeland gar nicht. Ob das jetzt an den hier üblichen Höflichkeitsregeln liegt oder ob man Angst hat, Touristen-Pipi könnte das empfindliche Öko-System stören (man weiß ja nicht, was eine europäische Bier-Blase so anrichten kann), das bleibt uns ein Rätsel. Fakt ist, es wird hier nicht gerne gesehen, nur im absoluten Notfall. Und damit der nicht eintritt, gibt es auf den meisten Wanderwegen am Start, zwischendrin und am Ende sanitäre Anlagen, meist bestehend aus den allseits beliebten Baustellenklos. Eine Herausforderung für sich und manchmal schwerer zu bezwingen als der Track. Hat aber definitiv den Vorteil, dass die Wege sauber sind und auch bleiben. Wobei ich auf dem Pfad zum Rob Roy Glacier Lookout dann doch leicht verdutzt aus der Wäsche geschaut habe, als am Endpunkt nicht der Gletscher, sondern zuallererst ein Plumpsklo ins Blickfeld rückte.
Also nutzen auch wir die beiden Toiletten in der Torrent Bay, allerdings hatten die Idee auch ein gutes Dutzend anderer, die noch früher von Norden losgelaufen sind und sich jetzt hier mit den Ankommenden treffen. Nachdem ich eine geschlagene halbe Stunde in der Kloschlange gestanden habe, kommt mir doch der Gedanke, die urintechnischen Gepflogenheiten unseres Gastlandes heute mal konsequent zu missachten. Tatsächlich versucht jetzt auch noch ein ganz Begeisterter eine La-Ola-Welle zu starten. Vielleicht steht der ja auf Schlangen und Toiletten und hat heute seinen Glückstag. Bevor ich aber zum Pipi-Sünder werde, öffnet sich vor mir die Toilettentür, ein höflicher Mensch hält mir selbige auch noch auf, ergo, aus der Nummer komme ich jetzt nicht mehr ungesehen raus. Kann ich ja unter Naturschutz verbuchen. Dann fühle ich mich bestimmt besser.
Danach geht es endlich auf den Weg, dessen heutiger Abschnitt laut Wanderführer der schönste des gesamten Tracks sein soll. Nebenbei, einen Wanderführer braucht man in Neuseeland eigentlich nicht. Selbst für die großen Tracks gibt es in der i-SITE oder den DOC-Büros meist Faltblätter. Die Wege sind sehr gut gepflegt, wunderbar sauber gehalten (da lohnt sich dann auch das Pipi-Verbot) und vor allen Dingen sensationell gut ausgeschildert. Am Start, an jeder Verzweigung sind grüne Info-Tafeln mit Orts-, Kilometer- und Zeitangabe aufgestellt. Man muss schon echt mit Watte gepudert sein, um sich da zu verlaufen. Habe ich peinlicherweise trotzdem einmal auf der Nordinsel, das beim nächsten Schild aber direkt bemerkt. Heute besteht da keine Gefahr,

es geht eh nur geradeaus. Mittlerweile hat sich die Wassertaxi-Zweckgemeinschaft nach der körperlichen Erleichterung aufgelöst und jeder zieht seines Weges, der noch einmal kurz über den Strand führt, bevor er ordentlich in den Bergdschungel hochsteigt. Am Wasser gibt es aber noch einen mittelprächtigen und nicht ganz ungefährlichen Aufreger.

Ein offenkundig verliebtes Pärchen turtelt trotz früher Morgenstunde und kühlem Nass in Strandnähe herum und ist völlig unbeeindruckt von der Karawane der Wanderwütigen. Er hat seine Maid auf einen rosaroten Schwimmreifen in Seepferdchen-Form gesetzt, sie quietscht höchst vergnügt, während er sie lachend durch die sanfte Dünung zieht. Kitschig bis zum Abwinken, aber ganz ehrlich, jeder, der das sieht, kann sich ein Grinsen nicht verkneifen und beglückwünscht die beiden.

Doch dann kippt die Situation gewaltig. Plötzlich erstarrt der Romeo, wird bleich und versucht, so schnell wie möglich zum Strand zu kommen. Dabei schreit er panisch „Stingray! Stingray!"

Wie auf Kommando hüpfen alle, die noch bis zu den Knöcheln im Wasser stehen, zurück auf den Sand. Mit einem Stachelrochen will man sich ja wirklich nicht anlegen. Die können gerne auch mal zwei Meter lang und bis zu drei Meter breit werden. Das Gefährliche an ihnen ist ihr langer Schwanz mit dem giftigen Stachel. Der Mann erreicht auch sicher den Strand, schaut sich dann aber irritiert um. Seine Angebetete hockt, die Knie bis zum Kinn angezogen wie erstarrt auf dem Reifen, bemüht, bloß nicht die Aufmerksamkeit des Knorpelwesens auf sich zu ziehen. Der rautenförmige Schatten zieht ein paar Kreise um die Dame, verliert aber schnell das Interesse und gleitet dann etwas weiter in die Bucht hinaus. Wir alle sind stehen geblieben, denn wir wollen natürlich wissen, wie´s jetzt weiter geht. Verzeiht sie ihm seine Flucht vor dem Feind oder wendet sie sich enttäuscht und desillusioniert von ihm ab? Gott sei Dank macht sich unser junger Held über unsere Schmalzroman-Philosophie keine Gedanken, sondern stürmt sofort ins Wasser und holt die Holde inklusive Schwimmreifen an Land, ungeachtet der Tatsache, dass das Vieh noch immer in Sichtweite ist. Sie fällt ihm aufschluchzend in die Arme und ein langer Kuss besiegelt das junge Glück …

Nachdem das Theater nun zur Zufriedenheit sowohl der Protagonisten als auch des Publikums beendet ist, kann jetzt wirklich gewandert werden, und das ist ein echter Genuss. Der gut ausgebaute Weg schlängelt sich entlang des Küstengebirges durch einen wunderschönen Dschungel, dessen dichtes Blätterdach zumindest einen leichten Schutz vor der mal wieder mörderischen Sonne bietet. Ab und zu verlässt der Weg den Wald und gewährt besonders in der Höhe sensationelle Ausblicke auf eine magische Landschaft, die jede Kulisse eines Piratenfilms locker in den Schatten stellt. Wäre der Schwarze Korsar um die Ecke gesegelt, ich wäre nicht verwundert gewesen. Südsee pur! Steil abfallende Hänge wechseln sich ab mit sanften Buchten, deren türkisfarbenes Wasser gesäumt ist von blitzweißen Sandstränden. Eine dieser lauschigen Buchten trägt doch wirklich den Namen „Sandfly Bay". Kurz bin ich versucht, hinunterzusteigen und mich mit der vorsichtshalber mitgebrachten Chemiekeule für ungezählten Bisse der letzten Woche zu revanchieren. Aber wenn hier schon eine ganze Bucht so heißt, ob da mein kleines Fläschchen ausreicht? Und nachtragend sind die Biester ohne Zweifel.

Ausblick vom Track

Also wandere ich weiter und kann mich an den Ausblicken nicht satt sehen. Als Zuckerle obendrauf geht es dann noch über einige Hängebrücken, Indiana-Jones-Feeling garantiert! Ich darf jetzt das aus der Nähe genießen, was wir gestern vom Boot aus bestaunt haben. Und das ist ein interessanter Gegensatz. Hatten wir im Boot sozusagen die Perspektive der Europäer, die diese Küste zum ersten Mal gesehen hatten, so bin ich jetzt auf der anderen Seite und frage mich unwillkürlich, was wohl die ansässigen Maori vor gut 380 Jahren gedacht haben, als hier auf einmal riesige Holzschiffe mit Segeln auftauchten. Wahrscheinlich waren die nicht sehr begeistert. Vielleicht hatte ihnen ja ein Vögelchen gezwitschert, dass Europäer schon immer große Lust auf fremde Länder hatten. Wer weiß? Das hat der gute Abel wohl gerochen und ist erst gar nicht aus seinem Schiff ausgestiegen. War aus seiner Sicht sicher nicht die schlechteste Idee. Die Seefahrer hatten vor der jetzigen Golden Bay, heute die nördliche Begrenzung des Parks, geankert, und schickten Beiboote los, um die Wasservorräte aufzufüllen. Die Kontaktaufnahme misslang gewaltig, die Maori griffen eines der Beiboote an und töteten vier Männer der Besatzung. Grund unbekannt. Ergebnis unschön. Abel Tasman sah das genauso und verlieh der heutigen Golden Bay darauf empört den Namen „Moordenaers Baij – Mörderbucht“ und zog von dannen. Der Name hat sich aber nicht lange gehalten.

Ferien und traumhaftes Wetter lassen nicht verwundern, dass der Weg heute sehr gut besucht ist. Beim Wandern verläuft sich das etwas, legt man jedoch ein Trinkpäuschen ein, ist man selten länger als zwei Minuten allein. Die Tageswanderer sind dabei heute in der Minderheit. Überhole ich Wanderer oder Wandergruppen, oder werde ich von ihnen überholt, dann sind das meist Kiwis, die eher für eine Arktisexpedition und nicht für eine Vier-Tages-Tour ausgerüstet zu sein scheinen. Turmhohe Rucksäcke drücken verschwitzte Rücken nieder und verzerren die Gesichter zu angestrengten Grimassen. Natürlich wird trotzdem freundlich und höflich gegrüßt oder sich bedankt, wenn man den dermaßen Bepackten an einer Engstelle den Vortritt lässt.
Eines fehlt dabei, was in den Alpen mittlerweile als genauso natürlich gilt wie Vogelgezwitscher und Humpengeklirre. Das penetrante Klappern von Wanderstöcken. Ist der dermaßen ausgerüstete Wanderer bei uns das Normalbild, so ist man hier die Ausnahme. Wer sie doch benutzt, ist unter Garantie Mitteleuropäer mit Alpenzugang. Spaß beiseite, auch ich bin ein fast fanatischer Verfechter vom Wander-Allrad, selbst bei Tagestouren. Klar, sieht scheiße aus, wandern mit Skistöcken, aber wer einmal einen Zweiundzwanzig-Kilo-Rucksack durch Lappland geschleppt hat, weiß die Entlastung für Knie und Rücken durchaus zu schätzen. Diese Erkenntnis scheint bei den Kiwis noch nicht angekommen zu sein, denn die verlassen sich bei aller Plackerei ausschließlich auf stramme Waden und gut ausgebaute Oberschenkel. Zumindest alle die, die ich auf dem Weg sehe.
Trotzdem bin ich doch leicht erstaunt, als ich beim Passieren einer Wandergruppe einen bösen Kommentar einer bis über die Haarspitzen bepackten Kiwi-Oma kassiere.
„What the hell is he doing? This is walking, not skiing! Does he think, we‘ve snow in summer?“
Etwas irritiert schaue ich mich um. Wenn die verbal recht harsche Dame hier allen Ernstes in einem roten Blümchenkleid über den Track wankt, dann darf ich ja wohl meine Wanderknüppel benutzen. Auch wenn mein Rucksack maximal ein Zehntel von ihrem wiegt. Was tragen die hier bloß über den Weg? Kurz überlege ich, der entrüsteten Lady meine Stöcke für ein paar Schritte mal

auszuleihen. Könnte ihr vielleicht gefallen. Aber der Blick, den sie mir zuwirft, erstickt jeglichen Kommunikationsversuch im Keime.
Ich eile weiter und höre noch ein ganzes Stückchen ihr nicht wirklich leiser werdendes Geschimpfe, bis eine jüngere Stimme ähnlich barsch bellt: „Grandma, it´s okay." Stimmlagen können sich anscheinend vererben.
Ich beschleunige meine Schritte noch etwas mehr, denn jetzt bekommt die Enkelin den eigentlich mir zugedachten Frust von „Grandma" ab. Da will man ja nicht stören.
Anscheinend bin ich nach dieser Begegnung wohl in einen Fluchtmodus geraten, oder vielleicht lag es ja auch an meinen Wanderstöcken, jedenfalls erreiche ich Otenahuti über eine Stunde vor der angegebenen Zeit. Eigentlich kein Problem, denn ich habe ein Ticket für die Rückfahrt und mich treibt ja auch nichts. Ein paar Schlucke Wasser und zwei Müsliriegel sind noch im Rucksack, das riecht doch alles nach einer ausgedehnten Pause. Aber ausgerechnet hier gibt es am Strand nicht wirklich viel Schatten. Die Sonne brennt mal wieder schmerzhaft. Richtigen Schutz würde ich nur im Wald finden. Ich schaue aufs Wasser und schwanke zwischen den Optionen: wunderbare Aussicht nur geschützt durch einen Krüppelbusch oder Schatten im tiefen und stickig heißen Busch. Da sehe ich einen Punkt am Eingang der Bucht, der sehr schnell und laut näherkommt. Ein Wassertaxi, das geradewegs auf die Küste zurast und dann eine Vollbremsung hinlegt, dass die Heckwelle krachend auf den Strand schlägt. Aus dem Gefährt hüpft mit kühnem Sprunge der Fahrer auf den Sand, diesmal ein braungebrannter Surfertyp mit Badeshorts und Piloten-Sonnenbrille. Breit grinsend grüßt er mich. „How is it going? Nice weather today, eh?"
Ja, ist es. Viel interessanter finde ich aber, dass sein Kahn leer ist, und ich frage ihn, ob er Richtung Marahau fahre und mich eventuell mitnehmen könnte. Ich hätte eine Buchung, allerdings erst für das Boot in einer Stunde. „Oh, sorry man. I´m booked for a kayak transport back in town." Die Paddler und ihre Boote hatte ich gar nicht bemerkt, so versteckt, wie die in einer kleinen Senke saßen. Aber in gut zehn Minuten käme ein Kollege an der Bucht vorbei, den könnte er anfunken, ob der außer der Reihe einen Zwischenstopp einlegen würde. Natürlich nur, sofern der noch einen Platz frei hätte. Meinem eigentlichen Boot würde er dann Bescheid geben, dass ich schon weg sei.
Das nenne ich mal freundlich und bedanke mich bei dem guten Mann, der dann auch wirklich einen Platz beim Kollegen für mich organisiert. Mach so was mal bei uns. Da ist es ja schon ein Staatsakt, wenn du bei der Bahn dein Ticket umtauschen möchtest.

Während ich warte, kann ich dem Fahrer dabei zuschauen, wie er die vier Kajaks verlädt. Man stelle sich vier knapp fünf Meter lange Seekajaks vor, die quer auf das Heck eines sechs Meter langen und circa zwei Meter breiten Bootes geschnallt werden. Eine abenteuerliche Konstruktion, die möglicherweise einer heimatlichen TÜV-Überprüfung nicht standhalten würde. Aber der „Surfer“ (so nenne ich ihn im Geiste, immerhin kenne ich ja auch schon den „Wikinger“), scheint zu wissen, was er tut. Die Hilfsangebote der Paddler und mir lehnt er höflich, aber bestimmt ab. Mit wenigen Handgriffen hat er alles aufgeladen und festgezurrt, dann ein prüfender Ruck, der einen Büffel von den Hufen geholt hätte. Alles ist fest.
Eine Minute später schießt besagter Kollege in die Bucht und schau an; der Fahrer ist wieder der „Wikinger“. Ich hatte nach der Hinfahrt eine halbe Stunde gebraucht, bis meine Eingeweide, im Besonderen der Magen, wieder an ihren angestammten Plätzen waren. Aber ich wollte ja unbedingt früher zurück, also stelle ich mich im Geiste auf ein ähnliches Fahrerlebnis ein. Der „Wikinger“ erkennt mich auch gleich wieder, brüllt irgendetwas, was bei dem Motorenlärm untergeht, dann macht das Boot einen Satz und schießt vorwärts, dass alle in der letzten Reihe einmal mit Salzwasser übergossen werden. Außer mir scheint das aber niemanden zu stören, im Gegenteil. Alle haben hier ihren Spaß wie bei der Wasserrutsche im Phantasialand. Vielleicht der Vater vor mir nicht, sein Kleiner ist doch recht bleich im Gesicht, aber Papa hat vorsichtshalber schon mal die Plastiktüte ausgepackt. Ich kann‘s dem Kleinen nicht verübeln, mir geht es ähnlich, auf der anderen Seite, ich kann es ja auch nicht ändern, da kann ich genauso gut mitfeiern, denn die Bootsfahrt entwickelt sich gerade zur Party. Die Frau neben mir, eine Metal Lady mit Metallica-Shirt, jauchzt „Ye-Ha“, alle anderen jauchzen mit und ich übe mich im Gruppenzwang. Besser als kotzen. Und das scheint zu klappen. „Wikinger“ zeigt angespornt durch die akustische Ekstase seiner Passagiere sein ganzes Können, liefert sich ein Wettrennen mit einem Kollegen und schießt in aberwitzigen Schleifen über den Pazifik. Eindeutig, die Jungs haben ihre Gefährte im Griff. Leider oder Gott sei Dank ist dann die Fahrt vorbei und wir landen in Marahau an. Ausgestiegen wird aber erst am Kajak-Verleih, da wurden wir schließlich auch abgeholt. Also geht es mit Boot und Passagieren wieder auf den Hänger und die Fahrt vom Morgen wiederholt sich, nur in umgekehrter Reihenfolge. Beim Aussteigen bin ich mir nicht sicher, was mich aktuell mehr beeindruckt hat; Wanderung oder Taxifahrt. Diese Tour und ihre Begleitumstände werde ich so schnell jedenfalls nicht vergessen.
Allerdings gibt es da noch etwas zu klären.

Mir geht die Meckerei der alten Dame über meine Wanderstöcke nicht aus dem Kopf. Ist das hier denn so verpönt? Gibt's da vielleicht ein Gesetz, das ich nicht kenne? Verletze ich irgendwelche Schamgefühle? Denn, obwohl die Oma die erste war, die sich zu einem, wie ich finde, völlig kiwiuntypischen unhöflichen Kommentar hat hinreißen lassen, sie war nicht die erste, die leicht ironisch auf meine beiden Wanderknüppel geschaut hat.
Ich frage in der Campsite-Anmeldung, wieder bei der „Work and Travel"-Frau, mal höflich und vorsichtig nach, die schaut nur verwundert und weiß gar nicht, was ich von ihr will. Ihre neuseeländische Kollegin hat gelauscht und mischt sich erregt ein. Denn ihr ist schon Ähnliches passiert. Sie habe in Europa beim Wandern Stöcke kennengelernt, nutzt sie seitdem und muss sich jedes Mal dusselige Kommentare von ihren Wanderfreundinnen anhören. Das hätte was mit der neuseeländischen Einstellung zu tun. „Toughness!" Man will es allein schaffen, ohne Hilfen. Zeigen, dass man stark genug ist. Wanderstöcke wären hier nur Gehstützen. Okay, kann ich akzeptieren. Andere Länder, andere Sitten. Meine Wanderknüppel halte ich aber weiterhin in Ehren. Damit kann man bestimmt auch Stachelrochen abwehren. So!
Gleichsam als akustisches Statement haue ich auf den hundert Metern zum Camper meine Stöcke nochmal extra feste auf den Asphalt und lasse mich auch durch irritierte Blicke anderer Campsite-Gäste nicht stören.

Am Camper angekommen sehe ich meine Frau erst mal nicht, denn die sitzt bei der Nachbarin bei einem Gläschen Rotwein und die beiden schnacken, was das Zeug hält. Von wegen, künstlerische Kreativität und Schaffenskraft! Während ich mir die Seele aus dem Leib wandere, wird hier anscheinend dem profanen Genuss von flüssigen Rauschmitteln gefrönt!
Ein Blick in unser Gefährt zeigt mir aber sehr deutlich, dass das Gelage auf dem Nachbarplatz eher der Grenze des Fassungsvermögens unseres Campers als rollendes Atelier geschuldet ist. Die Karre ist rappelvoll mit frischgemalten Bildern. Tisch, Bänke, Boden, Herd, ja sogar die Vordersitze und die Armaturen dienen als Platz zum Trocknen. Ich kann mein Zeug nur draußen ablegen, die Suche nach dem Kulturbeutel ist schier aussichtslos. Dermaßen in meinem Drang nach Dusche und frischen Sachen gestoppt, setze ich mich zu den dreien, die Nachbarin hat noch einen Sohn, der sich auch gerade ein Glas genommen hat, und es folgt Teil II des gestrigen Abends. Unsere Nachbarin heißt Cathrin und kommt mit ihrem siebzehnjährigen Sohn David von der Nordinsel, „um sich mal den Süden anzusehen, wie der hier so ist." Klingt ein bisschen, als ob die beiden aus einem anderen Land kämen, aber vielleicht ist

das hier so, wie zwischen Rheinländern und Westfalen. Ist ja auch immer ein Kulturschock, wenn man am Kölner Ring ankommt.
Neuseeländer sind auch als Campingnachbarn freundlich und kommunikationsfreudig, und so entwickelt sich ein sehr netter Abend, in dem wir auch ein kleines bisschen aus dem neuseeländischen Alltag erfahren dürfen.

Cathrin wohnt mit ihrer Familie an der Ostküste und ist soeben noch einer weihnachtlichen Katastrophe entgangen. Ein Küstensturm hätte fast ihren Ort ausgerechnet in der Heiligen Nacht ausradiert. Das Unwetter hatte den Ort Gott sei Dank nur gestreift und ein paar Dächer abgeräumt. Voll erwischt habe es nur die Felder, das sei zu verschmerzen. Das muss der Sturm gewesen sein, den wir im Tongariro hatten, dort allerdings etwas entschärft. Im Geiste beglückwünsche ich mich kurz zu der Entscheidung, das Alpine Crossing sausen gelassen zu haben. War vielleicht sogar ein unerkanntes Weihnachtsgeschenk.
Voller Stolz erzählt Cathrin uns dann noch, dass David mitgeholfen hätte, den Ort vor einer Überschwemmung zu schützen, denn er sei jetzt bei den „Firefighters“. Von denen hatten wir schon auf der Nordinsel gehört. Sie sind in etwa zu vergleichen mit unserer „Freiwilligen Feuerwehr“ und haben in Neuseeland aufgrund der manchmal extremen Wetterbedingungen schon fast Heldenstatus. Da erscheint der eigentlich schüchtern wirkende Jüngling, dem das ausgiebige Lob seiner Mum offensichtlich mehr als peinlich ist, doch in einem ganz anderen Licht. Ich frage ihn, wie er diese gerne auch mal gefährliche Arbeit denn neben der Schule so hinbekommt. Das bringt mir aber einen entrüsteten Blick ein. Schule? Er wäre seit einem Jahr in der Elektrikerausbildung! Ups, Fettnäpfchen. Aber immerhin hat das den Jungen etwas aus der Reserve herausgelockt, denn der erzählt jetzt frank und frei von seinen Hobbys, unter anderem seiner Gesteinssammlung. Damit erobert er ganz schnell das Herz meiner Frau, denn er hat bei Nelson Greenstone gefunden, den heiligen Stein der Maori, aus denen sie Waffen und Schmuck gemacht haben. Und davon schenkt der kleine Charmeur Sinja ein Stückchen. Stille Wasser sind eben tief.
Ich steuere zur Unterhaltung das Erlebnis mit dem Stachelrochen bei und frage die beiden, ob die denn wirklich so gefährlich sind. Die Antwort ist eindeutig „Oh, yes, they can be really dangerous, if they‘re angry.“ Sogar ein australischer Fernsehmoderator einer dieser Pseudo-Abenteuer-Sendungen sei ohne Provokation von einem Stingray ins Herz gestochen worden und daran verstorben. Da relativiert sich doch die Panik des frühmorgendlichen Romeos. Ab jetzt werden wir beim Baden etwas genauer ins Wasser schauen.

Die Zeit vergeht im Flug, nur habe ich heute eigentlich noch nichts Richtiges gegessen, was sich bei dem reichlichen Rotweingenuss verheerend auf den morgigen Tag auswirken könnte. Also verlasse ich die fröhliche Runde für ein paar Minuten und eile zur Bar hinter der Rezeption, da gibt es auch erschwingliche Kleinigkeiten. Unser Kühlschrank ist ja durch Maler-Utensilien blockiert.

Ich entscheide mich für eine „sausage roll", eine überbreite Wurst eingebacken in Blätterteig. Zusammen mit der „tomato sauce", dem Ketchup, eine absolute Kalorienbombe, also nach dem Tag genau das Richtige. Die kriegt man genau wie die berühmten „pies" im Kiwiland an jeder Ecke. Genau wie ein „sammie", nein, nicht die Abkürzung eines angelsächsischen Vornamens, sondern die neuseeländische Bezeichnung für ein Sandwich. Das mit Schinken und Käse nehme ich mir zum Nachtisch mit und bin dann gut gerüstet für den weiteren Verlauf des Abends. Und der wird sehr nett.

Den Rest der Woche im Abel Tasman verbringen wir mit baden (dabei immer mit einem offenen Auge für mögliche Wasserwesen), faulenzen, zeichnen und wandern, bis uns nicht etwa die Lust auf einen weiteren Aufenthalt verlassen hat, im Gegenteil. Es ist so wunderschön und erholsam, dass wir eigentlich noch länger bleiben möchten. Doch wir sind mal gerade am Anfang der Südinsel und wollen noch mehr sehen. Also geht es nach zwei Nächten Verlängerung weiter Richtung Südwesten. Mal schauen, was uns da so erwartet.

Nach Punakaiki - es muss ja weitergehen

Reisemüdigkeit.

Die meisten verleugnen sie. Jeder kennt sie, natürlich nur aus Erzählungen, von anderen. Man selbst ist als „Traveler" und Weltenbummler selbstverständlich dagegen gefeit. Reisemüdigkeit ist nur etwas für Stubenhocker und Sesselfurzer!

Aber sie kommt. Sie erwischt jeden. Irgendwann. Unausweichlich. Sie schlägt einfach und gnadenlos zu.

Ein Rezept gegen den Travel-Blues? Ein Blick ins Netz zeigt, dass das unter Reisenden ein echtes Thema ist, immerhin knapp 11.000 Treffer bei Google. Aber trotz aller gutgemeinten Vorschläge: Es gibt keins. Muss auch nicht. Denn genauso sicher, wie sie kommt, geht sie auch wieder. Die Frage ist nur, wann…?

Uns erwischt es kalt nach dem Abel Tasman, ohne Zweifel einem absoluten Höhepunkt unserer Reise. Wir haben bisher so viel Unglaubliches und auch

Unerwartetes erlebt, dass wir mit Superlativen gar nicht geizen mögen. Aber genau das hat dazu geführt, dass jetzt gerade einfach nichts mehr geht.
Wir sind bis oben hin voll.
Eigentlich müssten wir Freunde und Familie auf ein paar Bierchen einladen und uns all dies Wunderbare eine geschlagene Woche lang von der Seele reden, aber das geht nun mal gerade nicht. Und so langsam kommt das nächste unausweichliche Gefühl einer solchen Reise auf. Sorge. Und zwar die Sorge, das noch vor uns Liegende nicht mehr wirklich erfahren und genießen zu können, sondern es einfach nur noch touristisch abzuhaken. Und es wartet zumindest laut Reiseführer noch einiges auf uns, vielleicht sogar noch der beeindruckendste Teil der Südinsel; Gletscher, Mount Cook, Fiordland und der angeblich noch sehr ursprüngliche Osten von Southland.
So absurd es klingt, wir fürchten uns etwas vor der Weiterfahrt. Und das an einem der für uns schönsten Fleckchen dieser Erde. Denn das andere Ende der Welt ist mittlerweile aber ganz tief in unseren Herzen. Wir fühlen uns zu Hause!
Aber, wie gesagt, Reisemüdigkeit. Ist eigentlich noch schlimmer als Lagerkoller. Allerdings ist man nicht so ungeduldig und zickig. Eher meditativ-destruktiv.
Dementsprechend ist auch die Stimmung im Auto. Die weitere Planung läuft schleppend bis gar nicht. Hier und da fällt ein leicht gereiztes Wort und dann Schweigen im Walde.

Aber das sieht meine bessere Hälfte gar nicht ein. Frei nach dem Motto: Gegen Stillstand hilft nur Aktion. Und so schnappt sie sich den Reiseführer und knallt ihn mir auf den üsseligen Camping-Tisch. Nur ganz knapp neben meine Kaffeetasse. Scenic Drive von Westport nach Punakaiki die Westküste entlang. Aha. Soll unglaublich schön sein. Eine Million Besucher im Jahr, die sich die weltberühmte Küste mit den Pancake Rocks, Felsen in Form eines amerikanischen Frühstücks also, anschauen und so weiter und so weiter. Meine Begeisterung hält sich in Grenzen, aber mir fällt auch nichts Besseres ein. Und danach ist es auch nicht mehr so weit bis zum Franz-Josef-Gletscher, der soll ja auch ganz toll sein. Bis zur Küste sind es erst einmal knappe drei Stunden Fahrt bei 35 Grad im Schatten und einer UV-Strahlung, die aus unserer rollenden Reisschüssel eine Backröhre auf Rädern macht. Wenigstens ist die Straße mal wieder so eng und kurvig, dass ich vor geballter Konzentration noch nicht mal ansatzweise in Gefahr gerate, der Hitzemüdigkeit zu erliegen. Sinja sieht das heute entspannter und gönnt sich ein Nickerchen auf dem Beifahrersitz.

Warum auch nicht. Also kurve ich in bester Achterbahnmanier durch die sicher ganz beeindruckende Pampa und höre zum xten Mal meine Lieblingsfolge der Drei ???.

Und dann ist es soweit. Ein Schild weist kurz vor Westport daraufhin, dass wir uns nun auf einer der schönsten Straßen der Südinsel, was sage ich, Neuseelands befinden und wir uns jetzt doch gefälligst begeistert und interessiert zeigen sollen. Okay, das steht da jetzt nicht wirklich, aber irgendwie hätte es mich nicht gewundert. Sinja ist passenderweise gerade wach geworden und auf geht's auf diese Wunderstraße, die erst mal gar nicht wunderbar ist. Denn erstens hat sich das Wetter schlagartig verschlechtert (Nieselregen und Wolken grau in grau) und die Küstenstraße verläuft überall, nur nicht an der Küste. Passt ja. Der Elan meiner Frau ist dementsprechend auch merklich abgekühlt und ich höre einfach meine Zweit-Lieblingsfolge, sind ja noch gut fünfzig Kilometer, da ist eine halbe Geschichte noch drin.

Punakaiki - Pororari River Loop

Das hat sich dann allerdings ganz schnell erledigt. Wie aus dem Nichts biegen wir auf einmal zur Küste ein und dann ist sie wirklich da! Die schönste Straße der Westküste? Blödsinn! Das ist hier mit ganz großem Abstand die schönste Straße, die ich jemals gefahren bin! Und das ist kein Reiseaktionismus, das ist einfach mal Fakt! Das hier ist gigantisch und bräuchte ich die Hände nicht für das Lenkrad, ich würde mir vor ungläubigem Staunen die Äuglein reiben. Schlagartig habe ich unsere Reisegeschwindigkeit verringert, Gott sei Dank ist keiner hinter uns, dichtes Auffahren gehört hier ja fast zum guten Ton. Links von uns ragen bizarre Felsklippen steil in den Himmel. Sie sind dicht mit einem schimmernden Bergdschungel bewachsen, der in allen Grüntönen dieser Erde

Rückblick auf die Küstentraße nach Punakaiki

zu blühen scheint. Überall schießen subtropische Pflanzen in knalligen Farben wie Leuchtfeuer hervor. Rechts rollt ein aufgewühlter, mächtiger Pazifik auf die steinige Küste zu, in die er seit Jahrtausenden märchenhafte, fantastische Felsformationen modelliert hat. Wir sehen steinerne Seemöwen, Muscheln, Fische und bizarrste Formen, die an Wesen aus der Urzeit erinnern. Türme, Zinnen, ganze Burgen gleiten an uns vorbei. Und das Ganze ist eingehüllt in die meterhohe feine Gischt des Ozeans, die wie ein sanfter Landregen auf uns niederfällt und der Szenerie einen ganz besonderen metallisch schimmernden Schein gibt. Es wirkt alles wie aus einer anderen Welt, einer anderen Zeit. Schöner, wunderbarer kann eine Autofahrt nicht sein. Es fühlt sich fast an wie in einem Fantasy-Streifen, durch den wir uns bewegen. Direkt am nächsten Lookout halten wir an, um ganz bewusst diese Ausblicke zu genießen. Aber wir merken sofort: Kein Paradies ohne Schlange. Sandflies! Und zwar nicht ein paar, sondern alle! Egal, es gibt Mückenöl, das allerdings so tief unten in den Staukästen unseres Campers liegt, dass wir ganz sicher mit Stichen übersät wären, bevor wir auch nur einen Spritzer von dieser Chemiekeule auf der Haut hätten. Dementsprechend haben wir uns zumindest für den Anfang doch recht schnell satt gesehen und flüchten zum Campingplatz. Eigentlich nur als „Auf-dem-Weg-Übernachtung" geplant, buchen wir gleich zwei Nächte, denn ein schneller Blick in den Reiseführer verheißt eine lockere dreistündige Wanderung durch diesen Bergwald und die eigentlichen Pancake Rocks haben wir ja noch gar nicht gesehen.

Der Campingplatz ist eine Wucht. Wunderschön gelegen zwischen diesem Wunderwald und der Küste bietet er eine für mich noch wesentlich wichtigere Attraktion. Ich meine, Gegend gibt's ja überall. Hier aber steht eine aus Holz und Klinker zusammengebaute Kneipe, die an eine Roadstation aus Siedler- oder Bergbautagen erinnert. Und obendrauf bekommt man hier kräftig-deftige Mahlzeiten, die Herz und Gaumen erfreuen. Ich trete hier zum ersten Mal in Kontakt mit einer Countrysite-Spezialität: Bangers and Mash! Ist eigentlich nichts anderes als Schafs- oder Rinderwürstchen mit Zwiebel und Kartoffelstampf plus Gemüse der Saison. Aber es ist heiß, herzhaft und vor allen Dingen sehr, sehr sättigend. Mit einem dunklen Bier kann man da schon mal einen Abend verbringen. Tun wir auch.

Reisemüdigkeit! War da nicht von Reisemüdigkeit die Rede?

Natürlich ist die noch da, vielleicht nicht ganz so stark wie vorher, denn ein untrügliches Zeichen verweist auf den eingeschlagenen Weg der Besserung: Wir haben wieder Lust auf ein bisschen Neues.

Nur der Vollständigkeit halber. Die Pancake Rocks machen ihrem Namen alle Ehre und noch viel mehr: Eine außergewöhnliche natürliche Felsformation, die man einfach nicht beschreiben kann. Die muss man gesehen haben.

Pancake Rocks

Wanaka – vom Winde verweht

Eigentlich ist Wanaka, direkt am gleichnamigen See gelegen, ein entspanntes, pittoreskes Örtchen, das zwar das Zentrum der Region darstellt, im Wesentlichen aber aus Läden, Kneipen und Einkaufsmöglichkeiten für die täglichen und touristischen Bedarfsdinge besteht. Gleichzeitig ist es das Tor zum Aspiring National Park, dessen Highlight unbestritten der Rob-Roy-Gletscher ist, eine mittelschwere Tour, die sich ohne Zweifel lohnt. Während der neuseeländischen Weihnachtsferien bis Mitte Januar platzt Wanaka allerdings aus allen Nähten, da Scharen von Kiwis einfliegen und aus dem verschlafenen Nest ein munteres Badeörtchen machen. Auch wir sind diesem wunderschönen Flecken und seinen touristischen Verlockungen erlegen. Eigentlich auf dem Weg zum Aoraki/Mount Cook, Neuseelands höchstem und wohl auch spektakulärstem Berg, sind wir hier direkt mal fünf Nächte hängengeblieben, denn bei dreißig Grad im Schatten und einem ordentlich aufgeheizten Bergsee direkt vor der Campertür, umgeben von bis zu 1500 Meter hohen schneebedeckten Gipfeln … Warum denn eilen und in die Ferne schweifen, wenn das Gute liegt so nah. Wir haben ja Zeit!

Wir erreichen Wanaka am frühen Nachmittag und richten uns erst einmal häuslich ein, bevor wir dann voller Vorfreude auf ein wonniges Mahl uns aufbrezeln (heißt: die nicht ganz so verschwitzte Trekkingbuchse) und dann in die nahegelegene „City“ eilen wollen. Wir haben sogar noch einen der wenigen Schattenplätze unter einer Reihe riesiger Tannen ergattert und die sanitären Anlagen sind für einen Campingplatz phänomenal. Ist eigentlich überall in Neuseeland so, aber hier sind sie auch in mehr als ausreichendem Maße vorhanden. Camperherz, was willst du mehr! Noch dazu winkt morgen eine Wandertour zum Rob Roy Glacier. Den Shuttle hatte ich bei der i-SITE gebucht, bevor wir zum Campingplatz gefahren sind. Lief nebenbei mal wieder völlig unproblematisch.

Es zieht sich zu.

Doch gerade als wir uns in Schale werfen wollen, ändert sich drau-

ßen die Stimmung. Es ist nicht wirklich greifbar, aber wir spüren, irgendetwas ist anders. Es ist auf einmal sehr ruhig, ja fast still. Die Gespräche, die man auf Campingplätzen sozusagen als Hintergrundrauschen eigentlich immer hört, verebben. Selbst die Vögel sind verstummt. Es ist jetzt wirklich ganz still. Beängstigend. Die sprichwörtliche Ruhe vor dem Sturm.
Über der Gebirgskette hinter uns ist ein dünnes, dunkelgraues Wolkenband zu sehen, wohl der Auslöser dieses Stimmungsumschwungs. Ich nehme die Kamera, Touris machen halt Fotos, und das sieht wirklich dramatisch aus, wie sich dieses Band rasend schnell vergrößert und über die Berge schiebt. Mehr als ein Foto bekomme ich aber nicht mehr hin. Denn dann ist er da, der Sturm. Ohne Vorwarnung, ohne Vorboten. Nichts. Er ist einfach und unvermittelt in beeindruckender Stärke da und erwischt mich voll. Ich liege am Boden, die Kamera hängt irgendwo an mir, Sinja schreit, ich soll ins Auto kommen und irgendwie schaffe ich das auch. Wir knallen die Schiebetür zu, dann rauscht, kracht, stampft und zerrt es. Wir haben Sorge umzukippen. Von den Bergen und dem lauschigen See ist nichts mehr zu sehen. Staubwolken und abgerissene Äste und Zweige verdunkeln die Sicht. Und es ist laut. Neben uns kämpft ein Pärchen mit seinem kleinen Zwei-Mann-Igluzelt, ohne Chance. Ich will da nicht raus, aber die beiden werden fast weggeweht. Also in den sauren Apfel und los. Gott sei Dank sehen ein paar Kiwi-Dauercamper (eine eigentlich eher unkommunikative Spezies; die Dauercamper, nicht die Kiwis) das genauso und greifen beherzt zu. Mit sage und schreibe fünf Männern können wir die Zeltfetzen kaum niederhalten, damit die zwei wenigstens ihre Rucksäcke ins Auto retten können. Mir ist ehrlich gesagt mehr als mulmig, aber da scheine ich überraschenderweise der Einzige zu sein! Während ich versuche, mich mit aller Macht gegen diese stürmische Naturgewalt zu stemmen, machen die Kiwis noch Witze! Einer vermutet, sicher sei gleich Mary Poppins mit ihrem Regenschirm zu sehen, bei dem „Lüftchen", und der Besitzer des Zeltgemetzels lacht, dass er nun endlich einen Grund habe, ein neues Zelt zu kaufen, ohne dass seine Freundin was dagegen haben könnte. „God save the storm." Ich kann es nicht glauben. Um uns herum tobt ein Wetter, bei dem die Sehnsucht nach einem fest gemauerten Steinhaus nach TÜV-Norm sekündlich steigt und die lachen es weg! Hart im Nehmen. Überall auf dem Platz spielen sich ähnliche Szenen ab. Man hilft ja gern. Trotzdem habe ich das Gefühl, dass es hier nicht um lockere Lässigkeit geht, sondern ums Prinzip. Oberste Priorität: Don't give up! Lass dich nicht unterkriegen. Gut, hier benutzt ja auch keiner Stöcke beim Wandern, sind für Neuseeländer ja nur Gehhilfen. Doch auch diese Grundhaltung hat Grenzen, zumindest physische.

Trotz geballter Manneskraft reißt uns dieses „Lüftchen" die Zeltreste aus den Händen und selbiges ins Nirwana, und dann heißt es nur noch Schutz suchen. Das war anscheinend nur das Vorgeplänkel. Jetzt kommt das Unwetter mit aller Gewalt über uns, mit Donner, Blitz, Orkanböen und sintflutartigem Regen. Wer kann, flüchtet in seinen Camper, wer ein Zelt hat, rennt zu den Sanitärgebäuden oder findet Aufnahme bei anderen Campern. Die Wenigen, die versuchen, ihr Zelt zu sichern, geben nach Sekunden auf und suchen rettenden Schutz. Es ist wie in einem Katastrophenfilm, nur ist das hier real. Und gefährlich. Äste und Tannenzapfen knallen im Dauerfeuer auf unser Dach, sodass ich versucht bin, von den Tannen wegzufahren. Dieser Gedanke hat sich aber schnell erledigt, als eine Böe das Riesenwohnmobil uns gegenüber als volle Breitseite erwischt und es fast umreißt. Es scheint einen Augenblick nur auf zwei Rädern zu stehen, dann knallt es wieder auf den Schotter. Zelte und Ausrüstungsgegenstände wirbeln durch die Luft. Hoffentlich wird niemand getroffen.

Eine geschlagene Stunde wütet der Sturm und lässt uns unsere Hilflosigkeit spüren. Wie ein rasender Boxer umkreist uns die Naturgewalt und teilt brutale Schläge aus. Und jedes Mal, wenn es den Anschein hat, dass es aufhört, drischt er von Neuem mit geradezu viehischer Wut auf uns ein.

Dann ist es vorbei. Schlagartig. Wiederum ohne Vorwarnung. Es hat aus dem Nichts heraus aufgehört. Als ob quasi nichts gewesen wäre. Doch der Anblick, der sich uns bietet, spricht eine andere Sprache. Überall liegen abgerissene Äste. Vorzelte sind aus den Verankerungen gerissen und hängen wie bunte Fähnchen an den Vans und Anhängern. Einige Anhänger sind umgeweht worden. Den Zeltplatz hat es voll erwischt. Hier steht so gut wie nichts mehr. Nur einige kleine Zelte im Schatten der Mietkabinen sind einigermaßen glimpflich weggekommen. Aber: Never give up!

So langsam trauen sich einige Unverwüstliche nach draußen, um sich mögliche Schäden anzuschauen, vereinzelt hört man sogar leichtes (erleichtertes?) Gelächter. Kinder stürzen sich auf die herumliegenden Äste, um damit erst mal Scheingefechte auszutragen, aber diesmal mit Daunenjacke und Wollmütze, denn es ist merklich abgekühlt. Höchstens noch fünfzehn Grad! Und unser Nachbar von Gegenüber mit dem XXL-Camper, gerade eben fast noch umgeweht, fängt auf den Schreck hin erst mal an zu grillen.

Später erfahren wir, dass dieser Sturm oder was auch immer das war, so schnell aufgezogen ist, dass es noch nicht einmal auf den hier überall gebräuchlichen und sehr zuverlässigen Wetter-Apps eine Warnung gab.

Aber: Never give up. Wird schon!

Ich gebe zu, ein mulmiges Gefühl bleibt.

Track zum Rob Roy Glacier Lookout

Das ändert sich auch nicht am anderen Morgen, als wir von der i-SITE mit dem Shuttlebus zum Rob Roy Glacier Lookout fahren. Die Strecke ist gesäumt mit Dutzenden von abgebrochenen oder sogar entwurzelten Bäumen, von den teils mehrere Meter langen Ästen und Zweigen gar nicht zu reden. Die Räummannschaften leisten Schwerstarbeit und werden selbst bei unserer Rückkehr am frühen Abend noch nicht fertig sein.

Eins ist sicher: Hätten wir nicht durch Zufall oder was auch immer mit unserem kleinen Trecker hinter den schützenden Tannen gestanden, wir wären nicht mit einem einfachen Schrecken und ein paar Unwetterfotos davongekommen. Klar, wir sind nicht im Drei-Sterne-Pauschalurlaub, sondern wir erleben hier vielleicht sogar bis dato die Reise unseres Lebens, da darf mit so etwas durchaus gerechnet werden. Es ist dann aber doch wie mit einer kalten Dusche. Man weiß, dass das eisig ist, das Erschrecken ist dennoch jedes Mal groß. Allerdings ist man danach auch wesentlich wacher und aufmerksamer.

Nach einer knappen Stunde erreichen wir den Rastplatz von Raspberry Creek am westlichen Ende der Mount Aspiring Road im Matukituki Valley, den Ausgangspunkt für die vierstündige Tour zum Gletscher. Die Fahrt kostet pro Person vierzig Neuseelanddollar, ist im Rahmen, natürlich kann man den

Weg auch selbst fahren. Allerdings bestehen die letzten zehn Kilometer aus Schotter und man durchquert einige zumindest für Nicht-Allrad-Wagen recht steil abfallende Flussbetten. Die sind nicht lang, aber bei Regen für Nicht-Kiwi-Südländer nicht passierbar, sodass wir uns für die sichere und damit teurere Variante entschieden haben. Wobei, was heißt hier teurere Variante? Mit einem Mietwagen bist du auf solchen Schotterstraßen grundsätzlich nicht versichert. Mir ist bei sowas in Dänemark mal der Auspuff abgefallen. Seitdem weiß ich auch, dass man warten muss, bevor man den anfasst. Die Reparaturkosten waren nebenbei auch nicht von schlechten Eltern.

Am Startpunkt erwarten uns wieder die obligatorischen Baustellenklos, diesmal gleich acht Stück, ein Zeichen, dass hier zumindest in der Hochsaison einiges los ist.

Das mag auch daran liegen, dass der Weg selbst eher einfach zu begehen ist. Kaum 400 Höhenmeter sind zu bewältigen, das auf einem gut ausgebauten und instand gehaltenen Pfad, der nur hin und wieder durch ein kleines Schotter- oder trockenes Flussbett unterbrochen wird. Zumindest bei dem aktuell immer freundlicher werdenden Wetter sehr idyllisch, folgt der Weg am Anfang dem Matukituki River vorbei an Schafen und Rindern im gleichnamigen Tal, bevor er dann über eine Hängebrücke etwas steiler in das östlich gelegene Rob Roy Valley führt. Der Namensgeber der Gegend soll auch wirklich der schottische Volksheld Rob Roy MacGregor gewesen sein, auch außerhalb Schottlands berühmt geworden durch den gleichnamigen Film mit Liam Neeson. Die ersten europäischen Siedler in den 1870er-Jahren hatten diese Geschichte mitgebracht und wohl in Reminiszenz ans Mutterland der neuen Heimat diesen Namen gegeben. Vielleicht wollten die aber auch nur zeigen, dass mit ihnen nicht gut Kirschen essen ist, wenn doch einmal ein Vertreter der englischen Krone hier auftauchen würde, um über Gebühr Steuern zu verlangen. Wer weiß?

Ich bastle mir eine eigene, selbstverständlich rein subjektive Begründung zusammen. Denn ich finde, dass es hier genauso aussieht wie in Schottland. Und als der dichte Bergwald einen Blick zurück auf das Matukituki Valley freigibt, fühle ich mich sehr an das Tal vor dem schottischen Loch Lomond erinnert, in dessen Uferhöhlen sich der Legende nach Rob Roy vor den Engländern versteckt haben soll. Aber wie gesagt, rein subjektiv.

Heute ist auf dem Weg nicht viel los, sodass Sinja und ich größtenteils allein laufen und wir so ein bisschen unseren Gedanken nachhängen können. Natürlich nicht, ohne immer ein Äuglein für den Weg zu haben. Die kleinste Baumwurzel ist schließlich stärker als der sportlichste Knöchel.

Grob gerechnet sind wir jetzt seit etwas mehr als eineinhalb Monaten auf Tour. Halbzeit. Und Zeit für eine Rückschau. Wir haben bis hierhin unglaublich viel gesehen und erlebt, von der Herausforderung, als Paar auf 4,90 Meter Länge und 1,80 Meter Breite zu leben, mal ganz zu schweigen. Ich muss innerlich grinsen. Hat erst einmal richtig geknallt. Und dann hat Sinja gleich zwei Bilder mehr gemalt, während ich auf einen Berg gestiegen bin. Der Abend war dann super.

Was wir bisher in diesem Land erleben durften, hat unsere Erwartungen übertroffen. Das können wir mit Fug und Recht behaupten. Richtig ist aber auch, dass ganz viel von dem, was wir zu Hause über das Land am anderen Ende der Welt erzählt bekommen haben, für uns nicht stimmt.

„Ihr müsst das sehen!“

„Wenn ich an eurer Stelle wäre …!“

„Da müsst ihr unbedingt hin!“

„Wenn ihr das nicht gemacht habt, habt ihr Neuseeland nicht gesehen!“

Alles Blödsinn, denn wir haben für uns etwas viel Wichtigeres, man kann durchaus sagen, genossen. Wir haben uns, genauso wie wir es wollten, wirklich und wahrhaftig Zeit gelassen. Wir sind dort geblieben, wo es uns gefallen hat, und da weitergezogen, wo es uns eben nicht so gut gefallen hat. Auch wenn wir dadurch vielleicht oder ganz sicher das eine oder andere Highlight nicht gesehen haben. Hat uns aber auch nicht gefehlt. Und so ganz nebenbei ist aus unserer Reise, natürlich auch bedingt durch die tägliche Routine in einem Camper, eine wenn auch zeitlich begrenzte Form des Lebens geworden. Klingt fürchterlich pathetisch, ist aber so. Wir fühlen uns bei dem, was wir gerade tun, sauwohl und mit uns und der Welt im Reinen. Ohne Wenn und Aber. In uns ist eine Ruhe, ja Zufriedenheit eingekehrt, die ich das letzte Mal als kleiner Stöpsel hatte, als ich vom nachmittäglichen Kaffeetisch ein ganzes Tablett mit Berlinern geklaut und die dann in meinem Höhlenversteck im Wald ganz allein und ohne Störung verdrückt habe. Mal ehrlich, wie oft fühlt man das im Alltag?

Aber wie wird der wohl bei unserer Rückkehr sein? Werden wir in den zurückfinden?

Das ist jetzt aber auch typisch! Kaum hat man mal weltbewegende Erkenntnisse formuliert, da denkt man gleich an mögliche negative Folgen. Wir haben noch fast eineinhalb Monate und es liegen noch etliche Reisestunden und -ziele vor uns. Also weg mit schweren Gedanken, man kennt das ja, Glas halb leer, Glas halb voll, und weiter mit dem, was wir hier ohne Einschränkungen tun können. Genießen!

Und das tun wir, als wir oben auf 760 Metern ankommen und sich direkt vor uns die majestätische Wand des Gletschers erhebt.
Gletscher sind in Neuseeland eine besondere Sache. In ihrer Größe und Ausdehnung sind sie meist etwas kleiner als unsere Alpengletschern oder zum Beispiel der isländischen Vatnajökkull, immerhin der größte Gletscher Europas. Vom Tasman Glacier mal abgesehen.
Trotzdem, in den Südalpen Neuseelands sind über 3100 Gletscher mit einer Gesamtfläche gut 1100 Quadratkilometern registriert. Der größte ist eben der Tasman-Gletscher am Aoraki/Mount Cook mit einer Fläche von 95 Quadratkilometern. Nebenbei, unser nächstes Ziel.
Und es gibt hier etwas ganz Besonderes. An der Ostküste der Südinsel fallen der Franz-Josef und der Fox Glacier von über 3000 Metern fast bis auf Meereshöhe ab. Einzigartig in der Welt!
Wobei wir da wirklich Pech mit dem Wetter hatten und dem Regen davongefahren sind. War aber auch nicht so unsere Ecke.

Rob Roy Gletscher

Der Rob Roy Glacier gehört eher zu den mittelgroßen, aber nicht mittelprächtigen Gletschern, denn näher als an ihn kommt man hier eigentlich nicht heran. Außer man gönnt sich eine dieser Gletscher-Touren, bei denen Scharen

von Touris auf das Eis gebracht werden, um ein halbes Stündchen darauf rum zu trampeln. Kann man machen, muss man aber nicht.
Wir legen uns auf die von der Sonne angewärmten Steine und genießen in aller Ruhe den Blick auf die vor uns aufragende eisige Wand.
Links von uns tost der 261 Meter hohe Rob-Roy-Wasserfall (wahrscheinlich gibt‘s hier auch noch ein Rob-Roy-Murmeltier und ein Rob-Roy-Baustellen-klo, wahrscheinlich kommt Rob Roy höchstselbst gleich um die Ecke), rechts von der Wand türmen sich spitz gezackte Felsklippen auf, die ebenfalls mit bläulich schimmerndem Eis überzogen sind. Doch bei aller eisigen Pracht fallen uns auch die Probleme aller, natürlich nicht nur der neuseeländischen Gletscher ins Auge. Die Wand ist durchlöchert wie ein Schweizer Käse. Überall schießen kleine Wasserfälle hervor, die bedingt durch die Klimaerwärmung zu einem Masseverlust des Gletschers führen. Kennen wir ja auch aus Europa. Die Gletscher schrumpfen und nicht zu knapp. Der Tasman-Gletscher verliert 0,1 Kubikkilometer Eismasse pro Jahr. Klingt als Zahl erstmal nicht viel, aber auf ein paar Jahrzehnte gesehen …
Die Aussicht auf diese imposante Wand ist auf den angewärmten Steinen so entspannend, dass wir doch wahrhaftig beide ein kleines bisschen wegdösen. Ich scheine dabei an die Wasserflasche gestoßen zu sein, denn ein leichtes Knallen von Edelstahl auf Stein beendet unser Nickerchen, und das gerade noch rechtzeitig. Ein Blick auf die Uhr macht uns vollends hellwach. Wir haben noch genau eineinhalb Stunden, dann fährt der Shuttlebus zurück nach Wanaka. Und der wartet nicht! Also schnell die Rucksäcke aufgesattelt und ab ins Tal. Deutlich hektischer als vorher, trotzdem passen wir höllisch auf, nicht über eine der besagten Baumwurzeln zu stolpern. Dann erwischt es mich doch fast. Hatten wir wohl beim Aufstieg übersehen. In einer Kurve hat der Regen der letzten Nacht ein kleines Drahtseil, das zwei hölzerne Treppenstücke zusammenhält, freigespült, und ich bleibe mit meinem Wanderstock daran hängen. Wenn das die Kiwi-Oma vom Abel Tasman gesehen hätte. Da hätte ich als Verteidiger der europäischen Wanderstockphilosophie aber ganz schlechte Karten gehabt.
Geht aber alles gut, der Stock wird mir einfach nur aus der Hand gerissen (ich mag die Schlaufen nicht, und wer an denen einmal hängen geblieben ist, weiß auch, warum), bleibt aber Gott sei Dank auf dem Weg liegen. So ein leichter Aufreger hat so seine Vorteile. Immerhin behalten wir jetzt das Wesentliche im Auge. Und das heißt nicht, pünktlich abzufahren. Heile anzukommen!
Kommen wir auch, sogar fünf Minuten vor der Zeit. Das reicht für Sinja, um sich mit einem Kea anzufreunden, der angelockt von Müsliriegeln und

Äpfeln auf uns zu fliegt, elegant landet und dann völlig entspannt auf uns zu watschelt.

Einen knappen halben Meter groß, mit grün schillerndem Ober- und orangefarbenem Unterfederkleid sieht ein Kea ein bisschen aus wie ein Clown, und er benimmt sich auch so. Keas haben grundsätzlich aufgrund ihrer vermeintlichen Niedlichkeit und Schrulligkeit bei den Touristen einen Freifahrtschein. Sie wirken durch ihre Zutraulichkeit und ihren watschelnden Gang wie kleine, leicht naive Schelme, denen man einfach nicht böse sein kann. Dabei haben es Keas faustdick hinter den nicht vorhandenen Ohrmuscheln. Hochintelligent und penetrant neugierig spielen sie ihren Narrenstatus voll und ganz aus. Nichts ist vor ihnen sicher, sei es Zeltplanen, Rucksäcke und schon gar nicht Proviantbeutel. Selbst Gummiabdichtungen von Autoscheiben reißen sie mit ihren säbelartigen Schnäbeln locker auf. Ist fast ein Kea-Volkssport. Natürlich wird überall darauf hingewiesen, sie nicht zu füttern, da sie bei aller Putzigkeit doch sehr empfindliche Mägen haben, nur wird das gerne mal „vergessen". Ist ja auch zu niedlich, wenn die lebende Federausgabe eines Kuscheltiers einem das Futter aus der Hand pickt.
Den gemeinen zweibeinigen Kiwi verbindet mit den neuseeländischen Bergpapageien so eine Art Hassliebe. Natürlich ist auch er eines der Wahrzeichen Neuseelands, insbesondere der Gebirgsregionen der Südinsel, aber auch nicht ungefährlich für Schafe, ebenfalls einem Wahrzeichen, und ein sehr wohlschmeckendes. Das wissen auch die Keas.
William, ein Wanderer, der heute Morgen mit uns im Bus gesessen hatte, erzählt uns, dass Keas sich zu Gruppen mit einem Anführer formieren und richtige Überfälle auf Schafherden verüben. Denn die wissen sich nicht zu wehren und blöken nur, wenn sich so ein fliegender Eulenspiegel in ihren Rücken krallt. Sich auf den Boden zu wälzen, darauf ist wohl noch keiner dieser Wollspender gekommen. Die Antwort auf meine Frage, wie die Kiwis denn ihre Schafe vor den Keas schützen, haut uns vom Hocker.
„We shoot the leader! This is the most intelligent one. Without him they don't know, what to do. Good idea, eh?"
Na, da bin ich aber froh, dass ich kein Kea bin. Und ich nehme mir fest vor, jedes Mal, wenn ich in der Nähe von Schafen wandere, einen Extrablick für aufgebrachte Farmer zu haben. Ich habe schließlich auch einen grünen Pulli. Nicht, dass es da zu ungewollten Verwechslungen kommt.
Unser Kea versucht natürlich auch bei Sinja sein Glück, die hat gerade einen Apfel in der Hand. Da kommt er aber an die Falsche. Meine Frau hat mehrere

Nichten und Neffen, die auch ständig was wollen. Von denen könnte selbst so ein Kea noch was lernen.

Bevor wir aber doch noch weich werden, geht es in den Bus und ab nach Hause, denn die fehlende fünfköpfige australische Familie ist doch noch mehr oder weniger pünktlich aufgetaucht, also sind wir vollzählig. Die Stimmung ist bei denen aber nicht ganz so gut. Töchterchen eins und zwei sind mitten in der Pubertät und haben naturgemäß an allem etwas auszusetzen, ganz besonders an Wanderungen mit der Familie, zeitlich begrenztem Smartphone-Verbot und einer schaukeligen Rückfahrt mit einem Bus, dessen Federung schon vor Jahren den Kampf gegen die Schotterpiste verloren hat. Unser Busfahrer weiß da Rat. So verzweifelt und hilflos wie Väterchen Australia im Angesicht seiner vier Frauen schaut, rührt das die neuseeländische Hilfsbereitschaft, selbst gegenüber Aussies

Auf der Hinfahrt waren wir bei einem dieser trockenen Flussbetten an einem kleinen Anhänger vorbeigekommen, aus dem heraus eine junge Frau die laut unserem Fahrer „best selfmade fruit ice cream ever“ verkauft. Und da gegen Nörgelei und miese Laune, Lagerkoller und Zickerei nichts so gut hilft wie ein frischgezapftes Eis, halten wir da direkt mal an.

Das Eis ist auch wirklich gut, sogar sehr gut. Und ganz nebenbei erleben wir live und in Farbe, warum geraten wird, es nicht selbst mit der Strecke aufzunehmen.

Wir sitzen schon wieder im Bus und fahren weiter, als uns ein recht betagter Toyota-Kastenwagen entgegenkommt. Sieht aus wie einer dieser Uralt-Camper, die hier für mehr oder weniger günstiges Geld an Backpacker vertickt werden.

Da ich ganz hinten sitze, habe ich eine prima Rückschau. Der Fahrer scheint in sein Gefährt sehr großes Vertrauen zu setzen, vielleicht überschätzt er sich auch ganz einfach. Er brettert in die Senke, selbst im Bus hörte ich es gewaltig knacken, und der Auspuff bleibt liegen. Der Camper schlingert weiter, hält dann aber an. Kenne ich, wie gesagt, Dänemark, verbrannte Pfoten und so weiter.

Der Fahrer steigt aus, ihm ist nichts passiert, seine Laune dürfte aber im Keller sein. Ob da ein Eis hilft?

Gegen fünf kommen wir wieder bei der i-SITE in Wanaka an. Und wir haben massiven Hunger. Äpfel, Müsliriegel und Eis sind sicher für Leib und Seele nahrhaft, aber jetzt steht uns der Sinn nach etwas Handfestem, in das hungrige Zähne geschlagen werden können. Allerdings ist es noch eine gute Viertelstunde zum Campingplatz und dann noch kochen …

William empfiehlt uns das „Big Fig". Ja, ich weiß, ist spätpubertär und gar nicht witzig, doch so, wie er es ausspricht, muss ich blöde grinsen, dafür hat er aber Verständnis. „Big Fig" heißt ja eigentlich nur „große Feige", der Name sei aber gerade bei deutschen Touris der Renner. Da sind wir nicht die ersten. Na schau, trotzdem stößt Sinja mich an. „Benimm dich!" Tue ich auch, denn das Essen im „Big Fig" ist richtig lecker und vor allen Dingen mehr als reichhaltig. Das Prinzip ist einfach, aber genial. Man kann je nach Hungergefühl zwischen drei verschiedenen Tellergrößen wählen und die dann vollpacken lassen. Und bezahlbar ist es auch.

Wanaka und seine Umgebung, woran auch das „Big Fig" nicht ganz unschuldig ist, schließen wir so ins Herz, dass wir den Aufenthalt auf eine Woche ausdehnen und gammeln, bummeln, baden und Kajak fahren. Sinja hat vom Wandern erstmal genug, mich zieht es noch einen Tag auf den Roys Peak, einen 1578 Meter hohen Gipfel. Eine elende Quälerei den Berg hoch, die aber mit einem fantastischen Ausblick über Teile des Nationalparks und des Wanaka Lake belohnt wird. Brauche ich aber ehrlich gesagt kein zweites Mal. Der Muskelkater am traditionell gefürchteten Tag danach war mörderisch. Trotz Wanderstöcke.

Hoch zum Roys Peak, Blick auf den Lake Wanaka

Aoraki/Mount Cook - höher wird´s nicht

Ein bisschen seltsam ist es schon, wenn ein Berg nach einem Seefahrer benannt wird, noch dazu der höchste Berg eines Landes.
Denn mit 3724 Metern liegt der Mount Cook ungeschlagen an der einsamen Spitze. Die Nummer zwei, der Mount Tasman, liegt mit seinen 3498 Metern deutlich darunter. Beide gehören zum Aoraki/Mount Cook National Park, der mit seinen über 700 Quadratkilometern und rund 20 Gipfeln mit über 3000 Metern Höhe das Bergsteigerzentrum Neuseelands bildet.
Doch lange bevor der gute James Cook auch nur einen Fuß ins Land der langen weißen Wolke gesetzt hatte, wurde der Berg schon von den Maori als Heiligtum oder heiliger Ort verehrt. Ihren Legenden nach hatte der Himmelsvater Rakinui vier Söhne, einer mit Namen Aoraki. Die vier kenterten bei einer Seereise (scheint ein beliebtes Motiv zu sein) und wurden beim Versuch, wieder ins Kanu einzusteigen, vom eisigen Wind in Felsen verwandelt. Ist ja auch nicht einfach. Von da an schauten sie als höchste Gipfel auf Neuseeland nieder. Dementsprechend war die natürlich britisch orientierte Namensgebung von 1851 nicht unumstritten. Später konnte man sich aber einigen und heute heißt der Berg ganz offiziell „Aoraki/Mount Cook". Kann man mit leben, finde ich. In der Hochsprache der Maori wird der Berg übrigens „Durchbohrer der Wolken“ genannt.
Natürlich liegt der auf unserer Reisewunschliste, denn mal ehrlich, als begeisterte Wanderer, zumindest wenn das Wetter gut und das Gepäck leicht ist, wollen wir uns den Anblick des höchsten Gipfels Neuseelands nicht entgehen lassen. Nur scheinen die Lieben daheim unsere Pläne da etwas missverstanden zu haben. Dank moderner Handy-Kommunikation alle zwei Wochen auf dem Laufenden, gibt uns meine Mutter doch allen Ernstes den Ratschlag, aber ja nicht den Gipfel zu besteigen. Manchmal kämen wir ja auf solche Ideen. Hä? Freut mich aber irgendwie, dass sie uns das zutraut. Wo doch bei uns in der Ecke der Westerberg mit sagenhaften 188,7 Metern das Maß aller alpinen Dinge ist.
Die Fahrt dahin ist höchst unerfreulich.
Von Wanaka aus fahren wir eine der New Zealands Scenic Drives, eine Route in nördlicher Richtung durch „Merinoland“, worauf wir durch überdimensionale Werbeschilder aufmerksam gemacht werden. Und auf die Möglichkeit des wolltechnischen Konsums. In der Tat passieren wir Schafherden noch und nöcher. Bei uns in good old Europe ist Merinowolle für Trekking-Kleidung ja mittlerweile der letzte Schrei. Hier gibt es aber so viele Schafe, dass man den

gesamten Planeten inklusive der einen oder anderen Nachbargalaxie mit Klamotten ausstatten könnte. Unglaublich!
Mehr oder weniger geteilt wird die Strecke durch den 971 Meter hohen Lindis Pass, der dann ins Mackenzie-Becken hinunterführt. Unser Gefährt hat wahrlich Mühe, die Steigungen auf der engen und kurvenreichen Straße zu bewältigen, und ich kann die Fahrer hinter uns sehr gut verstehen, wenn der eine oder andere doch mal seine Hupe betätigt. Diesmal sicher nicht, um sich zu bedanken, denn es gibt kaum Platz, mal eben rechts beziehungsweise links ran zu fahren. Das sind dann die Situationen, wenn man heile froh ist, urplötzlich ein XXL-Wohnmobil vor sich zu haben, das noch langsamer den Berg hochkommt. Seht ihr, der da ist die Schnecke! Liegt nicht an uns! Dummerweise kommt da heute keiner. Vielleicht waren die auch einfach mal schlauer als wir und haben in die Wetter-Apps geschaut, denn als wir vom Pass ins Becken fahren, gibt uns der Wind die volle Breitseite. Ich habe echte Mühe, auf der Straße zu bleiben. Und es wird nicht besser! Die Straße führt schnurstracks geradeaus und die stetig stärker werdenden Böen brettern ohne Gnade auf unsere linke Seite. Das Gegenlenken erfordert volle Kraft und Aufmerksamkeit. Nicht nur einmal bin ich kurz davor, einfach auf irgendeinen Viehweg abzuzweigen und das Ganze auszusitzen. Ist aber fraglich, ob das Gebläse in absehbarer Zeit aufhört.
Sinja bekommt davon nichts mit, sie hat heute Mittag beim Start beschlossen, noch ein zweites Nickerchen zu machen, und das gelingt ihr vorzüglich. Besonders, da es trotz stürmischen Windes draußen immer noch über dreißig Grad ist, im Auto dementsprechend. Ganz ehrlich, solch ein extremes Wetter wie in Neuseeland habe ich noch nie erlebt. Und wir sind schon mal um Island herumgefahren.
Irgendwann, gefühlt nach einer Ewigkeit, biegen wir ein in Richtung Lake Pukaki, von dessen Westufer man den ersten Blick auf den Mount Cook erhaschen kann. Das Wasser des aufgewühlten Sees leuchtet ähnlich türkis wie im Abel Tasman und am Ende erhebt sich strahlend in der Sonne der höchste Berg Neuseelands, dessen schneebedeckter Gipfel nur ganz leicht umweht ist von ein paar Wölkchen, die aussehen wie auf ein Zuckerkuchenhaus geklebt. Bilderbuch.
Doch lange genießen wir den Ausblick nicht, denn der Wind hat sich nicht wirklich beruhigt und so langsam sinken auch die Temperaturen. Also ab zum Glentanner Holiday Park. Der liegt zwar gute fünfzehn Kilometer vor unserem eigentlichen Ziel, hat aber Strom. In Mount Cook Village selbst gibt es nur die DOC-Plätze für Self-Contained-Wagen. Nichts für uns.

Viel ist nicht los und wir bekommen einen sehr guten Stellplatz mit Blick auf den See und die hohen Gipfel des Nationalparks gleichermaßen. Und der Wind hält auch die Sandflies fern. Hat doch auch sein Gutes.
Sinja ist allerdings ein bisschen geknickt. Natürlich sind wir hierher gefahren, weil uns Wanderwege bis in alpine Bereiche locken, doch das ist nicht das einzige Außergewöhnliche an dieser Ecke. Sowohl hier als auch am Nachbarsee, dem Lake Tekapo, befindet man sich im „Dark Sky Reserve“, also einer Landschaft, die so gut wie keine Lichtverschmutzung durch Straßenlaternen, Besiedlungen, Flughäfen und Ähnlichem hat. Kurz gesagt, hier ist es nachts dunkel wie in einem Katzenhintern. Weltweit einer der, wenn nicht sogar der berühmteste Ort, um einen Blick auf das All, die Sterne und die Milchstraße zu werfen.
Am berühmten Mount John Observatorium kann man geführte „Sterngucker-Touren“ buchen, selbstredend nur des Nachts. Wir rufen auch direkt vom Campingplatz aus an, und es sind wirklich noch zwei Plätze für die Mitternachtstour frei. Doch bevor die große Freude aufkommt, holt uns die bemühte Damenstimme am anderen Ende der Leitung brutal in die Wirklichkeit zurück. Wirklich viel sehen würden wir aber nicht, zumindest nicht ein klares Bild der Milchstraße.
Verdammt, in vier Tagen ist Vollmond, das hatten wir bei unserem Bummeln der letzten Woche nicht bedacht. Der aktuelle Mond strahlt schon so stark, dass ein ungetrübter Blick in den Himmel nicht möglich ist. Da stellt sich die Frage, ob sich der Preis von 170 Dollar pro Person lohnt.
Tut er nicht, und Sinja sitzt nach dem Telefonat da wie ein Häufchen Elend. Seit sie in der Vorbereitung für unsere Reise eine Dokumentation über das Dark Sky Reserve gesehen hatte, war es ein Herzenswunsch, mal einen klaren und scharfen Blick auf unsere Galaxie zu werfen. Und bei allem Zeitluxus würden wir es nicht mehr schaffen, vor der Abreise von Christchurch aus passend zum Neumond noch einmal hier aufzuschlagen. Zumindest nicht, ohne in Hektik zu verfallen. Und das weist sie tapfer von sich. Ich fühle mich als Ehemann gerade völlig hilflos, wie sie so dasitzt, und kann nicht mehr tun, als sie fest in den Arm zu nehmen. Scheiße! Kann man nicht anders sagen. Einfach scheiße!
Trotzdem stehen wir gegen Mitternacht auf und gehen vor die Campertür.
Der fast volle Mond strahlt wie eine gigantische Silberscheibe garniert mit dem Leuchten von Millionen von Himmelskörpern auf uns nieder, und schon das ist ein unvergesslicher Anblick, wenn auch kein Ersatz. Aber wenn meine Frau und ich eine gute Eigenschaft besitzen, dann die, aus der Situation das Beste zu

machen. Leicht gequält zwar, aber immerhin, lächelt Sinja mich an und lehnt ihren Kopf an meine Schulter. So etwas würden wir zu Hause nicht betrachten können.
„Ist schön, oder?“ Wo sie Recht hat, hat sie Recht.

Am Morgen zeigt sich der Nationalpark von seiner rauen Seite.
Sturmböen haben seit den frühen Morgenstunden unser rollendes Zuhause wackeln lassen wie den sprichwörtlichen Lämmerschwanz. Passt ja auch zur Region. Die Sorge ist groß, dass unser Dach Besuch von abgebrochenen Ästen und Zweigen bekommt, aber Wanaka hat uns gelehrt, dass ein Platz nahe dem Gehölz, wenn es denn stabil ist, nicht die schlechteste Wahl darstellt. Wir entscheiden mal, dass die Bäume hinter uns vertrauenerweckend aussehen, und hinterfragen das vorsichtshalber nicht. Die restlichen Plätze sind auch nicht geschützter. Der Weg zur Dusche und zur Küche gleicht einem Deichgang bei Windstärke acht an der Nordsee, die Gipfel nördlich von uns sind im Nebel und Nieselregen nicht im Ansatz zu sehen. Alles ist eine dicke, graue Suppe. Für heute hat sich ein Besuch von Mount Cook Village und eine mögliche Tour erledigt. Da ist noch nicht mal ansatzweise dran zu denken. Also denken wir pragmatisch, lassen das Bett gebaut und nehmen dort auch unser Frühstück ein, recht zügig gefolgt von Mittag- und Abendessen. Die freie Zeit dazwischen überbrücken wir mit lesen, dösen, weiterlesen, weiterdösen, selbstverständlich tief in unsere Schlafsäcke eingemummelt, denn es ist empfindlich abgekühlt. Knapp zwölf Grad. Ist halt Neuseeland. Gestern hatten wir uns noch unter Hüten und Sonnenbrillen versteckt.
Tags darauf starten wir einen zweiten Versuch, auch wenn das Wetter sich nicht wirklich gebessert hat. Nur der Wind hat etwas nachgelassen, sodass wir es wagen, mit unserem Trecker die fünfzehn Kilometer nach Mount Cook Village zu fahren. Doch beim Einbiegen von der Campsite auf die Straße weht es uns dann doch noch fast von der selbigen, und ich frage mich, ob ich einfach zu doof bin, einen Kastenwagen zu lenken! Für die fünfzehn Kilometer brauchen wir fast eine halbe Stunde. Teilweise kann ich nur dreißig fahren, weil ich sonst keine Kontrolle über das Fahrzeug hätte.
Leicht genervt erreichen wir Mount Cook Village, Ausgangspunkt für Berg- und Wandertouren im gleichnamigen Nationalpark.
„Village“ passt ganz gut, denn das Dörfchen besteht im Grunde nur aus Unterkünften aller Arten und Preisklassen. Es erinnert sehr an die Alpendörfer im Sommer, dann, wenn der Skizirkus Pause hat und die Orte ein bisschen so aussehen wie ein Fisch auf dem Trockenen. Kaum zweihundert Menschen leben

hier, und die dürfen hier auch nur sein, wenn im Village oder Nationalpark eine Arbeit nachgewiesen werden kann. Gehst du in Rente, musst du raus!
Auch heute ist nicht wirklich das beste Wetter für eine ordentliche Wanderung. Was macht man in diesem Fall – man geht zur i-SITE, und wenn es ausnahmsweise mal keine gibt, dann eben zum DOC-Büro, das auch praktischerweise das Visitor Centre ist.
Das holt uns allerdings gleich mal aus unseren, in diesem Fall meinen Wanderträumen.
Direkt vom Örtchen aus startet die Tour zur Mueller Hut, ein steiler Weg von gut 1000 Höhenmetern auf 1780 Meter, der anfangs mit circa 2000 Holzstufen aufwartet (so genau hat das wohl keiner nachgezählt), bevor es dann ins alpine, weglose Geröll geht. Unser Wanderführer verspricht sogar leichte „Blockkletterei". Alles in allem mit Rückweg sechs Stunden. Scheitelpunkt der Wanderung ist die Mueller-Hütte, auf der man bei frühzeitigen Vorbuchungen sehr einfach übernachten kann. Der Sonnenaufgang gilt als legendär. Das interessiert mich jetzt eher weniger, schon allein, weil Sinja vom Wandern gerade genug hat und den Tag bei Milchkaffee und Malerei in einer noch zu eruierenden Lokalität verbringen will. Für einen eher auf Strecke denn auf Höhe ausgelegten Flachlandtiroler wie mich bietet diese Tour die Möglichkeit, nur mit Schweiß und Kraft, aber ohne großartige Organisation oder Planung, einfach mal etwas alpine Luft zu schnuppern und einen Blick in die Gletscherwelt der neuseeländischen Südalpen zu werfen.
Nach einem Blick auf die ausgestellten Windstärken und einer kurzen Beratung steht jedoch fest: Kraxelei fällt aus, und das für die nächsten paar Tage. Und wäre ich doch noch versucht gewesen, alle guten Ratschläge in den über Gebühr vorhandenen Wind zu schießen, so hätte mich spätestens der Anblick eines bayrischen Alpenfreundes ernüchtert, der kurz vor dem physischen wie psychischen Zusammenbruch in die Halle taumelt und ruft: „Sackzement, des prasselt wie Sau!"
Er sei „auffi" gewesen, da hätte es ihn von den Füßen geholt und er habe sich direkt wieder an den Abstieg gemacht, der sei bei der immer stärker werdenden Nässe aber auch nicht zu verachten gewesen.
Na, wenn so ein bayrisches Alpenurgestein da schon die Wanderstöcke niederlegt, dann sollte ich das wohl nicht wirklich probieren.
Spaß beiseite, natürlich bin ich enttäuscht, und wie. Aber man mag es mir glauben oder auch nicht, ich bin auch etwas erleichtert. Es hätte sich nicht richtig angefühlt, wenn Sinja auf einen Herzenswunsch verzichten müsste (und auch wenn sie es nicht zeigt, ich weiß selbstredend, dass sie der Milchstraße noch

hinterhertrauert) und ich dann locker flockig schön ins Gebirge gestiefelt wäre und mir damit ein kleines Träumchen erfüllt hätte. Klar, meine Frau hätte es mir gegönnt, und zwar von Herzen, schon allein, weil das Alpine Crossing auf der Nordinsel ja auch ausgefallen ist. Trotzdem, irgendwie ist es so besser. Und auch nicht so anstrengend.

Aber da wir schon mal hier sind, können wir uns auch genauso gut weiterbilden, denn das DOC-Büro bietet einiges zu Geschichte und Sehenswürdigkeiten von Ort und Park.

Der erste dokumentierte Versuch, den höchsten Berg Neuseelands zu besteigen scheiterte 1882. 1895 erklommen dann aber die Neuseeländer Fyfe, Clarke und Graham den Gipfel und machten sich selbst ausgerechnet am Weihnachtstag das wohl schönste Geschenk. Interessant finden wir vor allem das Jahr 1910. Am 3. Dezember bezwang die erste Frau den Berg, Freda Du Faur, ihres Zeichens die wohl führende Bergsteigerin der damaligen Zeit und nebenbei Australierin. Wer die, nennen wir es mal, Hassliebe der Kiwis zu den Aussies und umgekehrt kennt, wird sich eines leichten Schmunzelns nicht erwehren können.

Der Park selbst wurde 1953 gegründet und gehört seit 1990 zum Weltnaturerbe der UNESCO. Ist jetzt nun nicht Neues und bei der Natur in diesem Lande nur zu gut zu verstehen. Gilt ja auch für andere Nationalparks. Interessant für uns ist, dass der erste Mensch auf dem Mount Everest hier für die besagte Expedition trainiert hat, die bekanntermaßen 1953 mit der Erstbesteigung des höchsten Gipfels der Erde zusammen mit dem Sherpa Tenzing Norgay endete. Fünf Jahre vorher hatte Sir Edmund Hillary den Mount Cook bestiegen.

Das Örtchen selbst hat zum „bekanntesten Neuseeländer, der jemals gelebt hat“, so die ehemalige neuseeländische Premierministerin Helen Clark, eine besondere Beziehung, postuliert im Sir Edmund Hillary Alpine Centre, einem interaktiven Museum zur Region, eröffnet im Jahre 2008, am 9. Januar. Wie das Leben so spielt, zwei Tage vor dem Tod des Bergsteigers.

Natürlich sehen wir auch Fotos des Berghelden, meist zusammen mit Tenzing Norgay. Ich hatte mich vor Jahren, warum auch immer, für Bergabenteuer interessiert. War eine dieser Wellen, wo die Besteigung jedes Maulwurfhügels in Büchern und Filmen preisträchtig vermarktet wurde. Ich gebe zu, einige dieser Platzhalter stehen auch bei uns im Regal. Da kommt man am neuseeländischen Volkshelden natürlich nicht vorbei. Irgendwie war der mir, sofern man das von außen überhaupt feststellen kann, sympathisch, obwohl (oder vielleicht gerade deswegen) er sich doch des Öfteren im Ton vergriffen haben

soll. So geißelte er den stärker aufkommenden Bergtourismus am Everest als reinen Kommerz und äußerte sich auch dementsprechend, dass wirklich jeder meint, da mal drauf gewesen sein zu müssen. So als „must have" des modernen Sesselabenteurers. Kann ja nichts passieren.
Ein Zitat zur Everest-Besteigung von ihm ist mir in Erinnerung geblieben und hat mich tief beeindruckt.
1924 hatten es schon einmal zwei Briten versucht, George Mallory und Andrew Irvine, diese blieben aber verschollen. Natürlich geisterten noch Jahre später Gerüchte über eine frühere mögliche Erstbesteigung durch die Welt.
Darauf angesprochen soll Hillary sinngemäß gesagt haben, dass es nicht darauf ankomme, als Erster oben zu sein, sondern lebendig wieder nach unten zu gelangen. Nach fast zwei Reisemonaten und mannigfaltigen Begegnungen erscheint mir diese Aussage möglicherweise sogar typisch für das Land am Ende der Welt. Rumhupen nützt nichts. Wie es ausgeht, das ist wichtig.

Unser Besuch im Museum ist zugegebenermaßen kurz, ist ja auch nicht so weitläufig, denn uns drückt ein deutlich profaneres Problem. Wir haben Hunger. Und da kommt die über dem Museum gelegene Cafeteria des Hermitage Hotels doch gerade recht. Natürlich ist das jetzt nicht die Lokalität, die wir uns gewünscht haben, Sinja hätte eher ein nettes, kleines, beschauliches Café vorgezogen. Das gibt es hier auch, kurz hinter dem DOC-Büro. Das ist auch nett und klein. Nur ganz sicher nicht beschaulich, denn es ist bei diesem Wetter so überfüllt, dass wir nach dem Öffnen der Tür und einem leicht vernebelten Blick durch die akut beschlagene Brille direkt wieder abdrehen. Es scheint, als ob es uns die Ecke hier nicht wirklich leicht machen will, was so die Einhaltung von Wünschen und Absichten betrifft. Ist wie auf einer Bergtour. Der Mensch macht Pläne und das Wetter lacht.
Nebenbei, mir gefällt unsere Versorgungsstation B, für mich versprühen Cafeterias und Kantinen immer so einen leicht herben Charme, wie ein alter Diesel. Du weißt, dass der was kann, aber ob er dann auch wirklich anspringt?
Hier springt der Diesel an, heißt, das Essen und vor allen Dingen der Kaffee sind heiß und lecker, da tritt doch bei diesem Sauwetter zumindest ein leichter Urlaubsfaktor ein.
Die Neugier treibt mich dann noch ins Hermitage Hotel, das bequemerweise auch die Post beherbergt. Im Rucksack haben wir zwei Dutzend Karten, von denen einige schon seit gut einem Monat auf die Verschickung warten. Meine Arbeitskollegen hatten mir extra „Kartengeld" überreicht, damit ich sie postalisch auf dem Laufenden halten kann; nebenbei so viel, dass ich ein eigenes

Post-Büro hätte aufmachen können. An dieser Stelle mal ein großes Dankeschön an euch! Ich fand das großartig und hoffe, unsere Grüße vom anderen Ende der Welt haben euch hier und da erheitert.
Das Hotel aus dem Jahr 1884 gilt als erstes Gebäude von Mount Cook Village und beherrscht mit seiner hohen Lage und auch Größe das Örtchen bis heute. Ein Blick in die mondäne Eingangshalle zeigt, dass wir hier niemals wohnen werden, auch wenn es sicher ein Erlebnis wäre. Ich traue mich gar nicht nachzufragen, was den eine Nacht im Doppelzimmer hier so kostet. Dafür würden wir wahrscheinlich wochenlang auf einer Campsite unterkommen. Sieht aber echt chic aus.
Am frühen Abend fahren wir zurück zum deutlich günstigeren Campingplatz. Das Wetter hat sich nicht verbessert. Also machen wir die Planung des morgigen Tages von selbigem abhängig. Denn auch wenn wir hier unsere Pläne erst einmal über den Haufen werfen konnten, wir sind ja flexibel und können machen, was wir wollen. Ha! Natürlich soweit es das Wetter zulässt.

Das lässt am noch immer trüben Morgen wenigstens einen Blick auf die nebelverhangene Bergwelt nördlich von uns zu, also entscheiden wir, es noch einmal mit einer Wanderung zu versuchen. Nicht in die Höhe, soweit reicht das meteorologische Entgegenkommen dann doch nicht. Aber es gibt vom Parkplatz eines der DOC-Stellplätze aus eine knapp vierstündige Tour hin und zurück zum auf 870 Meter gelegenen Hooker Lake, von dem man einen fantastischen Blick auf den Mount Cook haben soll. Ausgebaute Wege und vielleicht hundert Höhenmeter lassen jetzt nicht unbedingt alpines Abenteuer-Feeling aufkommen, aber man muss ja mit dem zufrieden sein, was möglich ist. Noch einen Gammeltag im Camper wäre der Entspannung eindeutig zu viel.
Die Idee hatten auch ein paar andere. Es scheint, als ob sich die Besuchermassen des Cafés von gestern heute hier zum kollektiven Volkswandertag versammelt haben, und damit es schön kuschelig auf dem Weg ist, auch gleich den kompletten Anhang mitgebracht.
Aber gut, man kann darüber meckern, dass es voll von Touristen ist, sollte dabei aber auch bedenken, dass man durch seine Anwesenheit auch selbst dazu beiträgt. Hat mich schon als Kind verwirrt, wenn eine meiner Tanten nach dem klassischen Nordseeurlaub nörgelte, da sei viel zu viel los gewesen. Überall Touristen. Meine kindlich naive Frage, was sie denn dann sei, weil Tourist sei sie ja nicht, sonst würden sie ja über sich selbst meckern, wurde dann grundsätzlich ignoriert.

Wir reihen uns in die Schlange der Wanderfreudigen ein und pilgern auf dem gut ausgebauten Weg zum Berg.

Auf dem Hooker Valley Track

Die Tour ist wirklich kein Abenteuer, bietet aber Möglichkeiten zu, sagen wir mal, wanderphilosophischen Betrachtungen. Sinja und ich spielen Nationalitäten-Raten. Nach dem Motto, zeig mir deine Ausrüstung und ich sage dir, wo du herkommst. Träger von Wanderstöcken kommen hier grundsätzlich aus Europa, und gerade die Deutschen sind selbst bei so einem Spaziergang ausgerüstet wie für eine Hillary-Expedition. Ich mache da leider nicht unbedingt eine Ausnahme, aber mein 55-Liter-Tourenrucksack liegt halt verdammt gut auf der Hüfte. Auch wenn heute bis auf Wasser und Müsliriegel nichts drin ist. Den Rest inklusive Regenhose haben wir an. Der Wind pfeift immer noch erbärmlich. Holländer sehen beim Wandern da etwas entspannter aus, Amerikaner, haben wir festgestellt, überzeugen durch vielfältige, meist auffällige Kopfbedeckungen. Die Asiaten hatten unseren vollen Respekt. Mit Designer-Kleidern, Turnschlappen und gerne auch mal Stöckelschuhen wird dieser Weg doch noch zum alpinen Abenteuer.

Natürlich sind unsere Beobachtungen und Indikatoren rein subjektiv und durch nichts zu belegen, trotzdem landen wir den einen oder anderen Treffer. Wobei das nicht immer ganz einfach ist, da, wenn man seinen Tipp abgegeben hat, natürlich nur durch die Sprache, sofern man die denn kennt, zu erkennen ist, ob man richtig liegt. Da schaut das Schweizer Pärchen vor uns doch leicht irritiert, als ich auf einmal bei einer Trinkpause dicht hinter ihm knie, um meine Stiefel neu zu schnüren. Nebenbei, Punkt für mich, unverkennbar Schwyzerdütsch.

Trotz der Besuchermassen und der Einfachheit der Wegstrecke ist die Natur um uns herum mal wieder gigantisch.

Wir wandern an riesigen Felsmassiven entlang, überqueren von Gletschern gespeiste reißende Flüsse über ewig lange Hängebrücken und können eine Lawine, die weit über uns im Gestein abgeht, beobachten. Schwer zu sagen, was mehr beeindruckt, die abgehenden Schnee- und Geröllmassen oder der Donner, der noch sekundenlang durch die harsche Bergwelt hallt. Es mag bei Sonnenschein und angenehmen Temperaturen eine Genusswanderung sein, heute allerdings ist das Wetter kalt, windig, diesig mit einer Wolkendecke, die nur vereinzelt die Sonne durchscheinen lässt. Die gleichermaßen imposante und ungemütliche Umgebung wirkt auf uns fast bedrohlich. Das ändert sich auch nicht, als wir das Südufer des Hooker Lake erreichen und wirklich einen klaren Blick auf den Mount Cook werfen können. Näher werden wir heute nicht an ihn herankommen. Das scheint der Berg heute auch nicht zu wollen. Gewaltig, fest, unverrückbar steht er vor uns. Durch das Fernglas sehe

Gletscherwasser

ich weiße Schleier, die von dem mit Schneefeldern bedeckten Gipfel geweht werden und erahnen lassen, welche stürmische Gewalten da oben toben. Ein gänzlich anderes Bild als der Zuckerberg bei der Anreise.
Der See vor uns wirkt ebenfalls alles andere als einladend. Das graue Wasser scheint Kälte auszustrahlen, dazu passen auch die meterhohen Blöcke aus Gletschereis, die für das fantasievolle Auge mythisch anmutende Figuren bilden. Einer dieser Klötze erinnert uns an die sagenhafte Sphinx. Das karge Geröllufer lädt auch nicht gerade zum längeren Verweilen ein, also machen wir uns nach einer kurzen Müsliriegel-Pause wieder auf den Rückweg, der jetzt deutlich weniger frequentiert ist; ein großer Teil der Wanderer ist am Stocking Stream Shelter, ungefähr zwanzig Minuten vor dem Hooker Lake, nach einem Blick auf den höchsten Berg des Landes wieder umgekehrt.
Kurz vor dem Parkplatz biegen wir auf einen seitlich vom Weg gelegenen Hügel ab.
Das aus grauem Gestein bestehende Alpine Memorial für die fast 240 im Nationalpark tödlich verunglückten Bergsteiger versinnbildlicht in seiner rauen und kargen Struktur die Unberechenbarkeit und Gefährlichkeit dieser alpinen Region, was man im Angesicht von touristischer Erschließung und einer modernen Infrastruktur für die Besucher aus aller Welt gerne mal vergisst. Wir bilden da keine Ausnahme. Auf den Sockel unter der den Berg symbolisierenden Pyramide haben Wanderer Steine zum Zeichen der Anteilnahme gelegt. Auch wenn wir die Geschichten und die sich dahinter verbergenden Schicksale nicht kennen, wir sind berührt und verweilen einen kleinen Augenblick. Gerade heute in diesem düsteren Licht und dem immer noch peitschenden Wind wirkt das Monument wie ein Mahnmal.

Am anderen Morgen beschließen wir dann, den Aoraki/Mount Cook und den Nationalpark zu verlassen, um mit einem kleinen Stopp in Wanaka, der sicherlich wieder länger ausfallen wird, Richtung Süden nach Queenstown und dann ins Fjordland zu fahren. Der Tasman-Gletscher, mit seinen 29 Kilometern immerhin der längste Gletscher Neuseelands, wäre noch ein lohnendes Ziel, aber wir haben gerade keine Lust mehr auf Kälte, stürmischen Wind und Nässe. Gott sei Dank sind Sinja und ich uns da einig.
Natürlich kommen wir nicht direkt weg vom Fleck, wäre ja auch zu schön gewesen. Zwar müssen wir um zehn runter vom Platz (Nebenbei, das könnten die Kiwis mal von den Europäern lernen! Wer wirft denn seine Gäste praktisch zu nachtschlafender Zeit vom Campingplatz! Elf ist ja schon grenzwertig, aber zehn!?), doch an der Rezeption gibt es ein kleines schnuckeliges Café,

das neben einem wunderbaren heißen Kaffee sagenhafte Pastrami-Sandwiches verkauft. Und ich bin ein schwacher Geist. Trotzdem müssen wir davon mal so langsam runterkommen. In den letzten zwei Wochen waren wir schon sehr häufig „auswärtig“, und das bekommt der Reisekasse nicht. Für ein Eis zum Abschluss reicht es aber doch noch.

Sinja will im angrenzenden Shop noch ein paar Ansichtskarten kaufen, da werden wir von dem Mädchen an der Kasse auf Deutsch „angeschnackt“.

Carla kommt aus Kiel und hat nach dem Abitur entschieden, ein Jahr Work and Travel in Neuseeland zu machen. Uns hat sie unschwer an unserem Akzent als Nordwest-Deutsche identifiziert und freut sich, mal ein paar Takte aus der kalten Heimat zu hören. Die wird sie allerdings bald selbst wiedersehen, denn in drei Wochen geht es zurück nach Germany, und da freut sie sich gar nicht drauf. Auch sie ist vom Neuseeland-Virus infiziert. Genau wie wir genießt sie die Natur, die Ruhe, die Weite und vor allen Dingen die deutlich langsamer gehenden neuseeländischen Uhren im Vergleich zu Europa. Und sie hat das ja gleich ein ganzes Jahr erleben dürfen. Wie muss da der Kulturschock sein, wenn man zu Hause wieder aufschlägt? Dem Bus- oder Bahnfahrer wird da ganz sicherlich nicht gedankt.

Selbstredend nutzen wir die Gelegenheit und fragen sie über lohnende Ziele im Süden aus, schließlich ist sie nach einem Jahr so etwas wie eine Insiderin. Die Rede kommt auch schnell auf den Milford Sound, einer der bekanntesten und berühmtesten Orte beziehungsweise Fjorde Neuseelands.

Hier warnt uns Carla, nicht vor dem Fjord, sondern vor der zu ihm führenden Straße, dem Milford Highway. Der sei eng, kurvig und gefährlich, besonders bei Nässe. Sie habe auf ihrer obligatorischen Tour zum Milford einen Pkw mit zwei Kiwi-Jungs gesehen, der in einer Kurve von der Straße abgekommen war und sich direkt überschlagen habe. Die jungen Männer seien wie durch ein Wunder mit ein paar blauen Flecken davongekommen. Sie würde diese Straße aber nicht mehr selbst befahren.

Gut, ob das jetzt an den Fahrkünsten der Boys oder wirklich der Straße lag; schwer festzustellen. Allerdings hören wir nicht das erste Mal von diesem Highway. Nur jetzt werden wir zum ersten Mal deutlich davor gewarnt. Mal schauen, sind ja noch ein paar Tage.

Wir verabschieden uns dann von Carla und dem Aoraki/Mount Cook National Park, nicht ohne gute Wünsche für die Heimreise und vor allen Dingen das Ankommen, und dann geht es wirklich Richtung Süden. Wären wir länger geblieben, hätten wir noch ein Mittagessen einnehmen müssen, so lecker, wie es aus dem Café gerade duftet.

Glenorchy - unfassbar

Es gibt so Gegenden, da ist der Hund verfroren.
Ecken, in denen so gar nichts los ist.
Orte, die böse Zungen als Fliegenschiss auf der Landkarte bezeichnen würden.
Solch ein Ort ist Glenorchy.
Und auch wieder nicht.
Glenorchy ist unfassbar.
In jeder möglichen Bedeutung des Wortes.
45 Minuten entfernt von Queenstown gelegen ist es das völlige Gegenteil dieses quirligen, wenn auch sauteuren, Zentrums der Region. Mit seinen gut fünfhundert Einwohnern würde Glenorchy vielleicht in einen Vorort Queenstowns passen, immerhin leben dort über zwölftausend Kiwis und Zugereiste. Manchmal in Schichten, wurde uns gesagt. Queenstown, obgleich wirklich sehenswert, hat so hohe Mieten, dass sich gar nicht mal so selten zwei Personen ein Zimmer teilen, einer arbeitet nachts, einer tagsüber.
Es stellt sich die Frage, warum wir ausgerechnet dieses Örtchen am Nordufer des Lake Wakatipu ansteuern müssen.
Die Antwort ist einfach: In Wellington war Sinja im Te Papa mit einer Kunststudentin aus Auckland ins Gespräch gekommen. Und die hatte gesagt, dass Glenorchy unfassbar schön sei.
Was immer für kunstaffine Menschen jetzt wunderschön heißt. Meine malende Frau liebt morbide Motive. Was das über mich als Ehemann sagt, will ich gar nicht wissen. Ihr erstes Motiv in Neuseeland war ein toter Fisch nahe der Küste bei Waiuku. Gemalt sah der zugegebenermaßen aber wirklich gut aus.
Also gurken wir von Queenstown aus Richtung Nordwesten, und bei der Fahrt auf der schmalen und kurvigen Uferstraße kommt mir in den Sinn, was man landläufig so über das Land am anderen Ende der Welt behauptet:
In Neuseeland haben sich die schönsten Gegenden der Welt an einem Fleck versammelt.

Wenn dem denn so ist, dann beginnt die gut fünfzig Kilometer lange Fahrt mit einer Reise durch die nordkalifornischen Nationalparks, die sich spontan nach einigen Minuten in eine italienische mediterrane Küstenlandschaft verwandeln, bevor wir nach einem kurzen Rutsch über Südnorwegen und die isländischen Westfjorde dann in die südliche Bretagne eintauchen. Das ist abgefahren und als Beweis für die Lieben daheim fototechnisch dokumentiert.
Dann fahren wir nach einer wilden Kehre ein in den Ort Glenorchy.

Der erste Gedanke: Hier ist das wirkliche Ende der Welt!
Der zweite Gedanke: Was sollen wir hier?
Der dritte Gedanke: Eigentlich sieht das ja ganz nett aus!?
Und das tut es wirklich, zumindest im untergehenden Sonnenlicht, das die das Örtchen umgebenden eindrucksvollen Berge in ein kitschig-schönes Rosa-Orange taucht. Hat was. Und macht Lust auf Gemütlichkeit, so auf dem Campingstuhl vor dem trauten Mobilheim. Rechts eine heiße Pie, links ein kühles Bier, voraus der Blick auf die Berge, da kann man doch schon mal ins Träumen geraten.
„Glenorchy-Virus“, meint Sinja nur trocken. Davon hatte die Kunststudenten auch erzählt. In Glenorchy entspannt sich jeder, selbst Profi-Workaholics. Da gehöre ich jetzt zwar nicht zu, aber Entspannung ist auch nicht gerade mein zweiter Vorname. Aber trotzdem, jetzt so gemütlich einen schönen Stellplatz und dann gammeln …

Mrs. Wooly´s General Store

Den Platz finden wir am Anfang des Ortes und zwar auf dem Campingplatz von „Mrs. Woolly“, eine eingezäunte Rasenfläche mit einigen einfachen Sanitäranlagen, einer kultigen Freiluft-Campingküche und ganz viel Charme. Das könnte auch am Emblem liegen, einer Schafsdame, die ladylike mit übereinandergeschlagenen Beinen auf einem Höckerchen sitzend sich ein Tässchen Tee gönnt. Zum Schießen, und es passt zur Stimmung des Ortes. Unfassbar.
Wir bekommen noch ein Plätzchen und die Träumerei von eben wird Realität. Abgesehen davon, dass aus dem Bier O-Saft und der Pie Kekse werden, tut dem Gefühl aber keinen Abbruch.
Die Bergwelt, besonders jetzt in der Abendstimmung, ist wirklich beeindruckend. Und laut Faltblatt von der Anmeldung auch ordentlich hoch, der Mount Earnslaw immerhin 2830 Metern. Gibt´s bei uns auch nicht an jeder Ecke.

Ansonsten müssen die Namensgeber ein echtes Faible für die griechische Mythologie gehabt haben. Die Berge bei Glenorchy sind betitelt mit so sagenhaften Namen wie Mount Cerberus, Pluto Peak, dem Minos und Nereus Peak oder dem Mount Chaos. Schafft eine eigentümliche Stimmung. Wie gesagt, hat was. Es gibt aber auch ganz profan den Mount Alfred. Den hat wohl irgendeiner nach einem Urgroßvater benannt, könnte man vermuten.
So langsam bekommen wir Lust auf die Erkundung dieses Örtchens. Stimmt schon, das hier ist ganz sicher nicht der Nabel der Welt, aber es hat was. Nur lässt sich das nicht genau fassen. Eben unfassbar.
Mal sehen, was der morgige Tag diesbezüglich so bringt.

Der beginnt schleppend, denn mal ehrlich, gibt ja auch nicht so viel zu tun. In der Nähe liegen zwar der Mount Aspiring und der Fiordland National Park, sozusagen im Hinterhof von Glenorchy, und damit ist auch der Routeburn Track, einer der „Great Walks“, gut zu erreichen. Aber ausnahmsweise haben wir mal keine Lust aufs anstrengende Wandern. Muss wohl irgendwie an diesem „Glenorchy Virus“ liegen. Aber wir fühlen uns deswegen jetzt auch nicht unwohl. Uns steht der Sinn schlicht und ergreifend nach Entspannung in dieser wohltuenden Mischung aus beeindruckender Natur und Uhren, die hier ganz, ganz langsam gehen. Verführt geradezu zum erholsamen Ausruhen und die Seele baumeln lassen.
Also wird erst einmal bis zum Wundliegen ausgeschlafen und dann machen wir uns gemächlich ans Frühstück. Doch beim Öffnen des Kühlschranks erfasst mich ein eisiger Schreck. Nichts mit gemütlichem Toast mit Käseersatz und Manuka-Honig. Letzterer ist zwar reichlich vorhanden (in Neuseeland bezahlt man für guten Manuka teilweise nur ein mageres Zehntel von dem, was man in Deutschland für diese Gesundheitsquelle so hinlegen müsste), aber Brot und Käse hatten wir in Queenstown einfach mal vergessen einzukaufen. Und das gehört zu einem entspannten Frühstück für mich einfach dazu!
„Da war doch gleich hinter der Anmeldung so ein Laden. Vielleicht gibt´s ja da was?“
Sinja ist halt pragmatisch und weiß um meine Nölerei, wenn denn meine Lieblingsmahlzeit, sofern sie geplant ist, nicht den Erwartungen entspricht.
Also versuche ich mein Glück und eile zum „Mrs. Woolly´s General Store“. Der hätte in jedem Western seinen Platz gefunden.
Direkt an der Straße gelegen erinnert er in seiner altmodischen Holzbauweise an eine Versorgungsstation aus dem Wilden Westen, wo sich Trapper, Scouts und Indianer die Klinke in die Hand geben, bevor sie wieder in der Weite der

Wildnis ihrem Tagewerk nachgehen. Innen drin sieht es nicht anders aus, und genau wie erwartet bekommt man hier alles, was man weitab vom Schuss so braucht, selbstverständlich inklusive Souvenirs für die Touris.

Und es gibt hier Brot. Und Pies. Und Sandwiches. Hausgemacht.

Aus der sich anbahnenden Katastrophe des nicht mehr ganz so jungen Morgens wird schlagartig die Erfüllung ungeahnter Frühstücksträume. Und so schlendere ich vergnügt mit zwei sensationell belegten Schinken-Käse-Und-wasnochsodazugehört-Sandwiches zum Camper zurück. Brot und Käse habe ich nicht eingekauft. Dann habe ich einen Grund, morgen da nochmal aufzuschlagen. Man ist ja vorausschauend.

Blick vom Campingplatz auf die umliegende Bergwelt

Nach einem ausgedehnten Frühstück und einer eingeschobenen Lese-Session treibt es uns dann doch zu einer kleinen Ortserkundung. Denn irgendwie sind wir neugierig. Da wir einen Platz am Rande der Campsite bekommen haben, können wir gar nicht an den Leuten vorbeisehen, die so die Straße entlangschlendern. Normalerweise würde man doch von solch einem Kaff erwarten, dass hier grundsätzlich ältere Leute wohnen, die keine Lust mehr haben, wegzuziehen. Leute, die vielleicht hier ihr Leben fristen, weil woanders für sie kein Platz ist. Oder Leute, die vor der Welt in die Einsamkeit geflüchtet sind.

Gesehen haben wir seltsamerweise spielende Kinder und lachende Jugendliche, eine Oma auf einem Klapprad, einen jungen Erwachsenen, der ganz sicher das Rave-Festival in Nelson besucht hat und einen Manager-Typ, dessen Designer-Trekkingkleidung teurer war als meine gesamte Wanderausrüstung. Inklusive Wanderstöcke. Unfassbar.

Das Faltblatt empfiehlt uns einen ein- bis zweistündigen Wanderweg (oder Ortsrundgang), je nachdem, ob man geht oder schlendert, den Glenorchy Walkway.

Wir haben Lust aufs Schlendern und machen uns auf die Socken.

Glenorchy ist eigentlich zweigeteilt. Dreh- und Angelpunkt ist die Oban Street, von der rechts und links ein paar weitere Sträßchen abgehen.

Östlich davon beeindruckt die Silhouette der Berge, die wir gestern schon im Licht der untergehenden Sonne bewundert haben.

Westlich der Hauptstraße endet Glenorchy am Lake Wakatipu, dort könnte man, wenn denn gewünscht, Kajak oder Jet Boat fahren. Ist heute aber nicht gewünscht.

Viel interessanter ist für uns der Gegensatz der zwei „Hälften“. Nahe der Berge sieht Glenorchy aus wie ein typisches Aussteiger-Dörfchen. Kleine, meist fantasievoll instand gehaltene Häuser (oder auch nicht), kaum Leute, hier und da ein bisschen Landwirtschaft und abgefahrene Behausungen wie ein alter Bus, der aber so aussieht, als ob da jemand drin wohnt. Urgemütlich.

Auf der See-Seite wirkt es, zumindest im vorderen Teil, wie das komplette Gegenteil.

Deutlich mehr Häuser, ähnlich einer Ferienhaussiedlung, einige noch in der Bauphase und hier und da sogar geschäftiges Treiben. Sinja sieht sogar ein Tiny House, eines dieser beweglichen Häuser, die die Kunst, gemütlich und voll ausgestattet auf kleinem Raum zu wohnen, vervollkommnet haben. Und sie sind erschwinglich. Es gibt sogar ein bisschen „accomodation“, also scheinen sich hier nicht nur Camper hin zu verirren.

Wir genießen den gemütlichen und nicht anstrengenden Weg um Glenorchy und Umgebung herum, verplaudern uns an der Lagune nördlich des Ortes und schlendern dann etwas schneller wieder zurück, denn wir haben Lust auf einen Kaffee und eine Pie oder süßes Gebäck. Oder beides.

Dann merken wir, dass Glenorchy doch nicht ganz soweit weg von der Welt ist, wie es scheint. Es ist früher Nachmittag und in den Ort fallen mehrere Reisebusse ein nebst dazugehörigem Inhalt. Am nördlichen Ortsende nahe

dem See gibt es einige schnuckelige Cafés und Geschäfte und auch einen sehr schönen Pub; zweifellos das Ziel der Reisefreudigen.
Wir gehen zurück zum General Store, genießen das Gewünschte, Sinja malt noch etwas und ich lese auf der Bank vor dem Store, ja und dann ist der Tag auch schon fast vorüber und wir von der Erholung ordentlich erschöpft. Also wird der Rest des Tages oder Abends vor den heimatlichen Camper verlegt, wir genießen noch ein, zwei Kekse und O-Saft, denn Hunger haben wir nach dem reichhaltigen Nachmittags-Snack nun wirklich nicht mehr. Und dann ist er auch schon vorbei, unser Erholungstag in Glenorchy.
Am anderen Morgen wollen wir früh weiter, also verlegen wir das komplette Frühstück in den General Store. Erstens wegen der Sandwiches und zweitens hatte ich da gestern noch einen Käsekuchen gesehen, leider zu spät, der ging

Glenorchy

wirklich nicht mehr rein, also ersetzt der heute den süßen Teil des Morgenmahls.
Kurz vom Wegfahren nutze ich die Gelegenheit und frage zwei junge Frauen an der Campsite-Anmeldung über das „Geheimnis von Glenorchy“ aus.
Ist sicher nicht weltbewegend, aber irgendwie lässt mich der Ort nicht los. Und Sinja geht es ähnlich. Auch sie hat sich in dieses Örtchen, in dem so gar nichts zusammenzupassen scheint, ein klein wenig verguckt.
Die beiden Damen sind erst einmal erstaunt darüber, dass jemand überhaupt irgendetwas über Glenorchy wissen möchte, und mal nicht über seine Rolle als Passier-Punkt in die Bergwanderwelt. Dann stehen sie aber bereitwillig Rede und Antwort.
Ja, es stimme. Gleonorchy sei nicht das typische Kaff, was man hier am Rande der Welt so erwarten würde. Es ist eine Mischung aus Sippen, die hier seit Generationen wohnen, Aussteigern und jungen Familien, die von Queenstown den Weg hierher gefunden haben. Eben eine bunte Mischung, sowohl von den Leuten als auch dem, was sie so bewohnen, meint die Ältere der beiden lächelnd. Und ich wäre nicht der Erste, dem diese so schwer zu beschreibende Atmosphäre aufgefallen wäre.
Aber natürlich sei die Welt auch hier nicht grundsätzlich rosa.
Glenorchy sei abhängig von der Entwicklung in Queenstown, auch von den Mietpreisen. Und die seien gar nicht mal von schlechten Eltern. Von den Mieten in Queenstown hatten wir ja schon gehört, anscheinend sind die nach Glenorchy übergeschwappt.
Aber, so meint die Jüngere, leben könne man hier sehr gut. Wenn man denn die Einsamkeit mag. Und die wenigen Leute. Scherzhaft fragt sie mich dann noch, ob ich nicht jemanden kenne, der hierhin ziehen möchte. Am besten einen Single Mitte zwanzig.
Am Ende des Gespräches muss ich den beiden versprechen, das, was ich über Glenorchy schreibe, ihnen per E-Mail zuzuschicken. Verspreche ich, sage ihnen aber, dass das dann auf Deutsch wäre. Würde nichts machen, dann würden sie eben irgendeinen deutschen Gast fragen, ob er ihnen das übersetzten würde.
Typisch Kiwi. Warum umständlich, wenn´s auch einfach geht.
„By the way, when you drive back to Queenstown, on the right side, there is spot, they made some scenes for ´the lord oft he rings´.“
Oha, das erfreut mich natürlich, allerdings werde ich Sinja davon erst erzählen, wenn wir dort kurz Halt machen. Sicher ist sicher.
Glenorchy. Unfassbar.

Milford Sound - zwischen himmelhoch jauchzend und zu Tode betrübt

Auf dem Sound Richtung Tasman Sea

Milford Sound!
Zwei Worte, die eigentlich nur bedeuten, dass es im Südwesten der Südinsel im Fiordland National Park, oh Wunder, einen Fjord gibt, der den Namen „Milford“ trägt.
Und doch sind diese zwei Worte das, was neunzig Prozent der Nichtneuseeländer mit Neuseeland verbinden. Sogar die Neuseeländer selbst bezeichnen „ihren“ Lieblingsfjord auch gerne mal als das achte Weltwunder. Eine fünfzehn Kilometer lange und einen Kilometer breite Wasserschlucht, eingerahmt von bis zu 1200 Meter hohen Felsriesen; kalt, wild, gigantisch, mit einer Meeresflora und -fauna, die uns völlig urbanisierte Mitteleuropäer blass vor Staunen werden lässt. Ziel von über einer halben Million Besuchern pro Jahr, demnach eines der meistgesehenen Wunder der Inseln am Ende der Welt. Dabei gehört er eher zu den schmaleren Fjorden, der Doubtful Sound um die Ecke Richtung Süden ist fast dreimal so groß. Trotzdem, der Milford ist eben ein echter Hingucker und eines dieser vielgepriesenen „must have seen“. Eine Neuseelandreise, ohne ihm die Ehre erwiesen zu haben, sei nicht vollständig, wie uns zu Hause und auch hier immer wieder versichert wurde.
Soweit so gut, aber vor den Genuss dieses Naturwunders haben die Tourismusgötter den Schweiß gesetzt, denn da man die Majestät des Milford am besten vom Wasser aus erfahren kann, ist eine Bootstour angesagt, und die soll nicht ganz billig sein. Ist eben das achte Weltwunder. Also heißt es: Reiseführer lesen, Websites durchforsten, Angebote studieren, noch mehr lesen, mögliche Kombinationen analysieren und preislich gegenüberstellen, Last-Minute-Angebote abfangen, nochmal analysieren, Reisekasse überprüfen, entscheiden, umentscheiden (da war halt noch ein neues Last-Minute-Angebot reingekommen) und dann, aber auch nur dann, eventuell umsetzen.

Es ist ein – wenn nicht das – Highlight, das kann man nicht einfach besuchen, das will touristisch erkämpft sein. Die Angebote reichen von Natural Cruise (mit fachkundiger Erläuterung), Scenic Cruise (ohne Erläuterung) über Mehrtagesfahrten mit Bootsübernachtungen (wahlweise mit französischen oder neuseeländischen Spezereien) bis hin zu Flug-Boot-Kombinationen!? Ich stelle mir vor, wie James Bond mit dem Hubschrauber auf einer mondänen Jacht zu landen, wo wir mit Cocktails empfangen werden. Da hier aber durchschnittlich gute sieben Meter Regen pro Jahr fallen, wird's wohl eher Kamillentee sein. Also auch keine Option. Sehr beliebt sind auch die Panoramaboote mit Glasboden. Wer ganz wild auf Abenteuer ist, kann auch das Kajak nehmen und sich wie die ersten Entdecker fühlen.

Sinja und ich sitzen bewaffnet mit Reiseführer, Handy und Eiscreme im Bummelviertel am Hafen von Queenstown und sind etwas rat- und hilflos. Wir sind voll hinein getappt in die Highlight-Falle! Wahrscheinlich einmal im Leben hier, an dem Hotspot, von dem jeder schon zu Hause redete und Unglaubliches wusste (natürlich ohne je dagewesen zu sein), fühlen wir uns geradezu verpflichtet, aber auch nur das wirklich Allerbeste aus diesem Besuch herauszuholen. Sozusagen die absolute Premium-Variante, und das bei sehr gesalzenen Preisen. Wir sind im Erlebnis-Kosten-Nutzen-Dilemma! Was tut man in so einer ausweglosen Situation? Kollegiale Fallberatung oder noch besser Supervision! Und wo findet man das hier? Richtig! i-SITE.

Wir haben großes Glück und geraten an eine ältere, sehr energische Dame, die ohne Zweifel bei Downton Abbey eine Hauptrolle hätte spielen können. Sie lauscht geduldig unseren Sorgen, nickt verständnisvoll und wischt dann all unsere Überlegungen und Anregungen erst mal zur Seite.

1. Unser Plan, selbst zum Sound zu fahren, zeige Eigeninitiative und Mut, sei aber nicht sehr schlau, da der Milford Highway eine enge und aufgrund des immens hohen Besucheraufkommens äußerst gefährliche Straße sei, berühmt-berüchtigt für Unfälle (hatten wir auch schon gehört; am Mount Cook waren wir ja schon gewarnt worden).

2. Es gibt einen Panoramabus von Te Anau aus, da müssten wir sowieso erst hin, und so könnten wir die Fahrt zum Milford, die an sich schon eine Reise wert sei, auch besser genießen.

3. Eine einfache mehrstündige Bootstour, ohne Flug, Drei-Gänge-Menü und Übernachtung reiche für unsere Wünsche (und Möglichkeiten) völlig als Erlebnis aus, da sie uns versichere, dass wir, sobald wir an Deck stehen, von Gegend und Tierwelt fasziniert sein werden.

4. Regenzeug und eigener Proviant erleichtern und verbilligen die Tour ungemein.
5. 160 Neuseelanddollar pro Person.
Was soll man da noch sagen?
Unser Dilemma ist gelöst, wir wissen, was wir wollen, und einigermaßen bezahlbar ist es auch. Zumindest, wenn man die „Qualität“ unseres nächsten Reiseziels bedenkt. Da wir jedoch verkopfte Deutsche sind, bitten wir uns Bedenkzeit bis zum Abend aus, was der really nice old lady nur ein wissendes Lächeln entlockt. Diese fleischgewordene touristische Kompetenz ist wohl einiges gewöhnt und kennt ihre Touris. Kaum sind wir raus aus der Info und auf dem Weg zum nächsten Eis, schauen wir uns allerdings kopfschüttelnd an. Da bekommen wir die Lösung mundgerecht serviert und anstatt zuzugreifen …
Also eilen wir zurück, aber die Dame hat genau jetzt Pause. Wir waren davor wohl ihre letzten Versorgungsfälle. Ich bräuchte nach uns auch eine Pause, worauf meine Göttergattin mich zielgerichtet in die Seite boxt. Die Kollegin ist aber nicht weniger kompetent und regelt für uns das Nötige. Sie beruhigt mich sogar etwas, da sie meine zögerliche Frage, ob wir denn auch Delfine sehen werden, im Brustton der Überzeugung mit „Definitely!“ beantwortet. Na also! Die ältere Dame hatte nur „We´ll see, maybe.“ gesagt. Da bin ich doch jetzt erleichtert. Man glaubt ja gerne das, was man hören will. Allerdings bedauern wir es doch etwas, uns nicht bei der Dame bedanken zu können, denn die war wirklich kompetent und sehr, sehr nett.
Lässt sich jetzt nicht ändern, Te Anau ist nicht um die Ecke, sondern liegt knapp zweihundert Kilometer südwestwärts in der rauesten Ecke Neuseelands, dem Southland. Und da wollen wir heute noch hin.

Die Fahrt ist mal wieder die reinste Panorama-Tour, und wieder haben wir, wie eigentlich überall in Neuseeland, den Eindruck, dass sich die Landschaft hinter jeder Ecke wandelt. Die ersten Kilometer am Lake Wakatipu entlang erinnert die Route schwer an südnorwegische Fjordlandschaften, dann, direkt hinter dem Ort Kingston, ändert sich das Bild. Wir fahren ein ins Southland und damit in eine andere Welt. Southland ist wahrscheinlich die Region, die das Bild von Neuseeland am meisten geprägt hat. Ursprünglich, wild, einzigartig; echtes Siedlerland. Der britischen Erforschung Ende des 18. Jahrhunderts durch – wie sollte es auch anders sein – James Cook folgten die Robbenjäger und Walfänger sozusagen auf dem Fuße. Die ersteren hielten sich nicht lange, sie waren wohl etwas zu sehr bei der Sache und ließen als richtige Workaholics kaum eine Robbe übrig; die letzteren prägten für die nächsten Jahrzehnte das Bild der Region. Im Laufe der Jahre vermischten sich vorzugsweise die Walfänger mit den einheimischen Maori, die hier seit den Tagen des Häuptlings Tamatea (war vielleicht der, der so große Knie hatte und für seine Liebste Flöte spielte; man mag sich erinnern) ansässig waren, ungefähr seit 800 Jahren also. Das endete um 1850. Ein gewisser Walter Mantell kaufte den Maori den Murihiku-Block ab, der in etwa dem heutigen Southland entsprach. In der darauffolgenden sogenannten zivilisatorischen Erschließung und Entwicklung desselben war dann für die Maori kein Platz mehr. Die alte Geschichte. Die Landwirtschaft erlebte einen wahren Boom, ein mittelprächtiger Goldrausch kam auch nicht ungelegen, aber als der versiegte, kreiste über der Region gleich eine ganz Kolonie von Pleitegeiern. Aber, „never give up“, man pumpte weiterhin Geld ins Southland und erschloss eine tragfähige Infrastruktur. Heute lebt man hier vom Tourismus und der Landwirtschaft, immerhin zählte man 2013 über 800.000 Rinder und viereinhalb Millionen Schafe, deutlich mehr als ihre zweibeinigen Besitzer. Hier leben auf ungefähr 35.000 Quadratkilometern keine 100.000 Menschen. Und der Southlander wird ebenso wie seine Gegend gerne als Prototyp der Kiwis gesehen und auch mal gerne beworben. Und sind wir doch mal ehrlich! Wer wäre denn nicht gerne freiheitsliebend, hart, wetterfest und sturmerprobt und dabei mit der Scholle verwachsen, eins mit dem Land, treu, aufopferungsvoll und trotzdem jederzeit in der Lage, eine Promotion über Astrophysik hinzulegen. Natürlich nur, um zu zeigen, dass man es könnte. Es gibt ja Wichtigeres. Klingt nach einem Agrar-Old Shatterhand in Kombi mit Einstein, und den wird es sicherlich auch irgendwo geben, die meisten, die wir treffen werden, sind aber erst einmal verdammt nette Menschen, wie eben fast überall im Kiwiland. Gleichwohl, hier zu leben mag nicht immer ein Zuckerschlecken sein, die Gegend ist einzigartig und vor allen Dingen wild. Am Horizont drohen gewaltige Küstengebirge, davor Farmland, soweit das Auge reicht. Wir passieren en masse Rinder-, Schaf- und auch Hirschherden (alle vegetarisch veranlagten Leser mögen es mir verzeihen, aber die schmecken unglaublich lecker, habe ich gehört), ein großer Exportschlager Neuseelands. Das hier sind aber nicht irgendwelche kleinen Bauernhöfe, die nur im Nebenerwerb noch bewirtschaftet werden. Dieser landwirtschaftliche Reichtum erinnert an die Siedlerpatriarchen des 19. Jahrhunderts, die ganze Farmerdynastien gegründet haben und deren Nachkommen bis heute ihren Besitz hegen, mehren und ,wenn es sein muss, auch mal verteidigen.

Wie hier so die diesbezüglichen Wertigkeiten verteilt sind, bekommen wir schnell und eindrucksvoll vermittelt.

Mitten auf dem Highway stoppt uns eine stabile, mittelalte Dame in Warnweste und Gummistiefeln. Viehtrieb! Eine ansehnliche Horde Jungbullen soll von der in Fahrtrichtung links gelegenen Weide über die Straße auf die andere Seite, und da hat der Verkehr grundsätzlich hinten an zu stehen. Dementsprechend bewegt sich die Frau, wohl die Farmerin, entspannt und souverän auf dieser Schnellstraße, als wandele sie durchs heimische Wohnzimmer. In der Mitte der gesperrten Strecke wachen zwei halbwüchsige Mädchen über den Gang der Rindviecher, am anderen Ende hält ein junger Mann lässig den Gegenverkehr in Schach. Eindeutig ein Familienbetrieb, so ähnlich wie die sich alle sehen. Währenddessen treibt auf der Ausgangsweide ein moderner Cowboy, wohl der Patriarch der Sippe, auf einem Quad die Herde zusammen und über die Straße. Eine halbe Stunde später, alle Paarhufer sind korrekt von links nach rechts bewegt, ist die Arbeit erledigt und das Familienoberhaupt will noch schnell rüber. Das passt aber dem Toyota vor uns (Mietwagen!) nun gar nicht. Er ist der Ansicht, nun wahrlich lange genug gewartet zu haben, also brettert er aus dem Stand los, frei nach der Devise: I am first!
Da kommt der „Firster“ aber an den Falschen. Der Landwirt, in Masse und Wucht seinem tierischen Eigentum nicht unähnlich, dreht den Spieß einfach um und prescht nun seinerseits auf den Kontrahenten zu, allerdings eher nach dem Motto: Wer bremst, verliert!
Das tut der Toyota-Fahrer, nämlich die Nerven, und bremst quietschend. Ein untrügliches Zeichen für den Farmer, nachzusetzen, vom Gefährt zu springen und auf die Fahrertür zu zustürmen. Im Geiste flehe ich den Toyota an, die Tür zu verriegeln, ein gewisses Maß an Mitleid für den ungeduldigen Asphaltrowdy kommt unvermittelt auf. Was der sich dann durch die geschlossene Tür hindurch anhören muss, ist unschwer zu vermuten. Zwar ist der Wortlaut etwas vom Winde vernuschelt (kann aber auch am kiwieigenen Dialekt liegen, das weiß man hier nie so genau), die Lautstärke ist aber ungebrochen. Mimik und insbesondere die Gestik lassen ebenfalls keine Fragen offen. Nach weiteren fünf Minuten darf der Toyota dann weiterfahren, wobei ich ihm wiederum im Geiste Respekt zolle. Ich weiß nicht, ob ich nach der Aktion dazu noch in der Lage gewesen wäre. Wir huschen langsam, sehr langsam, hinterher, grüßen das landwirtschaftliche Erdbeben vorsichtshalber noch freundlich und entfernen uns. Und so diszipliniert, wie sich die Schlange hinter uns verhält, scheinen wir nicht die Einzigen zu sein, die von dem Geschehen beeindruckt sind.

Die weitere Fahrt ist landschaftlich wunderschön, ansonsten aber ereignislos. Vorsichtshalber gehe ich bei jeder größeren Viehansammlung vom Gas, und so erreichen wir am frühen Abend Te Anau. Alles in und an diesem Örtchen und dem gleichnamigen See dreht sich um das Fjordland und die beiden Hauptattraktionen, den Milford und den noch nicht so überlaufenen (vielleicht, weil auch deutlich teureren) Doubtful Sound. Eigentlich klein, gibt es hier alles, was das Touri-Herz meint, begehren zu müssen, vor allem aber Übernachtungsmöglichkeiten. So versammeln sich hier sage und schreibe drei Campingplätze und eine schier unüberschaubare Anzahl von Hotels, Motels, Ferienwohnungen und B&Bs. In der i-SITE erfahren wir, dass es wohl mittlerweile über 4000 Betten für den Tourismus gibt. Und da die Stadt gerade voll und ganz in chinesischer Hand ist, was am chinesischen Neujahrsfest und dem dazugehörigen Urlaub liegt, bekommen wir so gerade noch einen kleinen, aber sehr gemütlichen Stellplatz auf dem See-Campingplatz.

Am Morgen zeigt sich Te Anau von seiner tristen Seite. Graue Wolken sind aufgezogen und besprühen das Land mit diesem so heißgehassten Nieselregen, der es trotz Regenkleidung immer wieder schafft, sich einen Weg in die Ärmelbündchen und den Nacken zu bahnen. Dazu ein leichter Wind, da ist man doch wunschlos glücklich. Beste Voraussetzungen also für eine Sightseeingtour zu Neuseelands achtem Weltwunder. Aber wir sind nicht ganz unvorbereitet. Gestern Abend hatten wir uns in der i-SITE nach dem genauen Abfahrtspunkt erkundigt und waren da schon wettertechnisch vorgewarnt worden. Dementsprechend stehen wir in Regenkombi gehüllt pünktlich um acht Uhr an der Bushaltestelle und warten auf unser Shuttle. Das kommt zwei Minuten später auch an, allerdings sind wir seltsamerweise die letzten. Der 50er-Bus ist bis auf eine kleine Sitzreihe direkt hinter der Fahrerin voll. Anscheinend konnte man sich auch von der jeweiligen Unterkunft abholen lassen. Haben die anderen, so trocken, wie die dasitzen und uns angrinsen, auch getan, die Warmduscher! Wir haben wenigstens die zweihundert Meter von unserem Campingplatz bis zur Haltestelle auf unseren eigenen Füßen geschafft! Von den hundert Metern vom Stellplatz bis zur Straße gar nicht zu reden! Dass wir hier in nassen Regensachen sitzen, ist sozusagen ein Ehrenbeweis!
Im Bus stellt unsere Fahrerin sich kurz vor, ebenso ihre Kollegin, eine, so verstehe ich das zumindest, junge Biologin, die für die Tour unser Guide sein und uns die Lebenswelt des Milford Sound näherbringen wird. Vorab, das tut sie wirklich auf eine nette und vor allen Dingen unaufdringliche Weise.
Dann geht es los und ich frage mich automatisch, ob der Bus in China gefertigt ist, würde ja auch zu neunzig Prozent der Insassen passen. Die Sitze sind so knapp bemessen, dass sowohl Sinja als auch ich sehr eng zusammenrücken

müssen und unsere Knie nur ganz knapp die Rückenlehne des Busfahrers verfehlen. Wenn man sie etwas zur Seite neigt. Dem französischen Pärchen in der Reihe neben uns geht es nicht besser. Er, ein echter gallischer Obelix, leidet schweigend, dafür spricht sein Gesichtsausdruck Bände. Sie macht gute Miene zum bösen Spiel und versucht, nicht zu sehr zwischen ihrem Partner und der Fensterscheibe geplättet zu werden.

Laut unserem Reiseführer sind die 120 Kilometer zum Milford Sound auf dem gleichnamigen Highway schon allein eine Reise wert. Und das stimmt. Wobei „Highway" hier eine schon recht schmale gewundene Straße bedeutet, die bei Nässe die gesamte Glätte neuseeländischen Asphalts bietet. Schmierseife durch leichte Felsrutsche inklusive. Die Strecke führt durch mannigfaltige Naturschönheiten, durch Wiesen- und Moorlandschaften und tiefe Täler, umschlossen von bizarren, schwarzgrauen Felsriesen. In dem immer noch diesigen Regenwetter wirkt die Natur aufregend und sogar leicht bedrohlich. Fast jeder Ausblick lädt zum Verweilen ein. Leider tun wir das auch. Des Öfteren hält der Bus für eine Fotopause an, die von den meisten Besuchern auch freudig genutzt wird. Ein Kea auf einem Felsen verursacht bei einigen Fotofetischisten geradezu ekstatische Äußerungen und Zuckungen. Ehrlich gesagt fühlt es sich an wie eine Foto-Event-Tour. Nicht wirklich wie das Naturerlebnis, das wir erwartet haben. Nach gut zwei Drittel der Strecke erreichen wir auf knapp tausend Metern den Homer Tunnel.

Dessen Geschichte ist berühmt-berüchtigt. 1270 Meter, zehn Prozent Gefälle und eine recht beengte Fahrbahn machen ihn zu einem kleinen Abenteuer. Die Wände bestehen aus unverkleidetem Granit. Im Dämmerlicht der wenigen Lampen wirkt das hier so ein bisschen wie die Höhlen von Moria aus dem Herrn der Ringe. Nicht unbedingt etwas für klaustrophobisch Veranlagte. Heute die einzige Verbindung zwischen dem Sound und Te Anau, waren der Bau des Tunnels und der Straße eigentlich nur als Arbeitsbeschaffungsmaßnahme während der neuseeländischen Wirtschaftskrise in den 30ern des letzten Jahrhunderts gedacht. Anfangs arbeiteten hier sage und schreibe fünf Männer mit Schaufeln und Hacken. Nach Arbeiten unter schwierigsten Bedingungen und mehreren Todesopfern durch Lawinen konnte der Homer Tunnel dann 1954 eröffnet werden. Bis heute ereignen sich, meist durch die kaum einzuschätzenden Wetterverhältnisse (und auch deren Unterschätzung), immer wieder Unfälle, von denen unserer Busfahrerin uns berichtet. Gerade heute, bei regenglatter Fahrbahn, sei besondere Vorsicht angesagt.

Im Tunnel selbst ereignete sich 2002 beinahe eine Katastrophe, als ein Touristen-Bus Feuer fing und Fahrer und Passagiere nur geleitet durch die Scheinwerfer anderer Fahrzeuge den Weg nach draußen fanden. 2004 wurden dann eine Ampelanlage und Beleuchtung eingebaut.

Als wir in den Tunnel einfahren wollen, staut es sich plötzlich. Der Verkehr steht. Neben uns will ein ganz Schlauer auf die Gegenfahrbahn an uns vorbei, weiß der Geier, wessen Geistes Kind der ist! Sehr zum Missfallen des entgegenkommenden Wohnmobils. Trotz der Gefährdung durch den ungeduldigen Verkehrsidioten, anders kann man das nicht nennen, muss unser kompletter Bus grinsen, als der dann den Rückwärtsgang einlegt.

Hinter dem Tunnel ändert sich das Wetter schlagartig. Nichts Ungewöhnliches für diese Gegend, damit aber auch nicht ungefährlich. Uns kommt der Wechsel gerade zugute, denn die Wolkendecke reißt auf, der Regen tröpfelt nur noch und bei alsbald strahlendem Sonnenschein fahren wir ein in das Örtchen Milford, benannt nach Milford Haven, der Heimat des walisische Robbenjägers John Grono, der, so wurde uns erzählt, 1823 als erster Europäer hier Jagd auf unsere kleinen pelzigen Freunde machte.

Ein schattiges Seelöwen-Plätzchen

Milford selbst wirkt mit seinen 150 Einwohnern etwas verhuscht. Dafür würde der alles andere überschattende Cruise Terminal für die Touri-Boote einem Mittelklasse-Flughafen alle Ehre machen. Drinnen geht es auch genauso hektisch und laut zu. Alles ist hier auf die Massenabfertigung der Touristen ausgerichtet. Und das Gefühl, unsere großartigen Erwartungen waren wohl etwas voreilig, wächst. Alle gemeinsam, der Gedanke an eine Herde treudoofer Schafe kommt auf, werden wir dann auf unser Boot geschleust, Kapitän und Mannschaft begrüßen uns über Lautsprecher. Dann legen wir ab.

Da hatte die Downton-Abbey-Dame aus Queenstown recht! Der Anblick ist wirklich ein Erlebnis. Ohne Wenn und Aber. Da wundert es nicht, dass der Milford Sound, genau wie der gesamte Fiordland National Park, Weltnaturerbe der UNESCO ist. Wir haben es uns auf dem freien Oberdeck bequem gemacht. Hier weht zwar ein scharfer Wind, aber wir sind ja gut verpackt und ich find´s auch immer wieder schön, wenn meine Frau zwecks Wärmeaustausches zum Kuscheln kommt. Heute spiele ich aber eher den Windblocker. Als Gatte ist man ja multifunktional, wie mir der Obelix von der Busfahrt grinsend erklärt. Er hat heute nämlich die gleiche Aufgabe.

Wir fahren durch eine imposante Fjordlandschaft, deren steil aufragende Gipfel mal kahles Gestein, mal archaisch wirkenden Bewuchs zeigen, gleich einer epischen Fantasy-Landschaft. Das ist schon wirklich beeindruckend. Ganz nebenbei für alle Filmfans: Peter Jackson hatte für seine „Herr der Ringe“-Verfilmung den Milford als Kulisse für die Argonath, die Säulen der Könige gewählt. (Das sind die beiden Steinfiguren der altvorderen Könige am Anduin-Fluss, die aus dem Stein gemeißelte Sandalen tragen. Jedes Mal, wenn ich diese Szene sehe, habe ich den Eindruck, der große Zeh hat Nagelpilz, ist aber nur eine subjektive Einschätzung.). Zwei Höhepunkte dieser Tour sind ganz sicher die über 150 Meter hohen Stirling und Bowen Falls, in die

Es wird nass!

unser Kapitän sehr zur Freude aller Nicht-Regenjacken-Träger hineinfährt. Ich kann aber alle „Angepissten" beruhigen. Auch meine Regenjacke hat nicht alles gehalten, was der Hersteller verspricht. Über allem thront der Mitre Peak mit seinen knapp 1700 Metern Höhe. Ein wahrhaft majestätischer Anblick. Auf sonnigen Felsbänken aalen sich Seehunde, bleiben aber von uns völlig unbeeindruckt. Wahrscheinlich stumpft man ab, wenn man am Tag mehrere hundert Male fotografiert wird. Delfine sehen wir leider keine, aber wir sind ja auch noch nicht in der Tasman Sea. Und da werden ja wohl welche sein. Ich habe immer noch das „Definitely!" im Ohr.

Aber auch dort sind sie nicht, und wer kann es ihnen verdenken. Bei dem Wind und dem Wellengang an der Küste würde ich mich auch vom Land fernhalten. Unser Boot, immerhin in der Größe einer mittelgroßen Ostseefähre, stampft durch die anrollenden Wogen und der Bug hebt sich gewaltig hoch und wieder runter. Nichts für schwache Mägen, aber ein beeindruckender und auch demütig machender Moment, wenn man in die windgepeitschte Weite der rauen See schaut und sie vor allen Dingen unter seinen Füßen spürt! Wir sind in die „Roaring Forties" eingetaucht, die donnernden Vierziger, erklärt uns unser Guide, eine Westwindzone zwischen dem vierzigsten und fünfzigsten Grad südlicher Breite, so verstehe ich das wenigstens. In dieser Region können gerne auch mal Sturmstärken auftreten. Und da sind wir knapp davor. Mächtige, unaufhaltsam anrollende Wellen, die im gleißenden Sonnenlicht in allen möglichen Blautönen glitzern, dass die Augen tränen. Dabei ein salziger mit der Gischt vermischter Wind, gegen den wir uns stemmen müssen, um nicht von den Füßen geweht zu werden. Wie gesagt, wahrlich ein Erlebnis. Wir sind dann aber doch froh, als der Käpt'n das Schiff wieder in den Sound hineinsteuert und wir Richtung Anleger fahren.

Auch wenn wir keine Delfine und auch keine Pinguine, geschweige denn weit draußen Wale gesehen haben, bietet der Milford dann doch noch eine Besonderheit, auch wenn diese auf den ersten Blick nicht ganz so spektakulär wirkt. Da es hier gerne mal aus Kübeln regnet und das von oben kommende Frischwasser eine geringere Dichte hat als das Salzwasser des Fjordes, hat sich im Laufe der Zeit eine gut zehn Meter dicke Süßwasserschicht gebildet, durch die das Sonnenlicht nur schwach durchkommt. Dadurch konnte sich knapp unter der Wasseroberfläche eine Flora und Fauna entwickeln, die im Normalfall erst ab siebzig Meter Wassertiefe zu finden ist. Sehr zu Freude unsere Biologin, die uns begeistert erklärt, dass hier sogar sechzig verschiedene Arten der eigentlich erst in hundert Meter Tiefe vorkommenden schwarzen Koralle zu finden sind. Nicht schlecht. Delfine wären zwar besser, aber immerhin! Den Süßwasserteppich kann man im Sonnenlicht übrigens sehen. Da die raue Tasman Sea immer neues Salzwasser bringt, ist der Teppich nicht immer flächendeckend, und man kann genau beobachten, bis wohin er gerade reicht. Kurz bevor wir wieder am Anleger sind, passieren wir noch das Unterwasserobservatorium, das zehn Meter in die Tiefe geht. Anlegen können wir da aber nicht. Haben wir ja nicht gebucht. Und ich trauere sowieso noch den Delfinen hinterher.

Nach knapp zweieinhalb Stunden sind wir dann wieder am Terminal, und sofort ist es wieder da, dieses miese Gefühl von Massenabfertigung der Touri-Herden. Entgegen unseren sonstigen Erfahrungen in diesem höflichen und freundlichen Land wird hier rücksichtslos gedrängelt und geschoben. Ja nicht die Fähre oder das Shuttle verpassen. Einer stößt mich auf der Herrentoilette doch wirklich von hinten an, ich solle mich am Pissoir gefälligst beeilen. Vorsichtshalber tritt er dann aber einen Schritt zurück, weil ich wirklich versucht bin, dem auf die unruhigen Füße zu pinkeln. Fürchterlich. Als ich dann in der Halle auf Sinja warte, kommt die mit zornesrotem Gesicht auf mich zugeschossen. Ihr ist auf der Damentoilette Ähnliches widerfahren, nur in der weiblichen Version. Trotzdem müssen auch wir uns der Hektik beugen, denn unser Bus fährt um eins zurück nach Te Anau. Also in zwei Minuten. Und gewartet wird hier nicht. Das hier ist „definitely“ nicht unsere Baustelle. So beeindruckend der Milford Sound auch ist, das Erlebte wird durch die Rahmenbedingungen, wenn man so sagen will, relativiert. Beim Rausstürmen Richtung Busparkplatz sehe ich dann noch ein Schild „last minute offer – 49 NZD – just cruising“. Mist, hätte es auch getan. Zum Ärgern bleibt jetzt keine Zeit, der Bus wartet ja. Hoffentlich.

Mit einminütiger Verspätung erreichen wir unser Heimreisegefährt und sind auch wirklich die Letzten. Egal, jetzt geht es nach Hause und da wird erst mal in aller Ruhe gegessen. Wird ja nicht lange dauern.

„About four and a half, I think.“ Ich starre die Busfahrerin leicht konsterniert an. Wir sind erst um halb fünf wieder zurück? Dreieinhalb Stunden für die Rückfahrt? So schlimm war die Strecke jetzt aber auch nicht. „We´ll have some stops on the way home“, lächelt sie mich freundlich an und mir schwant Böses.

Die Rückfahrt ist, zumindest für unsere Laune, tödlich. Waren wir schon von den Foto-Pausen auf der Hinreise genervt (muss man halt mögen, oder

eben auch nicht), so bekommen wir jetzt die volle Packung. Gefühlt alle fünf Minuten wird gehalten, die Fotofreudigen stürmen raus, belichten irgendeinen kleinen Tümpel, einen tollen Felsen oder irgendetwas, was ich gar nicht als irgendetwas erkennen kann und weiter geht´s bis zum nächsten Halt. Mit dem Rad wären wir schneller. Und das Ganze bei mittlerweile mal wieder knappen dreißig Grad im Schatten und einer Sonne, die die Panoramafenster unseres Busses als Brenngläser nutzt. Von der Landschaft sehen wir nicht wirklich viel. Wir haben die Hutkrempen gezwungenermaßen fast bis auf die Augen runtergezogen. Irgendwann erreichen wir dann Te Anau, das wir jetzt quasi als Schmankerl obendrauf besichtigen können. Schließlich muss ja auch jeder wieder da hingebracht werden, von wo er abgeholt wurde. Bis auf uns. Und der offizielle Startpunkt ist nun mal die letzte Station. Herzlichen Glückwunsch.
Irgendwann liegen wir dann mit Pizza und Rotwein abgefüllt in unseren Schlafsäcken. Zum Kochen hatten wir zum Leidwesen unserer Reisekasse keine Lust mehr.
„Und?“ Sinja schaut mich nachdenklich an. „Wie fandst du es?“
Tja, eine gute Frage. Wie fand ich es denn? Ehrlich gesagt, ich weiß es nicht. Ohne Frage ist der Milford Sound eine der beeindruckendsten Fjordlandschaften, die ich jemals gesehen habe. Seine Erhabenheit, seine Rauheit, das ist unzweifelhaft wunderschön und gewaltig. Aber ist er wirklich dieses vielgepriesene achte Weltwunder? Das Aushängeschild Neuseelands? Ein Muss?
Betrachtet man die Umstände, Shuttle und Massenabfertigung, so stößt es mir persönlich ein bisschen auf. Die Fahrt mit dem Panoramabus ist ja vom Prinzip her gut gedacht, aber so, wie es gehandhabt wird, fühlten wir uns eher wie Massenware, die transportiert und touristisch befriedigt werden muss. Waren wir ja auch. Und wenn ich ehrlich sein soll, so gefährlich fand ich die Straße jetzt auch wieder nicht. Das hätte man fahren können, gerade bei gutem Wetter. Unser rollendes Heim auf Zeit ist ja Gott sei Dank eher ein kleinerer Vertreter seiner Art. Das Geld hätte man sich eventuell sparen können. Hätte ich doch nur nicht dieses verdammte „Last-Offer“-Schild gesehen, dann würde ich mir darüber jetzt wohl keine Gedanken machen. Auf der anderen Seite, unterschätzen darf man die Straße, vor der wir nun von verschiedenen Seiten mehrfach gewarnt worden sind, nun wirklich nicht.
Wir müssen ehrlich zu uns selbst sein. Unsere Erwartungen an dieses Highlight Neuseelands waren von vornherein so hoch gesteckt, dass wir eigentlich nur enttäuscht werden konnten. Auch eine Erkenntnis. Und da kann der Milford auch nichts für.
Die Frage bleibt: Wie fanden wir das denn?

Kepler Track – zumindest in Teilen

Auf dem Kepler Track

Die Gegend um Te Anau ist aber nicht nur für seine Fjordlandschaften berühmt. Wobei das schon allein eine Reise wert wäre. Man kann hier auch ganz wunderbar wandern, wie eigentlich überall in Neuseeland, hier vielleicht noch ein kleines bisschen mehr. Allein drei „Great Walks“ sind von Te Anau aus sehr schnell zu erreichen, der Milford, der Routeburn und der Kepler Track. Letzterer ist sogar direkt vom Örtchen aus zu begehen.

Und mit einem davon wollen wir uns anlegen. Zumindest in Teilen. Und wenn denn das Wetter gut ist. Und wir Lust haben. Und er nicht zu anstrengend ist. Sind eine Menge „Unds“, aber wir sind mittlerweile so viel gewandert in diesem Paradies aller Fußläufigen, dass die diesbezügliche Motivation, sagen wir mal, aktuell ausbaufähig ist.

Aber seien wir doch mal ehrlich. Wahrscheinlich sind wir nur einmal hier, die Fernwanderwege des Fiordland National Park sind unter Wanderfreudigen berühmt, da ist so ein Weg fast schon Pflichtprogramm. Da kann ich einfach nicht dran vorbei! Sinja sieht das entspannter, nach dem Motto: Kann man machen, muss man aber nicht. Da ich als treusorgender Ehemann allerdings mit ihr das eine oder andere Kunstmuseum besucht habe (oder zumindest die jeweiligen Cafeterias, aber immerhin), habe ich ausnahmsweise mal richtig gute Karten, um sie zu so einer traditionsreichen Wanderung zu überreden. Muss ich aber auch nicht wirklich, ich kenne sie ja, und auch sie lockt so ein kleines Abenteuer.

Der wohl berühmteste unter den Kiwi-Pfaden ist ohne Zweifel der Milford Track, beworben und vermarktet als „most finest track in the world." Das machen die Kiwis schon sehr gut. Ob das denn auch wirklich so ist, liegt sicherlich im Auge des Betrachters, ich fand den Hermannsweg im Teutoburger Wald auch nicht schlecht. Tatsache ist, dass dieser Vier-Tages-Marsch durch das Fiordland bis zum Milford Sound mit einer Natur und für den Wanderer äußerst spannenden Wegführung aufwarten soll, sodass eine Begehung mehr als lohnenswert wäre.

Tatsache ist aber auch, dass das auch der Rest der Wanderwelt weiß. Also wird die Anzahl der Wanderer durch das DOC reguliert. Im Netz hatten wir gelesen, dass pro Tag nur neunzig Abenteuerlustige auf den Weg dürfen. Das muss aber, je nach Saison, teils Monate im Voraus gebucht werden. Natürlich hatten auch wir zu Hause darüber nachgedacht. Für uns hieße das, dass wir unsere komplette Reise auf den Termin der Wanderung hätten abstimmen müssen. Ohne Gewähr, den Weg auch laufen zu können, da der wie alles vom Wetter abhängig ist. Wollten wir nicht. In Picton waren wir mit einem Pärchen aus Köln ins Gespräch gekommen. Die hatten ein halbes Jahr vorher den Weg gebucht, nur um dann vor Sturm und Starkregen kapitulieren zu müssen. Der Weg wurde geschlossen. Spontane Ersatztermine gibt es nicht. Die Enttäuschung war den beiden auch nach drei Wochen noch anzumerken, etwas, was wir uns ersparen wollten. Natürlich dann mit der Gefahr, gar keinen „Wanderplatz" zu bekommen.
Wir vertrauen auf unser Glück und schauen vor Ort, ob auf einem der Tracks denn noch was frei ist.
„The Milford Track is fully booked. For month. I´m so sorry!"
Da kann die nette Dame des DOC-Büros nun wirklich nichts dafür, dass wir wandertechnische Glücksspieler sind, sie entschuldigt sich aber, als ob sie die persönliche Verantwortung für unser Wanderglück trage. Und dabei auch noch schmählich versagt hat. Also beruhigen wir sie erst einmal und versichern ihr, dass wir nur mal schauen wollten, ob denn überhaupt noch eine Möglichkeit für einen der Tracks besteht. Eben auf gut Glück. Also kein Grund zur Panik. Die hat sie dann auch nicht mehr und wir können mit der Planung beginnen. Zwei Wege stehen ja noch zur Debatte.

Da geht es in erster Linie gar nicht mal so sehr darum, welchen wir laufen möchten, sondern wie!

Das ist abhängig von der Art der uns vorschwebenden Übernachtung. Geht man mit der Komplettausrüstung (Zelt, Iso-Matte, Kocher) ist man autark und unabhängig, und natürlich gäbe es dann deutlich mehr freie Plätze als bei einer Hüttenübernachtung.

Da fällt die Entscheidung doch leicht. Zelt und Kocher haben wir nicht, also Hütte. Warum denn autark, wenn´s auch bequem geht.

Das sei kein Problem, kontert die engagierte Rangerin. Alles, was wir bräuchten, kann man im Ort ausleihen. Sie ist wirklich bemüht, uns auf den Weg zu bringen.

Aber mit Großkampf-Rucksack, also gleich mal locker sechzehn Kilo auf den mittelalten Rücken, da haben weder meine Gattin noch ich so richtig Lust drauf. Wir sind ja auch langsam in einem Alter, indem man die Vorzüge einer gut beheizten Hüttenübernachtung durchaus zu schätzen weiß, und ich mag meinen Rucksack am liebsten leicht.

Die Hütten wären aber alle seit Monaten ausgebucht, bis auf die übermorgige Nacht in der Luxmore Hut auf dem gleichnamigen Berg, das erste Tagesziel des Kepler Tracks von Te Anau aus gesehen. Ein Pärchen sei da abgesprungen, die wollten mal eine Hüttenübernachtung in den neuseeländischen Bergen erleben, haben sich aber dann doch umentschieden. Alle anderen Hütten seien komplett ausgebucht und erst in einigen Wochen wieder frei.

Also heißt es schleppen über den gesamten Weg kontra Leichtgewichtstour für zwei Tage hin und zurück.

Die Dame hat dann noch einen sehr interessanten Vorschlag für uns.

Morgen würde es noch mal knackig heiß, danach soll das Wetter in den nächsten Tagen nicht unbedingt das Wanderherz erfreuen. Dunkle Wolken, böiger Wind und abfallende Temperaturen (übersetzt für Nicht-Wanderer: saunass, windig und arschkalt). Nichts, was den Weg schließen würde, aber schon ordentlich.

Wir könnten doch als Tagesetappe den Anfang des Weges gehen, sozusagen vom Endpunkt aus, und dann die Etappe zur Luxmore Hütte inklusive Übernachtung und Rückweg in den zwei darauffolgenden Tagen bewältigen. Die Dame ist wirklich sehr bemüht, uns auf den Weg zu bringen. Ist ihr Job, aber den Wunsch, Wanderern aus aller Welt die Schönheit Neuseelands zu zeigen, können wir spüren.

Die Idee klingt gut.

Schnell überschlage ich die zu bewältigende Gewichtslast und komme auf ein befriedigendes Ergebnis. Da stellt sich doch Wanderfreude ein. Zwar werden wir den viertägigen Track dann nicht ganz laufen, aber ehrlich, wen stört´s (kurze Überprüfung meines Innenlebens: Lüge ich mir da was in die Tasche oder stört es mich wirklich nicht? Nein, stört mich wirklich nicht!). Sinja sieht mich erwartungsvoll an, sie hat ihre Entscheidung schon lange gefällt und nur noch darauf gewartet, dass ich auch zum richtigen Entschluss komme.
Wir buchen die Hütte, den Preis übersehe ich einfach mal, sonst wird mir die Zeltalternative doch noch sympathisch, dann kaufen wir noch schnell Proviant und leihen im Ort einen Kocher, denn auf den meisten neuseeländischen Hütten muss man sich selbst versorgen. Einfache sanitäre Anlagen, Schlafsäle, Gas und Wasser sind zwar vorhanden, mehr aber auch nicht. Man darf sich das nicht wie die bewirtschafteten kulinarischen Paradiese der Alpenwanderwege vorstellen, auch wenn die Preise durchaus mithalten können. Ist eher eine spartanische Erfahrung. Schreckt uns jetzt nicht besonders, ist ja nicht unser erstes Mal.

Am Morgen stellen wir fest, dass es wirklich heiß ist.
Nein, stimmt eigentlich nicht. Es glüht. Die Sonne brennt auf das Land, als wolle sie noch einmal alles geben, bevor sie für die nächsten Tage Pause hat. Wir sind kurz davor, die geplante Tagesetappe vom Endpunkt des Tracks aus ausfallen zu lassen, das täte uns aber dann doch leid. Also packen wir einen Liter Wasser mehr in den Rucksack, werfen dafür mutig die Regenkombo raus, und auf geht es einige Kilometer nach Süden zu einem Parkplatz mit dem fröhlichen Namen „Rainbow Reach". Da dafür zumindest eine leichte, gerade sehr willkommene Nässe von oben nötig wäre, sehen wir keinen Regenbogen, nur einen gleißenden Sonnenball. Gnadenlos. Gott sei Dank geht der Weg jetzt erst einmal durch ein schattiges Wäldchen an einem idyllisch anmutenden Flüsschen entlang.
Der Kepler Track selbst ist wie auch die umliegenden Berge benannt nach dem deutschen Astronom Johannes Kepler und sticht etwas aus den anderen „Great Walks" heraus. Die basieren meist auf alten Pfaden der Maori oder der europäischen Siedler, der Kepler ist aber als Entlastung der anderen Wege (in diesem Fall für den Milford Track) extra angelegt worden.
Sehr interessant, etwas anderes finde ich gerade aber wesentlich spannender.
Ich kenne diese Gegend, ich war schon mal hier!?
Sinja bleibt stehen, reißt entsetzt die Augen auf und will mir spontan widersprechen. Sie weiß, was jetzt kommt!

Natürlich war ich noch nicht hier. Wie auch? Aber wenn ich zu solch einer Aussage komme, heißt das in fünfundneunzig Prozent der Fälle: Entdeckung eines Filmsets mit anschließendem drehgeschichtlichen Vortrag für meine jetzt schon seufzende Ehefrau und folgender akribischer Suche weiterer Drehorte mit selbstverständlich langwieriger, weil höchst genauer Fotodokumentation für die anderen Filmbekloppten daheim.

Auf einer Bulli-Tour durch Kroatien haben wir mal eher aus Versehen einen Stopp im Nationalpark Paklencia gemacht. Wie sich herausstellte, einer der Hauptdrehorte der Karl-May-Filme der Sechziger. Man mag sich erinnern, sozusagen die Schlagerversion der Indianerfilme, von vielen belächelt, von mir geliebt und noch immer Kult. Zwei Tage war ich im absoluten Winnetou-Fieber, bis mir Sinja die Kamera weggenommen und mich zum Abkühlen in einen dieser eiskalten Gebirgsbäche geschickt hat. War ein echter Test für unsere Beziehung.

Der verzweifelt-resignierende Blick, den sie mir zuwirft, wirkt ähnlich kühlend, also verzichte ich auf die oben genannte Abfolge und mache nur ganz schnell ein paar Fotos. Währenddessen kann Sinja ja etwas trinken. Ist ja auch sehr heiß. Da muss ein Päuschen sein. So treusorgend bin ich.

Nur der Vollständigkeit halber, an der Campsite-Rezeption erfahren wir am Abend wirklich, dass der Waiau River, der uns heute eine Zeit lang begleitet, den Fluss „Anduin“ im ersten Teil der „Herr der Ringe“-Trilogie darstellt. Und so ganz nebenbei laufen wir durch „Fangorn“ (man mag sich erinnern, dieser düstere und gefährliche Wald, der quasi ein Eigenleben führt), da die Wälder rund um den Lake Te Anau und den Lake Manapouri genau dafür als Kulisse genutzt worden sind. Jawohl!

Der Manapouri-See mit der Moturau Hut ist auch unser Ziel für heute, bevor es wieder zurückgeht. Laut Reiseführer ein wunderschön gelegenes Gewässer, umrahmt von dichtem Wald mit einem herrlichen Blick auf die Hunter und Kepler Mountains.

Und von Sandflies!

Normalerweise hilft da die einheimische Chemiekeule, und wenn mal nicht, dann haben wir immer noch unsere langen Regensachen. Besser schwitzen als kratzen.

Heute ist definitiv „und wenn mal nicht“, und passenderweise haben wir für das zusätzliche Wasser im Rucksack alles Langärmlige im Auto gelassen.

Der Ausblick wird nur kurz genossen und wir eilen geradezu zurück in den dichten Wald, den die Mückenscharen anscheindend meiden. Ist ja auch Fangorn.

Am Parkplatz angekommen haben wir dann noch eine Begegnung der dritten Art. Am Wegesrand sitzen im Straßenstaub zwei völlig desolate, apathisch starrende Gestalten.
Wir müssen an denen vorbei und es ist unschwer zu erkennen, dass wir zu einem der parkenden Autos wollen. Ich kann´s förmlich riechen, die quatschen uns jetzt an. Und wirklich krächzt es hinter uns: „Excuse me, guys, do you have a moment? Do you have two places in your car back to town?"
Das ist etwas, wo ich grundsätzlich so meine Probleme habe.
Ich oute mich mal als Angsthase und Spießer; ich hasse es, Anhalter mitzunehmen. Die paar Mal, wo ich das aus purem Mitleid getan habe, kann ich an einer Hand abzählen und bräuchte noch nicht mal alle Finger. Ich fahre auch nicht selbst per Anhalter. Warum, wieso, ich weiß es nicht. Vielleicht, weil man als Kind ständig davor gewarnt worden ist. Vielleicht, weil ich zu oft „Aktenzeichen XY ungelöst" geschaut habe. Ich habe keine Ahnung. Sinja sieht das etwas entspannter.
Doch so, wie die beiden Gestalten aussehen, käme es einer Menschenrechtsverletzung gleich, die hier stehen zu lassen, wahrscheinlich würden wir uns sogar der unterlassenen Hilfeleistung schuldig machen. Beide sind völlig verstaubt, durchgeschwitzt, anscheinend auch leicht dehydriert, vom Geruch mal ganz zu schweigen. Also fackeln wir nicht lange, Sinja bietet den beiden einen Platz an, und ein Leuchten kommt in die stumpf blickenden Augen. Die haben zu zweit auch nur einen Rucksack, mit dem sie langsam auf uns zu wanken. Wer bei allen Wandergöttern sind die?
„Die" sind Urs und Köbi, zwei Schweizer Studenten, die ein Jahr „auf der Suche nach dem Abenteuer" sind. So wie die aussehen, haben sie das wohl auch gefunden.
Sinja hat mal wieder den Blick fürs Wesentliche und bietet den beiden im Auto an, sich von den auf der Ablage liegenden Äpfeln und der Wasserflasche zu bedienen. Sie hat noch nicht ausgeredet, da höre ich beim Fahren schon Geschmatze und das typische Geräusch von zu großen Wasserschlucken mit nachfolgenden Hustenattacken. Wo waren die denn? Doch wohl nicht auf dem Kepler Track? Hoffe ich angesichts unserer Wanderpläne zumindest.
Köbi, ein langer Schlacks mit Hardrocker-Mähne, lüftet das Geheimnis.
Sie waren wirklich auf dem Weg, allerdings in der Hardcore-Version. Um Geld zu sparen, haben sie sich für die Zelt-Variante entschieden. Urs, eher der schweigsame Typ (oder einfach nur völlig fertig), hat aber von Natur aus einen kaputten Rücken. Also haben sie Ausrüstung und Proviant in Köbis Rucksack gepackt. Damit der dann unter der eigentlich für zwei Leute gedachten Last nicht zusam-

menbricht, wurde am Proviant (Trockenmüsli mit ohne alles) gespart und die Tagesetappen von vier auf zweieinhalb verkürzt. Der Proviant sei ihnen dummerweise gestern Mittag ausgegangen und viel Wasser (das wiegt halt, kennt jeder Wanderer) hätten sie auch nicht dabeigehabt. Das und eine nicht zu verachtende Blase an Köbis linkem Spann habe ihnen dann den Rest gegeben.
Wir wissen nicht, was wir sagen wollen.
Entweder ist das ein Beispiel für eine selten große Dämlichkeit oder für eine unglaubliche Freundschaft. Wir entscheiden uns für die zweite Variante und sind doch froh, die beiden mitgenommen zu haben. Bei ihrem Auto angekommen, will sich Köbi unbedingt auch materiell bei uns bedanken, und zwar in Form einer CD seiner Band. Er sieht nämlich nicht nur aus wie ein Hardrocker. Er ist auch einer. Er besteht darauf und ganz ehrlich, gar nicht schlecht!
Abends erholen auch wir uns von den Strapazen des Tages, packen die Rucksäcke und gehen dann früh ins Bett. Zwar sind wir gut vorbereitet. Aber man weiß ja nie, was einen beim Wandern so erwartet. Oder wen man trifft.

Am anderen Morgen zeigt sich mal wieder die Zuverlässigkeit der neuseeländischen Wetter-Apps. Leider, muss man sagen.
Noch ist es trocken. Doch die Temperaturen sind spürbar gefallen, der Wind zieht in starken Böen über das Land. War ja auch so vorhergesagt. Und so, wie sich die Wolkenbänke langsam aber sicher aufbauen, wird es irgendwann heute eine ziemlich nasse Angelegenheit werden. Aber Gott hat nicht nur den Regen, sondern auch die dazu passende Jacke erfunden, und die haben wir heute ganz sicher dabei. Zusätzlich zum Wasser natürlich.

Anfangs ist das Wandern entlang des Lake Te Anau ein echter Genuss.
Der breite Weg führt flach an dicht gewachsenen, Schatten spendenden Buchen vorbei, die mit sattem Moos überzogen im Zwielicht fantastische Figuren zu bilden scheinen. Hat schon ein bisschen was von einem Märchenwald. Trotzdem ist erhöhte Aufmerksamkeit geboten, denn auch wenn wir hier im dichten Gehölz vor den Böen weitestgehend geschützt sind, so biegen sich Äste und Kronen so im Starkwind, dass wir die nicht ganz unbegründete Sorge haben, von abgebrochenen Zweigen oder gar Ästen getroffen zu werden. Bei dem Getöse, was in den Baumwipfeln herrscht, würden wir das Brechen noch nicht einmal hören.
An der Brod Bay ist es dann soweit. Ab jetzt stehen drei bis vier Stunden Aufstieg auf dem Programm. Te Anau liegt 200 Meter über dem Meeresspiegel, die Luxmore Hut auf 1085. Das will auch erst einmal bewältigt werden.

Bevor es nun merklich steiler in Serpentinen in die Höhe geht, wollen wir uns am Strand noch ein Päuschen gönnen. Doch die Ecke hier ist nicht nur für eine wunderschöne Natur, sondern auch für Sandflies in rauen Mengen bekannt. Eher berüchtigt. Auf meiner persönlichen Verbreitungsliste dieser Quälgeister belegen Te Anau und Umgebung ganz sicher einen der vorderen Plätze.
Also fällt unsere Pause mal wieder recht kurz aus, mehr als eine Müsliriegel-Länge ist nicht drin, und selbst die ist nicht erholsam, dann geht es zuerst moderat, danach recht zügig sehr steil auf dem nun enger werdenden Pfad den Berg hoch.
„It´s a really beautiful way, but you need fitness“, hatte uns die Rangerin vom DOC gesagt. Und in beiden Punkten hat sie vollkommen Recht.

Sowohl der dichte Wald als auch die Ausblicke runter auf den See und später über das Land hinaus sind eine wahre Wonne für die Augen. Dafür wird das Aufsteigen, je höher man kommt, zu einer schweißtreibenden Plackerei. Es dauert keine zwanzig Minuten und unser Gespräch beschränkt sich auf ein „Alles klar? Geht´s noch?“. Dann hören wir nur noch unser eigenes Keuchen und den Puls in den Ohren rasen. Ich muss an die Kiwi-Oma vom Abel Tasman denken. Heute, glaube ich, würde sie unsere so verschmähten und belächelten Gehhilfen wohl in einem anderen Licht sehen. Ohne die Wanderstöcke hätten unsere Oberschenkel aber ganz schlechte Karten. Wir sind mehr als dankbar, dass wir hier nicht mit der Komplettausrüstung hoch müssen. Würde sicherlich auch gehen, wenn man das denn wollte. Aber wir wollen nicht.

Ausblick vom Track auf den Lake Te Anau

An den Limestone Bluffs machen wir eine kurze Rast und genießen unsere obligatorischen Müsli-Riegel. Heute mal Waldbeere. Sonst lasse ich ja nichts auf Schoko kommen, die konnten wir in der Bruthitze von gestern eigentlich nur trinken. Also hat Sinja gestern Abend noch schnell eine „trockenere" Variante gekauft. Kann man mögen. Oder auch nicht.
Aber auch an den gewaltigen Kalksteinfelsen halten wir uns nicht lange auf. Zwar sollen hier laut Reiseführer Fossilienfragmente von Muscheln und Algen zu finden sein, aber der Weg, jetzt eher ein Trampelpfad, führt unter einem Überhang her und ist passenderweise bedeckt mit einer beeindruckenden Anzahl abgebrochener Steine. Zwar nicht besonders groß, doch auch ein Kalksteinstück in der Größe eines Tennisballs möchten wir nicht unbedingt aus zwanzig Metern Höhe aufs Häuptl bekommen.
Dann geht es wieder steil den Berg hoch, und der Genuss der Ausblicke verschwindet hinter dem Wunsch, einfach nur noch oben anzukommen.
Natürlich ist das bei fast jeder Bergtour so, wer was anderes sagt, der lügt! So! Doch es ist auch immer wieder erstaunlich, dass man jedes Mal aufs Neue überrascht ist, wie anstrengend das Wandern sein kann. Wahrscheinlich haben Wanderer diesbezüglich ein von der Natur eingerichtetes Kurzzeitgedächtnis. Macht auch Sinn, warum tut man sich das sonst auch an, und dann noch freiwillig.

Ein Grund könnten gerade hier die Bäume sein.
Nun gut, Bäume sind, wenn nicht gerade ein biologischer Hingucker wie zum Beispiel die riesenhaften Redwoods, nicht so interessant für den Otto-Normal-Wanderer. Zumindest habe ich noch keinen getroffen, der vor Begeisterung im Dreieck springt, wenn er eine Buche oder eine Birke sieht. Das ist hier anders. Wenn Neuseeland dem Naturfreund etwas bietet, dann Bäume und Gehölze in bizarrster Form. Eigentlich überall im Land. Heute vielleicht noch ein bisschen mehr, habe ich den Eindruck. Das lenkt sogar von den Anstrengungen des Aufsteigens ab. Mal sind die Bäume über und über mit saftigen Moosen überzogen, mal bilden sie Formen, dass sie aussehen wie erstarrte Märchengestalten, mal erkenne wir in den ledrigen Baumrinden fantastische Gesichter oder ganze Gestalten. Die Aststümpfe sehen im Wechsel zwischen Schatten und Sonne manchmal sogar aus wie Augen. Eine irre Erfahrung, durch so einen fast mystisch anmutenden Wald zu laufen. Naja, wanken wäre wohl der ehrlichere Begriff.
Nach harten drei Stunden und beeindruckendem Schweißverlust erreichen wir die Baumgrenze und treten aus dem Wald heraus.

Grasebene auf dem Weg zur Luxmore Hut

Links von uns erhebt sich der Mount Luxmore, blicken wir zurück, haben wir eine wunderbare Panoramasicht auf den Lake Te Anau und den Lake Manapouri. Doch auch wenn wir weit oben stehen, so können wir doch unschwer die Schaumkronen der Wellen auf beiden Seen erkennen. Der Wind hat jetzt fast Sturmstärke, und das Tussockgras, das die gesamte Hochebene bedeckt, beugt sich unter den Böen. Hinter dem Berg Luxmore baut sich eine tief dunkle Wolkenbank auf, die alles in ein bedrohliches Zwielicht taucht. Kurz spielen wir mit dem Gedanken, wieder in den Wald und runter zu gehen, doch bis zur Hütte soll es nur noch eine Dreiviertelstunde sein, allerdings über die ungeschützte Hochebene. Zur Hütte wollen wir, als fackeln wir nicht lange und legen einen Zahn zu Richtung Unterkunft. Das ist jetzt leichter gesagt als getan, denn nicht nur das Gras, auch an uns zerrt der Starkwind nun gewaltig, besonders, als wir einige Hundert Meter auf einem schmalen Bohlenweg überbrücken müssen. Da der Wind schräg von vorn kommt, gehe ich vor, bin ja auch etwas, nennen wir es mal, kompakter gebaut als meine bessere Hälfte. Die hält sich hinten an meinem Rucksack fest und so erreichen wir nach knapp fünfunddreißig Minuten (leichte Sorge ist doch ein nicht zu unterschätzender Motivator) die Luxmore Hütte, ein recht flach gehaltener Zweckbau, eng an die Flanke des Berges geschmiegt. So, als ob er sich vor den Stürmen und Unwettern der Region schützen wollte. Unser Heim für die Nacht. Und vor allen Dingen der Ort, wo wir Essen kochen können. Jetzt, wo wir die Hütte fast erreicht haben, spüren wir den beißenden Hunger. So ganz ohne war der Tag ja nicht.

Luxmore Hut

Und dann ist er da, der so herbeigesehnte Augenblick, den jeder Bergwanderer kennt (und fürchtet).
Der Augenblick, wenn du die Tür zum Vorraum der Hütte aufmachst und eintauchst in diesen Nebel aus Kochdünsten, verschwitzten Bergstiefeln und ausgelüfteten Wandersocken, die ihre eigentliche Saug- und Dämpfkraft erst nach tagelangem dauerhaftem Tragen erhalten. Das Ganze garniert mit dem hauchzarten Aroma der persönlichen Ausdünstungen Dutzender menschlicher Wandermaschinen, die einen deutlichen Hinweis auf die Strapazen des harten Tages geben. Würde dieses Aroma einmal als „Eau de Montagne" vermarktet werden …
Ich würde es nicht kaufen.
Die Luxmore Hut ist proppenvoll.
War ja eigentlich klar, schließlich gab es ja nur noch zwei freie Plätze, trotzdem sind wir doch leicht verwundert, da wir auf dem Weg heute niemanden getroffen haben. Wahrscheinlich sind alle von der anderen Seite aus gestartet. Oder morgens um sechs.
Da wir augenscheinlich die letzten der Mohikaner sind, fällt die Auswahl der Betten nicht schwer. Wir finden ganz hinten auf der zweiten Ebene ein Vierer-Matratzenlager, noch komplett frei. Die beiden anderen werden wohl schon im Aufenthaltsraum sein.
Der ist in einer Selbstversorger-Hütte eine Kombi aus Küche, Sitz- und Essgelegenheit und vor allen Dingen der Bereich, in dem man die Ereignisse des Tages mit den anderen Wanderfreudigen Revue passieren lassen kann. Natürlich in einer Lautstärke, die dem Rave-Festival in Nelson in nichts nachgestanden hätte. Jeder will seinen dokumentarischen Beitrag leisten und tut es auch. Wir stürzen uns ins Getümmel, völlig heiß auf warmes Essen, das auf einigen rudimentären Gasherden zubereitet werden kann. Großmütig will ich heute mal kochen, meine Frau soll es sich auf einer der Bänke bequem machen und mal nichts tun. Wasser zu kochen und das in unsere Tütennahrung zu füllen, wird mich ja wohl nicht überfordern.
Tut es aber doch, besser gesagt, der Gasherd tut es. Das Problem lässt sich dann aber schnell und fachmännisch lösen, als eine nette Französin mir erklärt, dass ich den Gashahn erst aufdrehen müsse.

Dann endlich gibt es Abendessen und wir hauen rein!
Ich bin eigentlich kein Freund von Trekking-Nahrung. Selbstverständlich, sie ist völlig entwässert, dementsprechend mit wenig Trage-Gewicht im Rucksack, grundsätzlich sehr kalorienreich und mit heißem Wasser sehr leicht zuzubereiten. Und da man selbiges direkt in die Tüte kippt und die dann als Essschüssel verwendet, spart das auch wieder Gewicht. Meist sind die Tüten sogar recycelbar.
Aber es schmeckt halt nicht unbedingt nach dem, was die Aufschrift auf der Verpackung so verspricht. Unser „beef with rice and vegetables“ macht zwar satt, sogar ordentlich, erinnert aber in Konsistenz und Geschmack eher an Presspappe mit Holzstücken.
Da schauen wir doch etwas neidisch drein, als neben uns die sechsköpfige Gruppe der hilfreichen Französin vom Gasherd aus ihren Proviantbeuteln Käse, Baguette, Schinken, Äpfel und in Tupperdosen vorbereitete Lasagne hervorzaubert. Sind eben gute Franzosen. Da steht der kulinarische Genuss grundsätzlich vor der eisernen Regel des Gewicht-Einsparens. Wahrscheinlich haben die eher ihre Schlafsäcke zu Hause gelassen und noch ein bisschen Rotwein eingepackt, flüstere ich Sinja zu, und erstarre in ehrfürchtigem Staunen, als drei der sechs tatsächlich jeweils eine Flasche Rebensaft dabeihaben.
Als Nachbarn von Tisch und Bett (wir erfahren hinterher, dass wir genau über der Genießer-Truppe schlafen) bekommen wir sogar ein Gläschen ab. Vive la France!!!
Getoppt werden die Vertreter der „Grand Nation“ nur durch ein neuseeländisches Pärchen, das aus seinem Rucksack ein recht dickes in Alu-Folie eingewickeltes Paket holt und öffnet. Die haben wirklich und wahrhaftig vier unterarmgroße Stücke Lachs als Proviant dabei!
Dann hat Jake seinen Auftritt.
Und ganz ehrlich, der schlägt jede Comedy-Sendung im deutschen Fernsehen. Jake ist einer der Ranger des Nationalparks und heute für die Luxmore Hut, wir würden sagen, als Hüttenwirt (hier heißt es „Hut Ranger“) zuständig.
Diese Hut Rangers haben in den Selbstversorger-Hütten eigentlich wenige Aufgaben, vergleicht man das mit den Hüttenwirten der Alpenregionen. Wobei da natürlich ein Großteil der Arbeit in der Küche liegt. Dafür sind die Hut Ranger hier neben dem Sauberhalten des Gebäudes und der Umgebung auch in Teilen verantwortlich für die Sicherheit der Wanderer. Da die Schlafplätze namentlich im Vorfeld gebucht werden müssen, wird am Abend kontrolliert, ob auch alle Angemeldeten anwesend sind, oder ob, nach Abklärung der Wetterlage und ähnlichen Begebenheiten, eventuell eine Suche gestartet werden

muss. Kennen wir natürlich auch aus einigen Ecken in Europa, hier wird das aber bei aller kiwieigenen Gelassenheit eng gesehen. Schafft ein Gefühl von Sicherheit, sofern das die Berge erlauben. Auch für die Begehbarkeit und Sauberkeit der Wege sind sie verantwortlich, nebenbei stehen sie, besonders was die Wetterlage und mögliche dadurch bedingte Gefahren betrifft, mit Rat und Tat zur Seite.

Heute sind alle Angekündigten da, zwei wären abgesprungen, da werde ich hellhörig. Sollte sich das auf die beiden Plätze auf unserer Matratzen-Ebene beziehen? Das wäre bei einer Hüttenübernachtung ein Glücksfall, den ich persönlich nicht mit Gold aufwiegen könnte. Mir war schon immer unangenehm, Schlafsack an Schlafsack mit mir völlig fremden Menschen zu schlafen. Ließ sich nicht immer vermeiden, und das waren auch bestimmt ganz nette Leute, aber so richtig entspannen kann ich dabei nicht. Irgendwie habe ich immer das Gefühl, die dringen in meine innere Privatsphäre.

Jake selbst ist ein echtes Original.

Gekleidet im Kiwi-Trekking-Style (Wollsocken, lange Elli, darüber Wander-Shorts; das habe ich sozusagen als „Tracht" bisher nur in Neuseeland gesehen), scheint seine schmächtige Gestalt in dem grünen XXL-Fleecepulli fast zu versinken.

Er erinnert mich ganz schwer an „Sam Hawkens" aus den Winnetou-Romanen, im Film kultig dargestellt von Ralph Wolter, die Älteren mögen sich erinnern; ein lustiger Kauz, O-beinig, mit einem Wust grauschwarzer Wuschelhaare und einem ebensolchen Bart in einem verschmitzten Gesicht, aus dem zwei kluge Äuglein schalkhaft in die Welt blitzen. Dabei aber schlau, achtsam und jeder Zeit Herr der Lage.

Meine literarisch-filmischen Gedanken behalte ich aber heute für mich. Erst Hobbiton, dann Mordor, später Milford und gestern der Anduin aus dem „Herrn der Ringe", mehr kann und sollte ich im Sinne der Urlaubsstimmung meiner Frau nicht zumuten.

Also beschränke ich mich darauf, ihr meine offenkundige Sympathie für das Kerlchen ins Ohr zu flüstern, da überrascht sie mich mit den Worten: „Sag mal, der sieht doch aus wie einer von diesen Wild-West-Typen von deinen Winnetou-DVDs. Sam Hastdunichtgesehen oder so, findest du nicht?"

Nie war ein Ehemann stolzer.

Nebenbei ist Jake auch ein echtes Kommunikations-Genie, der ganz genau weiß, welche Tasten er auf der Klaviatur seiner heutigen Gäste drücken muss. Denn auch wenn Wanderer im Großen und Ganzen nicht unbedingt zu der Sparte „Ich habe das aber gebucht!" gehören, Ausnahmen bestätigen die Regel. So ist doch nicht jedermann begeistert, wenn ihm die vielen Hüttenregeln (keine Wanderstiefel im Aufenthaltsraum, jeder räumt sein Zeug weg und nimmt seinen Müll wieder mit, die Toiletten gehören allen, Klopapier darf nur sparsam verwendet werden, oben ist der Ruhebereich, und überhaupt, benimm dich einfach wie ein zivilisiertes Wesen der menschlichen Sozialgemeinschaft) noch einmal deutlich vor die müden Augen gehalten werden.

Besonderen Wert legt unser Hut-Ranger auf die Einhaltung des Rauchverbots im ganzen Gebäude, auch auf den dafür so oft missbrauchten Toiletten. Letzte Woche hätte das einer einfach mal versucht und dabei die Rauchmelder übersehen. Es sei für alle Beteiligten kein Spaß gewesen, nachts um zwei nur in Schlafklamotten und „in the rain“ draußen zu warten, ob wirklich ein Feuer ausgebrochen sei.

„This guy had no friends anymore!“

Kann ich mir gut vorstellen, auch wenn die Art und Weise, wie Jake die Story von sich gibt, sogar den mürrischen Ösi rechts von uns zu Lachanfällen zwingt. Ja, Jacob weiß mit dem Wandervolk umzugehen.

Da er heute seinen letzten Tag hier habe (nach einer festgelegten Zeit wird jeder Ranger abgelöst) will er seinem Nachfolger eine saubere und aufgeräumte Hütte hinterlassen. Hieße für uns, nichts von unserem Zeug zu vergessen. Zwar gäbe es bei der jährlichen Ranger-Party einen Wettbewerb, wer das kurioseste Fundstück auf seiner Hütte gefunden habe, und den hätte er schon dreimal gewonnen, aber das sei ja auch unschön für die, die ihre Sachen haben liegengelassen.

„By the way“, letztes Jahr hätte er etwas Interessantes gefunden, nämlich ein …

Das Wort geht im brüllenden Gelächter der Meute unter, ich meine den englischen Ausdruck für „Büstenhalter“ gehört zu haben, Sinja hat eher „Puppe“ verstanden. Der geneigte Leser mag selbst entscheiden, was da mehr zum Lachen anregt. Wobei, wer weiß, was für eine Puppe das war.

Jake steht am Ende seiner Show noch für die eine oder andere Frage oder einen schnellen Schnack zur Verfügung, und man merkt schnell, dass dieses witzige Kerlchen in den Bergen ein echter Vollprofi ist. Und furchtbar nett.

Doch dann machen sich schnell die Anstrengungen der Tour bemerkbar und recht zügig bewegt sich alles Richtung Schlafräume.

Wer schon einmal auf so einer Hütte übernachtet hat, weiß, das ist kein lauschiger Spaß. Das ist Großkampf mit und gegen sich selbst und andere.

Der Schlafsaal mit dem Matratzenlager ist zwar als Ruhebereich ausgewiesen, aber: Einer reicht völlig, um das ungeschriebene Gesetz auszuhebeln; entweder, weil er ein rücksichtloses Arschloch ist (man möge diese Ausdrucksweise verzeihen, aber wer einmal einen randalierenden, betrunkenen Wanderer laut grölend nachts um drei im Schlafsaal erlebt hat, der wird diese Formulierung möglicherweise als zu milde empfinden) oder weil er schnarcht. Ich gehöre zur zweiten Fraktion, aber wie es halt so ist, wer austeilt, muss nicht unbedingt auch einstecken können. Soll heißen, wenn jemand neben mir sein Gaumenzäpfchen malträtiert, hat sich das bei mir mit dem Schlafen erledigt. Ich war mal mit meinem alten Herrn auf dem Jakobsweg. Ich weiß nicht, was anstrengender war, die Tage oder die Nächte. Oropax kann ich dummerweise nicht vertragen.

Aber wir werden wirklich beschenkt, die Plätze neben uns bleiben frei! Für Nicht-Wanderer schwer zu verstehen, alle anderen wissen: Sechser im Lotto.

Irgendwann verstummen dann auch die typischen Geräusche vor dem Einschlafen. Nur von den Franzosen unter uns ist noch hin und wieder ein leises Kichern zu vernehmen. Da hat es wohl eine der Rotwein-Flaschen bis in den Schlafsack geschafft.

Auch uns geht es gut. Sehr gut. Wir haben heute eine ordentliche Tour hingelegt, sind satt und wohlig erschöpft. Alle Sorgen und Gedanken, die man auch auf so einer Reise hat, da muss man sich gar nichts vormachen, haben wir unten im Tal gelassen. Wir genießen dieses kleine Abenteuer und fühlen uns etwas wie zwei verknallte Teenies im Zeltlager. Da wurde auch ganz eng gekuschelt. Natürlich nur wegen der Wärme.

In der Nacht werden wir von einem Geräusch geweckt, das wir nicht einordnen können. Es klingt wie eilige, tapsige Schritte auf dem Blechdach. Kann aber irgendwie nicht sein. Welches Tier würde so watscheln? Nebenbei, welche Tiere gibt es hier eigentlich? Bevor das zu einem möglichen Gedanken-Karussell mitten in der Nacht führt, schlafen wir lieber weiter. Ein Kiwi-Killer-Kaninchen wird´s ja wohl nicht sein.

Das Aufwachen am Morgen ist dann halt so, wie es im Massen-Schlafsaal einer Berghütte beim Aufwachen am Morgen halt so ist. Über die Geräusche und auch Gerüche, die dabei zu spüren sind, sollte vielleicht der gnädige Mantel des Schweigens gebreitet werden. „Angenehm“ würde ich das jetzt nicht unbedingt nennen.

Aber es treibt einen aus den Federn, obwohl eilige Hektik eh nicht geboten ist. Es gibt für die 54 Gäste vier Toiletten und ein Waschbecken, da musst du schon um fünf raus, um der Erste zu sein, und danach ist es eigentlich egal, wann du dran bist.

Auch das Wetter sieht eher nach einem verlängerten Aufenthalt im warmen Schlafsack aus. Jake hatte uns gestern Abend vorgewarnt. Es gießt in Strömen, Windböen peitschen über die Hochebene. Hilft aber nichts, irgendwann müssen wir raus, und sei es, um dann im Tal etwas Vernünftiges zu essen. Nasi Goreng aus der Tüte ist als Frühstück nicht unbedingt die erste Wahl. Macht aber satt. Ob vor Ekel oder wegen der Kalorien ist egal, das Ergebnis zählt.

Selbstredend sind wir zusammen mit einem englischen Pärchen die letzten, die aufbrechen. Sogar noch nach Jake. Warum auch nicht, wir haben ja keine Eile. Ins Tal werden wir je nach Lust und Laune vier bis fünf Stunden brauchen, also gemach.

Ein unerwartetes, rauschendes Knattern unterbricht uns in unserer Trägheit und ein Blick nach draußen zeigt Unerwartetes. Neben der Hütte ist ein kleiner Hubschrauber gelandet, einer von diesen Mini-Fliegern, mit denen hier auch Vieherden zusammengetrieben werden. Drei Personen steigen aus, ein mittelaltes Pärchen und ein junger Mann, der einen leichten Rucksack lässig nur auf einer Schulter trägt. Das Pärchen sieht aus wie zwei reiche Jacht-Besitzer, die sich in die Berge verirrt haben, so wie die gekleidet sind. Nicht unbedingt zweckmäßig für die Umgebung und ganz sicher nicht für die Witterung. Die Schuhe, die die beiden tragen, sehen eher aus wie Pseudo-Wanderschlappen aus dem Edelkatalog.

Das englische Pärchen klärt uns auf.

In Te Anau habe man die Möglichkeit, einen Flug zum Kepler zu buchen, und dann auf den Grat des Mount Luxmore zu gehen, um ein bisschen Berg-Feeling mit Panoramablick zu erleben. Natürlich nur, wenn man sich das auch leisten kann.

Dafür haben die zwei sich aber nicht den besten Tag ausgesucht.

Der junge Mann mit dem Rucksack sei wohl der Guide, der die Verpflegung oder was auch immer trägt.

Das ist mal abgefahren! Was soll man davon halten?

Für uns, die wir es mit Kraft, Willen und sehr viel Schweiß bis nach oben geschafft haben, fühlt sich diese Art von Berg-Tourismus falsch und faul an, in jeder Bedeutung des Wortes. Auf der anderen Seite, uns hat ja niemand zu der Plackerei gezwungen, also warum sollten andere nicht den bequemeren Weg wählen? Wenn sie es sich denn leisten können. Trotzdem, so innen drin fühlt sich das nicht richtig an.

Dann passiert etwas, was meine durch nichts zu begründende Abneigung bestärkt. Fairerweise muss ich sagen, dass das Pärchen daran wohl unschuldig ist. So verstehe ich die Situation wenigstens.
Der Guide, ein echter Schmierlappen, lädt die beiden mit großherrlicher Geste ein, den Aufenthaltsraum zu betreten. Natürlich ohne die Schuhe auszuziehen. Dabei erzählt er dem Pärchen irgendetwas über die Hütte und scheint sich gleichzeitig darüber lustig zu machen. Ich weiß nicht, was mich da reitet, aber spontan bitte ich die drei, doch die Gehwerkzeuge vor der Tür zu lassen, der Hut-Ranger hätte hier vorhin noch sauber gemacht.
Die Antwort des Guides verschlägt mir die Sprache.
„Clean? What is here clean? Have a look around. It´s anyway dirty, so what?"
Dabei grinst der Typ mich ölig von oben herab an.
Eher selten, aber mir fehlen die Worte.
Ich drehe mich um, unfähig, auf eine solche Frechheit und auch Respektlosigkeit dem Hüttenwirt und auch den Wanderern gegenüber zu reagieren. Ich weiß nicht, was mich mehr ärgert, das Verhalten dieser gegeelten Arroganz oder meine mangelnde Schlagfertigkeit.
Sinja haut mich raus, indem sie lauthals auf Englisch, soll ja auch jeder verstehen, in den Raum rein ruft.
„Don´t be angry. He just carries the luggage for rich people."
Keine Ahnung, ob der Adressat das verstanden hat, so unbeteiligt hochnäsig, wie der geradeaus guckt. Der weibliche Teil des Pärchens hat es aber ganz sicher, wobei sie eher den Guide als uns mit hochgezogenen Brauen betrachtet. Ihr ist das Ganze wohl peinlich.
Sie gehen und wir packen unsere Rucksäcke, allerdings leicht ernüchtert.
Bevor wir dann auch die Hütte verlassen, sehen wir die drei wieder zum Hubschrauberlandeplatz zurückeilen. So schnell können die doch nicht auf dem Gipfel gewesen sein? Schon gar nicht bei diesem Wetter. Waren sie wohl auch nicht, denn der Guide buckelt mit beschwichtigenden und entschuldigenden Gesten, so interpretiere ich das zumindest, dem ziemlich ergrimmt schauenden männlichen Teil des Pärchens hinterher. Sieht so aus, als ob der großspurig etwas versprochen bekommen hat, was wohl nicht zu halten war. Mag nicht unbedingt für meinen Charakter sprechen, aber irgendwie wünsche ich das dem Schmierlappen.
Derweil hat sie noch einmal die Hütte betreten, die Schuhe ausgezogen und Sinja freundlich nach der Toilette gefragt. Lassen wir jetzt einfach mal so stehen.

Es hat leicht aufgeklart. Wind und Regen haben etwas nachgelassen, sodass wir noch einen kleinen Abstecher zu den Luxmore Caves wagen.
Urs und Köbi hatten uns zwischen zwei Schlucken Wasser von der Tropfsteinhöhle zehn Minuten von der Hütte entfernt erzählt. Sehr lohnenswert, sehr abenteuerlich, sehr lang, sehr eng und sehr dunkel. Genau das Richtige für Personen mit leicht klaustrophobischen Eigenheiten.
Einen Blick wollen wir trotzdem riskieren und tasten uns die glitschigen Holzstufen in die Düsternis hinunter.
Mir reicht ehrlich gesagt schon der Eingangsbereich.
Es ist wirklich sehr dunkel, auch wenn, durch unsere Stirnlampen angeleuchtet, die mineralischen Ablagerungen und auch einige Tierchen, die da so von der Decke hängen, die Höhle in einen metallischen Glanz tauchen. Ein Höhlenforscher käme hier wohl auf seine Kosten, allerdings hat das einströmende Regenwasser das leicht abfallende Felsgestein in eine Rutschbahn verwandelt, ein echter Halt ist kaum zu finden. Angeblich soll es fast vierzig Minuten dauern, um bis zum Ende der Höhle zu gelangen. Gott sei Dank sind wir keine Höhlenforscher und müssen das nicht. Wir haben es ja gesehen, sollte reichen. Also kehren wir um und laufen zurück. Und das hat rein gar nichts damit zu tun, dass es da drinnen wirklich gruselig ist.
Auf dem Weg ins Tal kommen wir noch einmal an der Luxmore Hut vorbei, an der schon die erste Wandergruppe des heutigen Tages angekommen ist. Für mich immer ein etwas peinlicher Moment, wenn andere Wanderer ihr Etappenziel erreichen, bevor ich überhaupt losgelaufen bin.
Die vier Deutschen sind praktisch in der Morgendämmerung in Te Anau gestartet und jetzt erst einmal heiß auf ein frühes Mittagessen.

Ein Kea, der auf seine Chance wartet.

Da hat aber der Till Eulenspiegel der neuseeländischen Bergwelt was dagegen. Nicht, dass der Kea auf dem Geländer der Hüttenveranda kein Verständnis für den Verzehr der mitgebrachten Lebensmittel hätte, im Gegenteil. Nur will er am reichhaltigen Mahl teilhaben, und trotz aller teils recht harschen Versuche, ihn zu vertreiben, wankt und weicht er nicht in seinem genetisch verankerten

Anliegen, seinen ihm zustehenden Anteil einzufordern. Selbst wenn es ihn ein paar Federn kostet.

Der Jüngste der Truppe greift sogar irgendwann zu drastischen Maßnahmen und geht mit seinem Wanderstock auf den Quälgeist zu, der gibt sich vorläufig geschlagen und flieht. Der weiß wohl eher, was für multifunktionale Qualitäten so ein Teleskopstab haben kann, zumindest besser als die wandernde Oma vom Abel Tasman.

Doch wer jetzt glaubt, die Sache wäre erledigt, der kennt die Keas nicht.

Kaum hat sich der vermeintliche Sieger zu uns umgedreht und uns um ein Foto mit seinem Handy gebeten, segelt Freund Eulenspiegel sozusagen im Schleichflug heran und stibitzt sich ein respektables Stück Käse vom Provianttisch. Keas sind nicht nur unglaublich intelligent und nervig. Sie haben auch Geduld. Nebenbei, die Geräusche der Nacht stammten ebenfalls von den Keas, hatte mir Jake am Morgen noch erzählt. Die würden es sich da oben bequem machen und warten. Jetzt wissen wir auch auf was.

Curio Bay/Porpoise Bay – mehr geht nicht

Abendstimmung

Unsere Reise nähert sich langsam, aber sicher ihrem Ende. In zwei Wochen geht es zurück von Christchurch aus, und das sind, da wir die Süd- und dann Ostküste entlang wollen, dann doch noch ein paar Meter. Natürlich sind das satte vierzehn Tage Restreise, eine lange, sehr lange Zeit; manch einer unserer Urlaube war kürzer. Aber das Reisen in unserem kleinen Camper (mittlerweile ein echtes Zuhause!), dieses Herumvagabundieren ist für uns erschreckend natürlich geworden. Diese sagenhafte Freiheit, dorthin zu fahren, wo wir hinwollen. Das zu erleben, was uns wichtig ist. Wir haben ein bisschen Angst vor der Rückkehr in unser „normales“ Leben. Die Vorstellung fühlt sich nämlich gerade eher unnatürlich an.

Unser Weg führt uns in die Catlins, einem Küstengebiet im Südosten. Vom Tourismus, zumindest laut Reiseführer, noch recht unentdeckt, soll es hier wieder mal eine herrliche Tier- und Pflanzenwelt in rauer Einsamkeit geben. Was auch sonst? Der Höhepunkt dieser Ecke ist die Curio Bay/Porpoise Bay, eine durch scharfkantige Felsen getrennte Doppelbucht, in der man mit viel Glück Gelbaugenpinguine, immerhin eine der seltensten Pinguinarten der Welt, und Seelöwen beobachten kann. Und ganz nebenbei ist diese Bucht auch noch die Kinderstube der Hector-Delfine, gut eineinhalb Meter langer Flitzer, die wohl sehr gerne in den dortigen Wellen surfen. Zumindest laut Reiseführer. Da es dort zwar einen Campingplatz gibt, aber ohne Dusche, Wasch- und Einkaufsmöglichkeit, opfern wir einen Tag in dem davor gelegenen Invercargill, dem Verwaltungssitz der Region Southland. Hier füllen wir erst einmal unsere Vorräte auf, waschen (wir haben gerade mal zwei Unterhosen und ein Paar auch nicht mehr ganz taufrische Socken übrig) und ich gönne mir einen dringend nötigen Haarschnitt. So eine Matte hatte ich das letzte Mal mit zehn, und da wurde ich in der heimischen Frittenschmiede nebenan doch glatt für ein Mädchen gehalten.
Invercargill ist nicht wirklich schön. Gitterartige Straßenstrukturen, einfache Gebäude, aber es ist nett, und man bekommt alles, was man braucht. Da wir keine Lust aufs Kochen (oder eher den nachfolgenden Abwasch) haben, kehren wir in der Innenstadt bei einem Türken ein und genießen zwei fürstliche Dönerrollen. Fühlt sich fast an wie zu Hause. Und ist auch gar nicht so weit hergeholt. Serkan, der Inhaber, hat uns durch unseren Akzent zweifelsfrei als Deutsche identifiziert, was gleich mal zu einem ordentlichen Schnack führt. Er hat nämlich fünfzehn Jahre in Berlin gelebt, bevor er sich ans andere Ende der Welt aufgemacht hat, um die dortigen Bewohner mit den kulinarischen Genüssen der türkischen Küche vertraut zu machen. Sein Deutsch kann sich noch sehen beziehungsweise hören lassen. Da Sinja teilweise in Berlin aufgewachsen ist, bin ich eher raus. Macht aber nichts. Mein Mund ist mit scharf gewürztem Hähnchen, Schafskäse, mediterranem Gemüse und wunderbar warmem Fladenbrot bis zur Obergrenze des Fassungsvermögens gefüllt, da kann ich eh nicht reden.

Aber Invercargill hat nicht nur sehr gute Restaurants, es ist auch ein Zentrum für Austern, die größtenteils aus dem vorgelagerten Küstenörtchen Bluff kommen. Von dort kann man auf die bei Hobbyornithologen beliebte Stewart Island übersetzten und Kiwis gucken. Haben wir immer noch nicht. Bei der Preislage der Fährfahrt und den dortigen Übernachtungsmöglichkeiten ver-

schwenden wir daran aber keinen Gedanken. Wir haben, für Neuseeländer wahrscheinlich gleichbedeutend mit Brudermord und Nicht-Grüßen, irgendwie noch immer kein Interesse am tierischen Symbol dieses Reiseparadieses. Da für Austern noch keine Saison ist, hält uns nicht mehr viel, also geht´s morgen früh Richtung Delfine. Als wir satt, bepackt und frisch gestutzt (zumindest ich) wieder auf dem Campingplatz sind, hat sich der zu einem Biker-Treff gewandelt. Überall knattern schwere Maschinen. Lenker in der Ausdehnung von Elchgeweihen fahren an uns vorbei und recht stabil gebaute Gestalten in Leder, Nieten, tätowiert und größtenteils mit Schnauzbärten versehen, auf die Dschingis Kahn neidisch gewesen wäre, grüßen freundlich. Sie grüßen freundlich!? Ich gebe zu, dass ich noch nicht wirklich mit irgendeiner Biker-Szene zu tun gehabt habe, und Knattermopeds gehören jetzt auch nicht zu meinen bevorzugten Fortbewegungsmitteln. Trotzdem hatte ich mir Moped-Rocker doch irgendwie anders vorgestellt. So, wie man sich das mehr oder weniger vorurteils- oder auch nicht vorurteilsbehaftet eben vorstellt. Laut, streitsüchtig, aggressiv, kodex-, aber nicht unbedingt gesetzestreu, eben echte Großmütterschrecken. Mag woanders auch so sein. Aber nicht in Neuseeland!
Laut sind die Jungs und ihr weiblicher Anhang ja (wobei nicht immer zu unterscheiden ist, wer jetzt wer ist, so vermummt, wie einige hier anrollen), aber entgegen aller spießigen Befürchtungen der restlichen Campergäste (Jawohl! Ich bin anscheinend nicht der Einzige mit reger Fantasie!) sind sie auch ausgesprochen höflich. Als ich mit einem der Asphaltcowboys im Waschhäuschen zusammenpralle (und das lag an mir, vollgefressen neige ich leicht zur Dösigkeit) schallt mir umgehend ein „Sorry, man! My fault!“ entgegen. Anscheinend schaue ich wohl so konsterniert ob der Höflichkeit des in Leder gehüllten Hünen, dass dieser seine Entschuldigung wiederholt und nun seinerseits leicht verdutzt aus der Wäsche guckt. Ich kann seine Gedanken förmlich lesen. „So ein unhöflicher Kerl. Hätte ja wenigstens mal antworten können.“ Recht hat er. Wobei, ich schätze, die können auch anders, wenn sie wollen.
Der Grund für die Anwesenheit so vieler Zweiradenthusiasten ist wohl eines der größten Motorradrennen der südlichen Hemisphäre, wie wir durch Nachfragen herausfinden. Ist jetzt nicht direkt unser Interessenschwerpunkt, also geht es früh am Morgen Richtung Südosten auf den Southern Scenic Highway, der uns zielgerichtet zur Curio Bay bringt.

Hier staunen wir wahrlich nicht schlecht.
Statt windumtoster Einsamkeit (gut, windumtost stimmt) fühlt es sich an, als ob wir in einen zoologischen Event-Park eintreten. Ist aber nur die

Campsite-Rezeption, die sogar das Nötigste für den täglichen Bedarf verkauft! Von wegen konsumbefreite Wildnis! Es gibt sogar sanitäre Anlagen mit ausgezeichneten Duschen und ein sehr nettes Café, das „Gateway". Da verstummt meine „Pseudo-alter Mann aus den Bergen-wo man sich man sich von dem ernährt, was Messer und Büchse erjagt haben-am selbst gemachten Feuer-eingehüllt in die Felle der erlegten Bestien-blablabla"-Nörgelei. Denn eine freundliche Kellnerin kommt mit einem Riesenburger mit Fritten und Ketchup direkt auf mich zu. Und geht vorbei, denn sie serviert den kulinarischen Leckerbissen einem glücklichen Gast, der sich dann auch lautstark darüber hermacht.
Wir erhalten ein Faltblatt mit Informationen, wo wir am Ort welche Tiere finden und wo sich der Küstenabschnitt befindet, der aus einem 180 Millionen Jahre alten versteinerten Wald besteht. Hier wird wirklich was geboten.

Curio Bay

Die drei folgenden Tage sind dann ein einziges Geschenk.
Es ist, als ob die Reisegötter uns mit dem bevorstehenden Abschied von Neuseeland versöhnen möchten.
Die Bucht ist wunderschön.
Der äußere, dem Pazifik zugewandte Teil, die Curio Bay, ist ein Traum aus Küstenhügeln und scharfkantigen imposanten Klippen, an denen sich das Meer brüllend austobt. Die Porpoise Bay dagegen sieht aus, wie in der Karibik geklaut, mit einem blitzsauberen Sandstrand, der sich Hunderte von Metern halbkreisförmig um das Wasser legt. Hier soll angeblich die Kinderstube dieser Hector-Delfine sein. Trotz aller geschäftstüchtigen Werbeattacken ist uns natürlich klar, dass wir Geduld und vor allen Dingen sehr viel Glück brauchen, um wirklich all diese seltenen Tiere womöglich sogar aus der Nähe zu sehen.
Wir haben Glück! Und was für eins!
Direkt beim ersten Gang über die Felsklippen, keine zwanzig Minuten nach Belegen unseres Stellplatzes, stolpern wir fast über einen dieser Pinguine

mit den gelben Augen. Der steht windgeschützt wie bestellt in einer kleinen Nische. Großartig! Wir ziehen uns aber sofort zurück und halten Abstand, da Pinguine doch sehr empfindlich auf Störungen reagieren. In ihren Augen ist alles, was größer ist als sie, erstmal ein Feind oder ein Konkurrent um die Nahrung. Verständlich, geht mir nicht anders. Noch dazu ist der kleine Kerl wohl gerade in der Mauser und wartet sehnsüchtig auf ein neues Federkleid, so zerzaust wie er da steht. Dummerweise kann er so lange nicht ins Wasser, um zu jagen, der Arme! Da wir nicht die Einzigen sind, die ihn gesehen haben, gibt es dann doch einen kleinen Auflauf und ich kann mir lebhaft vorstellen, was der zur Untätigkeit verdammte Wasserakrobat wohl gerade denkt: „Ja, ich bin ein Gelbaugenpinguin! Ja, ich bin unglaublich selten! Ja, ich verliere gerade Federn! Natürlich bekommt ihr ein Foto! Und jetzt verpisst euch!!!" Gott sei Dank tun das die meisten auch, und wer nicht, wird sehr überzeugend von einer neuseeländischen Beobachterin regelrecht angeschissen. Sie ist eigentlich auch nur eine Touristin, aber Neuseeländer haben offenkundig nicht nur ein Herz für Kiwis.

Gelbaugen-Pinguin

Währenddessen haben wir Liv getroffen, eine nette Dänin um die vierzig, die hier ihre ausgewanderten Geschwister besucht und nebenbei mit dem Rucksack die Südinsel bereist. Spontan verstehen wir uns und verabreden uns für den Morgen zum Baden und Eis essen in der Bucht. Man soll es nicht für möglich halten, es gibt hier sogar einen kleinen Kiosk direkt am Strand und der verkauft halt auch Eis, noch dazu meine Lieblingssorte. Wer braucht denn da noch Wildnis? Liv ist für uns ein wahrer Glücksfall. Als wir uns wirklich am nächsten Morgen, so gegen Viertel nach zwölf, am Strand treffen, hat sie schon eine nicht unwichtige Beobachtung gemacht. Weiter hinten habe sie eine kleine Menschenansammlung beobachtet, im Zweifel ein Zeichen für Delfine. Meinetwegen, vielleicht ist das Wasser da auch einfach nur etwas wärmer, hier ist es nämlich rattenkalt, keine fünfzehn Grad. Aber warum nicht.

Kurz darauf werde ich ungläubiger Thomas eines Besseren belehrt. Da sind wirklich Delfine, und nicht wenige! Wir sehen haufenweise schwarz-graue Rückenflosse durch das Wasser gleiten. Bei der Anmeldung wurde uns gesagt, sollten wir Delphine sehen, könnten wir gerne ins Wasser, aber Abstand halten! Also weg mit den Rucksäcken und rein ins ganz sicher nicht wärmere Nass. Leider haben wir in der Aufregung vergessen, Hüte und Sonnenbrillen abzulegen, sodass wir in den Wellen jetzt gut zu tun haben, alles bei uns zu behalten.

Was dann passiert, ist für uns so unglaublich, dass wir es nur als großes, geschenktes Glück begreifen können. Erst schwimmen die Delfine gut zwanzig Meter entfernt, völlig unbeeindruckt von den Menschen, die sie bestaunen. Und schon das ist ein unvergessliches Erlebnis. Mittlerweile haben die Wellen ordentlich zugenommen, und es sieht sicherlich saukomisch aus, wie wir versuchen, in den Fluten nicht Hut und Brille zu verlieren. Aber vielleicht ist es genau das, was die Meeressäuger anlockt. Urplötzlich schießen sie auf uns zu, umkreisen uns, flitzen zwischen uns hindurch und um uns herum, keinen halben Meter entfernt. Wir drei stehen zwischen fünfzehn, zwanzig Delfinen, die nun uns zu beobachten scheinen. Einer stupst Sinja sogar ganz vorsichtig an, als wolle er fragen: „Na, wer bist du denn?“, und meine Frau ist fast den Tränen nah. Dann sehen wir, wie sie neben uns elegant und geschmeidig in den Wellen surfen!

Wie soll man so eine Gefühlswelt beschreiben? Es ist eine Mischung aus lachen, weinen, schreien, jubeln, fassungslos staunen. Eben das reine Glück. Mehr geht nicht.

Wir können den ganzen Tag nicht wirklich verstehen, was wir erleben durften. Wir beschließen, noch länger zu bleiben, schon allein, weil wir uns von diesem Ort und dem Erlebten nicht sofort lösen möchten oder können. Sicherlich gibt es laut Reiseführer noch mannigfaltig andere schöne Ecken in den Catlins, aber man muss ja auch nicht alles gesehen haben.

Der nächste Morgen beginnt allerdings etwas schleppend. Sinja kommt nicht richtig in Schwung und zieht sich nochmal den Schlafsack über den Kopf, ich bin aber dummerweise schon ab acht wach und heiß auf Frühstück. Was macht da der erfahrene Ehegatte? Er respektiert den Schlaf seiner Holden und schleicht leise ins Café. Wenn das Frühstück da nur ansatzweise dem Burger bei der Ankunft ähnelt … Selbstredend nehme ich das „Full Gateway Breakfast“, erstens stehe ich auf angelsächsisches Frühstück und zweitens, wenn ich schon mal hier bin!

Die Bedienung quittiert meine Bestellung mit einem seltsamen Blick, der an mir hoch und runter und wieder hoch geht, so eine Mischung aus Zweifel und Anerkennung. Sollte mich das jetzt nachdenklich stimmen?

Nö.

Dann harre ich einfach mal der Kalorien, die da kommen werden.
Aber mein Frühstück kommt nicht einfach, nein, es wird lautstark angekündigt. Nach knapp zehn Minuten ruft die Bedienung gleich einem Herold „Full Gateway Breakfast“, ein kleiner Gong ertönt. Ich interpretiere das erst einmal falsch als Signal, selbiges an der Theke abzuholen. Doch weit gefehlt! Nach dieser überdeutlichen Verkündigung betritt der Koch himself die kulinarische Bühne und serviert mir breit grinsend und augenzwinkernd ein wahrhaftes königliches Morgenmahl. Vor mir türmen sich eine sehr große Scheibe Bauernbrot belegt mit einer zwei Finger dicken Schicht Rührei, drei übergroße Rösti, eine halbe Tomate zur Vitaminzufuhr, massig butterweich geschmorte Pilze, vier Scheiben zart gebrutzelter Frühstücks-Bacon und sage und schreibe zwei ausgewachsene Bratwürste, kross und saftig. Dazu Ketchup, aber den guten! Wohl bekommt´s.
Allein die Masse dieser XXL-Ausgabe eines Frühstückes könnte trotz des verheißungsvollen Duftes auf den Ungeübten abschreckend wirken. Aber so wie der Kiwi bei seiner Natur keinen Spaß versteht, verstehe ich keinen beim Essen, und schon gar nicht beim Frühstück! Also Messer und Gabel gewetzt und ran ans Protein. Und es schmeckt nicht nur, es mundet, auch wenn ich zugegebenermaßen beim letzten Drittel des zweiten Würstchens etwas zu kämpfen habe. Aber es gibt mehr als genug heißen Kaffee zum Runterspülen. Nach fünfzehn Minuten ist die Schlacht geschlagen, der Hunger befriedigt und jetzt steht mir der Sinn danach, den Schlafsack noch einmal über den Kopf zu ziehen. Also schleppe ich mich, nicht ohne von der Bedienung noch ein respektvolles Nicken zu erhaschen, zurück zum Camper, wo Sinja meine nach den Anstrengungen des noch frühen Tages wohlverdiente Ruhe über den Haufen wirft. Sie ist mittlerweile fit, hatte einen belebenden und erfrischenden Joghurt und will zum Strand.
Dumm gelaufen.
Möglichen Versuchen meinerseits, doch noch unter die Decken kriechen zu können, hat sie elegant einen Riegel vorgeschoben. Das Bett ist schon abgebaut und in unserem Miniheim sind die Bänke maximal breit genug zum Sitzen. Sicherheitshalber wirft sie mir noch den schon gepackten Strandrucksack in die Arme, sozusagen als unumstößliche Entscheidung: „Denk´ nicht mal dran!“
Also füge ich mich ins Unvermeidliche und auf geht´s zum Strand, dort kann man ja auch liegen. Das erweist sich heute als Herausforderung. Wir haben die Bucht praktisch für uns allein, aus gutem Grund. Es ist richtig schäbig windig! Auch hat es merklich abgekühlt, ein bisschen wie Frühherbst an der Ostsee.

Wir rücken auf den Strandmatten ganz eng zusammen, dürfen wir ja auch, wir sind ja verheiratet, aber heute geht es völlig unromantisch nur um gegenseitigen Wärmeaustausch bei diesem Schietwetter. Natürlich könnten wir jetzt auch einfach aufstehen, zurück zum Auto laufen, Betten bauen und weiterschlafen, aber das ist jetzt was Persönliches. Heute ist Strandtag! Heute wird gedöst und gebadet! Alles andere haben wir nicht gebucht! Wäre doch gelacht, wenn uns das bisschen Wetter von unseren Plänen abhält. Ha!
Dieser bewundernswerte Widerstandsgeist kühlt aber rapide ab; es fängt jetzt auch noch ordentlich an zu regnen. Das ist dann doch des Schlechten zu viel und wir ziehen uns taktisch zurück Richtung heiße Dusche.
Kurz vor der Treppe zum Campingplatz bleibt Sinja stehen.
„Sei ehrlich, hast du wirklich Lust, den ganzen Tag zu verschlafen? Gerade hier?"
Was ist jetzt die richtige Antwort: Die ehrliche oder die klügere?
Aber eigentlich hat sie ja recht.
Ein paar Dutzend Meter neben der Treppe ist ein kleiner Felsvorsprung, nicht wirklich ein Fünf-Sterne-Liegeplatz, aber er hält den Wind und auch den jetzt eher von der Seite kommenden Regen etwas ab. Und was seine Economy Class-Lage doch durchaus würzt; der Kiosk ist in akzeptabler Nähe; heißt: Eiscreme!
Es mag etwas widersprüchlich klingen, bei diesen Temperaturen sich auch noch von innen zu verkühlen, aber wir haben die Erfahrung gemacht, dass als Stimmungsaufheller nichts so gut und vor allen Dingen nichts so schnell hilft wie ein ordentliches Vanilleeis am Stiel mit knackiger Vollmilchschokolade überzogen. Und kalt ist uns eh schon.
Also startet meine Frau den zweiten Versuch, während ich zugegebenermaßen leicht hastig zur Zucker-Versorgungs-Stelle eile. Nicht, dass es nichts mehr gibt. Die Sorge ist unnötig. Der Besitzer, ein Surfertyp um die dreißig mit Fluppe im linken und Kaugummi im rechten Mundwinkel, ist eher erstaunt, bei dem Wetter überhaupt Umsatz zu machen. Er hustet, ich wünsche Gesundheit, er starrt mich verwirrt an. O wie peinlich, der ist nicht krank, der hat mir nur den Preis genannt. Ich gebe zu, auch nach fast drei Monaten Kiwisound verstehe ich meist nur die Hälfte. Etwas beschämt verlasse ich den Kiosk und lasse meinen Blick über die Bucht schweifen. Da sehe ich im Wasser einen Schatten auf den Strand zugleiten. Spontan muss ich an den Film „Das Boot" denken. Sieht aus, wie ein Mini-U-Boot auf Schleichfahrt. Ist schon seltsam, was für Gedanken kommen, wenn man unterzuckert ist. Wird wohl der Schatten einer dieser Riesenmöwen auf dem Wasser sein. Ich schaue nach oben, da

Seelöwe

fliegt aber ausnahmsweise nichts und der Schatten im Wasser materialisiert sich langsam.
Das wird doch wohl nicht …? So ein Glück kann man einfach nicht haben. Ein schwarzbraun glänzender, leicht kegelförmiger Kopf erscheint an der Oberfläche. Und dann gleitet ein Seelöwe auf den Strand und robbt ihn völlig selbstverständlich und gemächlich hoch.
Ich bin geplättet. Und nicht nur ich. Genau an dieser Stelle hatten sich zwei andere unverbesserliche Strandgäste niedergelassen, die ziehen sich aber zügig zurück. Das ist nicht irgendein Seelöwe, das ist der Allvater aller Seelöwen, sozusagen der Prototyp. Da muss ich hin! Die Kamera habe ich glücklicherweise in der Gürteltasche, Eis ist schon gekauft, also alles Notwendige vorhanden. Runter zum Strand, bevor sich das Tier wieder vom Acker macht. Aber etwas beziehungsweise jemand fehlt! Sinja würde es mir nie verzeihen, wenn ich ihr nicht Bescheid sagen würde und außerdem will ich das jetzt nicht ohne meine Frau erleben! Punkt! Also renne ich runter zum Strand, aber nicht zum Seelöwen, sondern zu Sinja. Muss selten dämlich aussehen, wie ich in jeder Hand ein schon ausgepacktes Eis (Warum zum Henker habe ich das

eigentlich ausgepackt?) mit Sonnenhut und locker hüpfender Gürteltasche (meine Jugend war halt in den Achtzigern) einen Sprint über den Strand hinlege und dabei fast über meine Flipflops stolpere. Mein Geschrei „Sinja, Sinja, da, Seelöwe, Sinja!!!“ verbessert den Eindruck auch nicht gerade. Aber Sinja hört nicht auf die zarten Töne, die ihr entgegenhallen, noch hat sie einen Blick für den Gatten, der sich für sie gerade zum Affen macht. Sinja hat nämlich die Augen geschlossen, Stöpsel im Ohr und hört Queen, und das grundsätzlich bis zum Anschlag aufgedreht. Als ich an ihr rüttele, „Sinja, da, komm, Seelöwe, komm schon, übrigens hier ist dein Eis!!“ stammle, ist sie aber sofort hellwach, sehr reaktionsschnell und rennt schon in die richtige Richtung, bevor ich auch nur einmal verschnauft habe. Sie ist halt fix, sowohl im Denken als auch im Rennen.

Zwanzig Sekunden und ein paar tiefe Atemzüge später stehen wir dann vor dem Ungetüm, und das ist Gott sei Dank noch da. Die Sorge, dass der Kerl sich möglicherweise von dem jetzt doch mittelprächtigen Menschenauflauf verscheuchen lassen könnte, ist völlig unbegründet. Der liegt da, wie Majestät in seiner kaiserlichen Pause. Neuseeländische Seelöwen können eine Größe von bis zu zweieinhalb Metern erreichen. Nur die Bullen, die Kühe sind deutlich zierlicher. Es ist leicht vorstellbar, dass dieses Exemplar Modell für die Maximalmessung gestanden hat; ein graubrauner Koloss, narbengeschmückt, mit seiner Mähne und seinen gelben Fangzähnen, die er beim ausgiebigen Gähnen überdeutlich präsentiert, wahrhaftig ein Löwe des Meeres. Er wirkt wie ein echter Fürst seiner Art, der ganz sicher schon so manchen Strauß siegreich ausgefochten hat.

Wir haben ordentlich Respekt vor diesem Brocken und halten den geforderten Mindestabstand von zehn Metern großzügig ein. Seelöwen sind auch an Land, was Reaktion und Schnelligkeit betrifft, nicht zu unterschätzen. Einige Mittouristen sind da deutlich wagemutiger und nähern sich bis auf Meterlänge. Für ein gutes Foto kann man ja schon mal was riskieren. Besonders dann, wenn man unbedingt versucht, ein Selfie von sich und dem Seelöwen zu machen. Nur das Tier allein sähe bei Instagram ja auch scheiße aus.

Es ist aber auch sehr unterhaltsam, anzuschauen, wenn aufgrund der recht harschen diesbezüglichen Reaktion des Objektes der Begierde der dramatisch spontane Rückzug der Selfie-Helden dann doch eher an eine schlecht einstudierte Slapstick-Nummer erinnert. Davon habe ich jetzt ein Foto!

Irgendwann hat aber auch dieses Prachtexemplar eines Seelöwen genug davon, sich ständig ablichten zu lassen und verschwindet wieder im Meer, nicht ohne vorher noch einen majestätischen Blick nach hinten zu werfen.

Mit dem Seelöwen ist auch das Wetter besser geworden. Der mittlerweile dritte Versuch, doch noch einen Strandliegetag im Wortsinn hinzulegen, erscheint gar nicht mehr so unrealistisch, also wagen wir es noch einmal. Das anfängliche Herbstwetter hatte auch einen Vorteil. Regen und Wind sind praktisch nicht mehr vorhanden, die Wellen aber noch richtig aufgewühlt. Sie laden zum Toben darin geradezu ein. Da erwacht das Kind im Manne. Schon als Stöpsel habe ich es im Familienurlaub an der dänischen Nordsee geliebt, mich von den Wellen überrollen zu lassen oder unter ihnen hindurch zu tauchen. Allerdings ist mit der Erfahrung von nun mehr dreiundvierzig Jahren auch die zu bewegende Masse gestiegen. Da schaut dann doch mal einer dieser Delfine leicht erschrocken aus den Wellen auf, wenn satte fünfundachtzig Kilo Lebendgewicht von einer unterschätzen Welle auf den Strand gewemst werden. Sinja hält sich im Hintergrund, wie gesagt, sie kennt ihren Menne, und beschränkt sich darauf, von den mehr oder weniger geglückten Tauchversuchen Fotos für die Lieben daheim zu machen. Die sollen ja auch was zum Lachen haben.
Irgendwann krieche ich dann verschrammt und fast unterkühlt zu unserem Liegeplatz und tue jetzt das, was ich seit der morgendlichen Völlerei vorhatte: Schlafen! Hinterher erzählt mir Sinja, dass ich im Schlaf die ganze Zeit gegrinst habe. Und warum auch nicht? Ich hatte ja auch allen Grund dazu. Mehr geht wirklich nicht!

Christchurch - nach Hause

Es ist schon seltsam, an dem Ort anzukommen, der das Ende unserer Reise bedeutet:
Christchurch, mit über 350.000 Einwohnern größte Stadt der Südinsel und drittgrößte Stadt Neuseelands. Für uns die Stadt, von der wir wieder nach Hause fliegen werden.
„Nach Hause“; klingt für uns gerade fremd.
Wir zwei Normalsterblichen sind in unserem Alltag, im Beruf, den Familien und Freunden und auch in unseren Hobbys deutlich verortet. Wir haben ein „Zuhause“, eine wunderschönes sogar, das wir für unsere Verhältnisse verdammt lange nicht gesehen haben. Und wir wissen, wir werden zu Hause wärmstens empfangen werden, da besteht aber so gar kein Zweifel. Wenn ich nur daran denke, was da so zur Begrüßung aufgetischt werden wird, bekomme ich jetzt schon vor kulinarischer Sehnsucht Magenknurren. Und ganz bestimmt wird es richtigen Käse geben, Käse, der den Namen auch verdient, nicht diese gummiartige Presspappe, die man hier unkundigerweise als Käse bezeichnet.

Banks Peninsula

Wir sind ein Vierteljahr weg gewesen, am anderen Ende der Welt. Bei aller Reiseleidenschaft, da würde es wirklich jeder verstehen, wenn wir uns auf zu Hause freuen!

Tun wir aber nicht.
Es ist traurig, aber wahr.
Wir wollen nicht nach Hause.
Das mag jetzt etwas abgedroschen klingen, so nach einer wunderschönen Auszeit, von der man sich nicht lösen möchte, ist ja auch der pure Luxus, und wenn´s am Schönsten ist, und so weiter und so fort.
Stimmt alles, aber es trifft nicht ganz den Kern.
Wir hatten eine Wahnsinns-Reise (nebenbei, sie ist ja auch noch nicht zu Ende), wir hatten unsere Auszeit am anderen Ende der Welt, wir haben haargenau das gemacht, was wir wollten, das gelassen, was wir nicht wollten, und wenn wir auf Schwierigkeiten gestoßen sind, haben wir uns damit arrangiert und einfach das Beste daraus gemacht. Also Soll erfüllt, Akku ist übervoll, wir können nach Hause.
Doch da ist diese irritierende Erkenntnis, dass wir uns genau hier, in diesem Land, ich wage es kaum zu formulieren, „zu Hause" fühlen. Richtig zu Hause. Es ist das völlig irrwitzige Gefühl, bald in die Fremde zu müssen, obwohl wir doch genau da sind.
Würde mir das jemand anderes sagen, würde ich dem vermutlich oder ganz bestimmt auf die Schulter klopfen und ihm versichern, dass sich das schon

gibt. Dass das nur der Good-Bye-Blues ist. Hat man doch schon hundertfach gehört. Da mussten selbst die Hobbits durch, und die wohnen hier, also kein Stress, das wird schon, wenn wir erst einmal zu Hause sind.

„Sind wir doch“, flüstert Sinja abends im Schlafsack, als ich es wage, ihr von meinen verqueren Gedanken zu erzählen. Auch sie hat, seit wir die Catlins Richtung Nordosten verlassen haben, das verstörende Gefühl, dass wir beim Abschied etwas verlieren werden, was ganz tief in uns drin ist. Das Gefühl, hier am von uns aus entferntesten Flecken der Erde, in irgendeiner für uns noch nicht wirklich fassbaren Form eine zweite Heimat gefunden zu haben.

Völlig ungeplant, völlig unerwartet. Und völlig verrückt.

Wir sind zwei Touris, wir sind nicht auf der Suche nach einem neuen Platz zum Leben. Ich muss an Carla denken, das Work and Travel-Mädel vom Mount Cook. Die hatte richtig Angst, nach einem Jahr wieder zurück zu müssen. In Dunedin hatten wir auf dem Campingplatz einen Holländer getroffen, der nach mehrmaligen Besuchen Neuseelands die Zelte am heimatlichen Deich abgebrochen hat und mit Kind und Kegel ausgewandert ist. Und ganz nebenbei hat er auch noch unser defektes Stromkabel repariert, mit den Worten „Hier hilft man sich schließlich.“ Auf die Frage, warum er denn nach Neuseeland gegangen sei, so schlecht sei Holland ja auch nicht, und der Käse erst, sagte er nur: „Wir fühlen uns hier einfach wohl.“

Tja, das tun wir auch. Sauwohl sogar.

Es scheint, dass wir hier etwas gefunden haben, wonach wir vielleicht eine unbewusste Sehnsucht hatten. Hier haben wir all das erfahren, was uns drei Monate richtig glücklich gemacht hat. Vom Käse mal abgesehen.

Natur, Platz, Freiheit, Frieden und vor allen Dingen die Menschen. Eine Freundlichkeit und Höflichkeit, ein kollektives Gefühl von gegenseitigem Respekt und Rücksichtnahme, das wir von zu Hause gar nicht mehr kennen. Mag hart klingen, ist aber so. Natürlich leben hier auch nicht nur Heilige, sicherlich gibt es immer noch ethnische Konflikte und auch die neuseeländische Polizei wird ihr Geld nicht nur mit dem Aufschreiben von Parksündern verdienen. Wobei ich in drei Monaten nicht einmal gesehen habe, dass irgendwo ein Strafzettel verteilt wurde.

Aber trotzdem, hier gehen die Uhren anders. Grundsätzlich anders. Menschenfreundlicher, möchte man meinen.

Selbstverständlich ist mir klar, dass das die Gedanken eines Außenstehenden sind, der hier nicht lebt und nicht arbeitet, der den Kiwi-Alltag gar nicht kennt. Aber vielleicht sollte man den mal kennenlernen?

So, reicht jetzt, Gedankenkarussell aus. Wir wollten etwas erleben, wir wollen nicht auswandern. Geht auch gar nicht, wir haben zu Hause Verpflichtungen, da müssen wir halt hin! Sinja sieht mich von der Seite an, den Kopf auf die rechte Schulter gelegt, ein Auge leicht geschlossen, die Augenbrauen hochgezogen, dabei ein schelmisches, hintergründiges Lächeln. Ihr typischer Gesichtsausdruck, wenn sie der Meinung ist, dass über die Sache nicht heute und auch nicht morgen, aber ganz sicher irgendwann noch das eine oder andere Wörtchen zu verlieren sein wird.

Vielleicht liegt es an unserer momentan etwas melancholischen Stimmung, dass uns Christchurch auf den ersten Blick gar nicht mal so gut gefällt.
Als wir Richtung Zentrum fahren, kommen wir durch die typischen flachen Vororte Neuseelands, wo kaum ein Haus mehr als Erdgeschoss und eine Etage hat. Wirkt immer etwas trist, hier vielleicht noch ein bisschen mehr. Es ist fast ein Schock, als wir dann im recht kleinen Zentrum ankommen und sich große mehrstöckige Gebäude vor dem Horizont abzeichnen, die durchaus einen neuen Anstrich vertragen könnten. Sie wirken in der völlig flachen, erhebungslosen Ebene der Stadt ein kleines bisschen gruselig, so wie die letzten Bauten nach einer Katastrophe aus einem dieser Endzeit-Streifen. Es ist ein seltsamer Gegensatz, wie sich riesige freie Flächen mit hohen Gebäuden abwechseln. Es wirkt nicht wie gewachsen und aus einem Guss. Eher unfertig. Und das ist auch kein Wunder, bedenkt man, dass Christchurch bis heute mit den Folgen einer der größten Katastrophen des Landes fertig werden muss.
2011, am 22. Februar, bebte um 12.51 Uhr die Erde in Christchurch. Mit einer Stärke von 6,3 auf der Richterskala eines der schwersten Beben in der Geschichte Neuseelands. Fünfeinhalb Monate zuvor gab es schon einmal ein Erdbeben, sogar mit dem Wert 7,1. Gott sei Dank ohne Opfer, aber immensem materiellen Schaden.
Das 2011er-Beben forderte 185 Todesopfer, und auch wenn es kein Trost sein kann, bei dieser Zerstörungsgewalt hätten noch wesentlich mehr Menschen sterben können. Die neuseeländischen Vorschriften für erdbebensicheres Bauen retteten wohl viele Leben. Trotzdem muss es fürchterlich gewesen sein. Ich kann mich noch sehr gut an die Bilder in den Nachrichten erinnern.
Als wir ins Zentrum Richtung i-SITE laufen, können wir uns des Eindrucks nicht erwehren, dass die Stadt und ihre Bewohner sich auch acht Jahre später von dem Schock noch nicht ganz erholt haben. Überall sehen wir die Spuren, eingerissene Mauern, leere Plätze, Baugerüste. Alles in einer dumpfen, drückenden Hitze, so, als wolle die Stadt dem Besucher ein zerrüttetes, nacktes

und echtes Antlitz zeigen. Sozusagen als Provokation, schau hin, das ist hier passiert! Das scheint Eindruck zu hinterlassen, denn im Gegensatz zu den meisten Orten und Sehenswürdigkeiten der Südinsel ist die Stadt wider Erwarten nicht überlaufen. Einige Ecken wirken geradezu verlassen. Nur vereinzelt sieht man Leute, aber von touristischer Fülle keine Spur. Normalerweise ein Glücksfall, im Wissen um die vergangene Katastrophe bedrückend.
Aber, never give up, überall sieht man auch das Bemühen, Christchurch wiederaufzubauen.
Das wird uns in der i-SITE auch bestätigt. Wir treffen eine Österreicherin, die sich mit ihrem neuseeländischen Lebensgefährten gegen die Berge der Alpen für ein Leben im völlig flachen Christchurch entschieden hat und jetzt in der i-SITE speziell für die deutschsprachigen Besucher zuständig ist. (Schon wieder jemand, der ausgewandert ist. Ist das ein Trick? So eine Art versteckte Werbung? Fachkräfte werden hier ja gesucht.). Anette vermisst die Berge schon ein wenig, und auch ich bekomme bei ihrem Alpen-Akzent leichte Sehnsucht nach kaltem Schnee, gespurten Pisten und Brotzeit mit Räucherschinken und Bergkäse. Aber, so sagt sie, bisher habe sie die Entscheidung für ein gemeinsames Leben bei den Kiwis nicht bereut. Und, sie grinst, hier gäbe es ja auch Alpen, zumindest dem Namen nach. Aber sehr schön.
Recht hat sie und kompetent ist sie auch. Da wir noch volle sechs Tage bis zum Rückflug haben, würde sie uns empfehlen, zuerst einen Abstecher zur Banks Peninsula und dem Hauptort Akaroa zu machen. Sei nicht weit weg, in gut zweieinhalb Stunden zu erreichen und wunderschön. Zwei oder drei Tage noch einmal die fantastische Natur Neuseelands genießen, dann Christchurch erkunden und dann „geht´s hoam."
„Hoam". Hm.
Ich verbiete mir jetzt einfach mal meine mich und andere verwirrenden Gedanken, und auch Sinja findet, dass das nach einem guten Plan für die letzte Woche klingt.
Und weil wir schon mal hier sind, gönnen wir uns einen Lamm-Burger in einer sehr gemütlich aussehenden Lokalität. Käse können die hier zwar nicht, dafür Schaf umso besser.

Die Straße nach Akaroa ist mal wieder ein Erlebnis auf allen Ebenen der neuseeländischen motorisierten Mobilität.
Es geht nach Südwesten Richtung Lyttelton, das man nur durch einen fast zwei Kilometer langen Straßentunnel erreicht, direkt unter den Port Hills hindurch, deren Anblick den ersten Teil der bis dahin flachen Strecke bestimmt.

Und dann geht es los. Eigentlich wie immer, nur ein bisschen mehr. Eigentlich auch wie immer. Hinter Lyttelton schlängelt sich eine steile, sehr enge und selbstredend auch sehr kurvige Straße die Küstenlinie der Vulkanhalbinsel entlang. Wir haben einen wunderschönen Blick auf die vielen Meeresbuchten der zerklüfteten Banks Peninsula, auf türkisfarbenes Wasser und Küstenhügel, mal schroff und karg, mal grün bewachsen und einladend. Genauer gesagt, Sinja hat einen wunderschönen Blick, ich habe mal wieder genug damit zu tun, unser Gefährt auf der Straße zu halten, und der sehr ordentliche Wind und die drängelnden Mietwagen hinter uns (können nur die sein, ein Kiwi würde sich hupend bedanken, wenn man ihn vorbeilässt, die Mittelfinger erscheinen mir auch eher europäischer Machart) machen die Sache nicht einfacher. Aber meine treusorgende Gattin berichtet mir zeitgleich über die Schönheit der vorbeiziehenden Landschaft. Dann wird es etwas flacher, was der Wind nutzt – jetzt nicht mehr durch Berge und Steilwände behindert – aber mal so richtig zu zeigen, was er hier in der Nähe des Pazifiks so draufhat. Einiges, wie wir zu unserem Leidwesen merken. Mit einem Strandsegler wären wir schneller. So heißt es mal wieder, langsam kommt sicher ans Ziel. Aber wir fahren lange genug durchs Kiwi-Land, um uns davon noch beeindrucken zu lassen. Ist wohl auch ein Zeichen, für was auch immer.
Kurz vor Akaroa geht es dann noch einmal, wie soll es auch anders sein, steil, eng und kurvig nach oben und beinahe hätten wir den ausgewiesenen „Tourist Scenic Drive“ über den Kamm genommen. Doch dafür ist es uns heute viel zu windig, und Ausblicke hatten wir ja genug. Zumindest Sinja.
Etwas oberhalb von Akaroa schlagen wir auf dem Campingplatz auf, der fast ausgebucht ist. Wahrscheinlich war Christchurch deswegen so leer. Die gute Anette hatten den Tipp mit der Peninsula wohl auch ein paar anderen verraten. Nur mit Glück und Dank der recht spartanischen Abmessungen unseres rollenden Zuhauses können wir für drei Nächte noch unterkommen, und dann geht es in den Ort. Allerdings über eine sehr steile Treppe fast fünfzehn Minuten nach unten. „Steil“ könnte das Motto dieses kleinen Abstechers werden. Immerhin müssen wir das ja auch wieder hoch. Dann können wir die zu erwartenden kulinarischen Genüsse auch gleich wieder abtrainieren. Denn Akaroa ist, wenigstens was die Verpflegung betrifft, sozusagen der letzte Außenposten der Grande Nation.

Ein gewisser Jean Francois Langlois, seines Zeichens Kapitän eines Walfangbootes, hatte das Siedlungspotenzial der Halbinsel erkannt und diese in einem nicht ganz sauberen Geschäft (sprich, er hat die vormaligen Besitzer ordentlich

Blick auf Akaroa

über den Tisch gezogen) den verbliebenen Maoris abgekauft. Die waren schon vorher durch die von europäischstämmigen Walfängern eingeschleppten Krankheiten dezimiert. Masern und Grippe hielten ihre schreckliche Ernte.

Und auch die Maori selbst trugen ordentlich dazu bei, sich fast auszurotten. Da vor der Ankunft der Weißen Schlagstöcke und Meren (oder Patus), scharfgeschliffene, keulenartige Handwaffen aus Holz, Walknochen oder Jadestein, die Hauptwaffen waren, hielten sich die Opferzahlen in den Konflikten zwischen den Stämmen in Grenzen. Wenigstens im Vergleich zur Moderne. Aber, wie wir schon in Waitangi und Wellington erfahren hatten, nichts schafft mehr Platz für Siedler, als wenn sich die indigene Bevölkerung selbst massakriert. Also gab es für die auf der Peninsula ansässigen Maori moderne Musketen, und zwar massig. Das hatten wir ja schon in den Treaty Grounds erfahren.

Und das fröhliche Abschlachten begann. Ganz besonders berühmt oder berüchtigt wurde in diesen Musketenkriegen ein gewisser Te Raupahara. Trotzdem fand er noch Zeit, sich in einem eher musisch anmutenden Bereich hervorzutun. Er erfand um 1810 den bekanntesten Haka-Tanz, den Ka Mate, der von den „All Blacks", der neuseeländischen Rugby-Nationalmannschaft, vor jedem Spiel aufgeführt wird. Im rugbyverrückten Neuseeland kennt den jedes Kind. Dagegen ist unser Fußball-Kult ein Witz.

Der findige Franzose Langlois fand also für seine eher ökonomisch orientierten Absichten recht gute Bedingungen vor und segelte nach Vertragsabschluss direkt mal zurück nach La France, um siedlungswillige Gallier für seine geplante Kolonie zu holen. Allerdings blieb es bei dieser Wunschvor-

stellung. Das Wetter, wie könnte es in Neuseeland auch anders sein, machte den auswanderungsfreudigen Franzosen einen Strich durch die Rechnung. Langlois und sein Schiff wurden von ungünstigen Winden in der Pidgeon Bay vor Akaroa festgehalten, während am 21. Mai der erste britische Gouverneur William Hobson, wie heißt es so schön, die Souveränität des Empires im Land der langen weißen Wolke ausrief. Faktisch hieß das, Neuseeland gehörte ab jetzt den Briten. Und damit auch das vom Franzosen den Maori abgeluchste Land. Ich könnte mir allerdings vorstellen, dass es denen im Endeffekt egal war, wer sich jetzt da breitmachte. Für uns klingt das mal wieder nach einem europäischen Kräftemessen auf dem Rücken anderer.
Frankreich als Nation war also raus, die Siedler blieben trotzdem, war ja auch eine sehr lange Reise. Die ins Inland reichende Bucht war schön und freundlich, also gründete man ein kleines Schmuckstückchen französischer Kultur im heutigen Akaroa.

Das Örtchen, in dem ohne Touristen gerade mal um die siebenhundert Leutchen wohnen, mit Touristen ein Vielfaches mehr, verströmt auch wirklich einen leichten französischen Charme. Es hat schon was, wenn man hier, am anderen Ende der Welt, durch Sträßchen mit so wohlklingenden Namen wie „Rue Croix“ oder „Rue Balguerie“ läuft. Die Zeit scheint hier ein bisschen stehen geblieben zu sein.
Die kleinen, meist aus Holz erbauten Häuschen erinnern noch an die frühen Tage, man würde fast erwarten, dass gleich noch ein in Leinen, Filz und Leder gekleideter Händler oder Walfänger um die Ecke kommt. Mir läuft, während wir die kleine Straße an der Childrens Bay und der French Bay entlang schlendern, das Wasser im Munde zusammen. Das könnte an den Werbeschildern liegen, die vollmundig Crêpes, französische Fischsuppe oder Café au lait anpreisen.
Unser kurzer Aufenthalt wird folgerichtig zu einem Schlemmer-Ausflug, am Ende einer Reise ist bei uns die Reisekasse nicht mehr ganz so hermetisch abgeriegelt. (Haben wir auch nicht wirklich durchgehalten, wenn ich da nur an die unzähligen Pies denke …). Also gönnen wir uns das eine oder andere Häppchen und fühlen uns wie Gott in Frankreich. Ich habe auch wirklich einen leichten Kloß im Hals, als ich bei einem echten französischen „Boucher“, einem Metzger (auch eingewandert), ein riesiges „sandwich jambon fromage“ (Käse-Schinken-Baguette, und diese lapidare Bezeichnung trifft es nicht im Entferntesten) mit echtem französischem Butterkäse bekomme. Magnifique!

Wir verbringen den Rest der Zeit mit paddeln und schwimmen in der Bucht, und auch eine kleine Wanderung durch den wunderschönen Bergwald ist noch drin.
Hier können wir noch einmal live und in Farbe erleben, was Neuseelands Tierwelt so kann. Amphipsalta zelandica, so der wissenschaftliche Name dieser fingerdicken (nun ja, der kleine Finger) und ebenso langen Insekten, im Deutschen schnöde als neuseeländische Zikade bezeichnet. Die hört man eigentlich überall im Land, meistens im Dschungel, und da machen sie einen geradezu infernalischen Lärm. Von dem hatten wir in den Marlboroughs eine Tonaufnahme gemacht, hier ist er sogar noch ungleich lauter. Der Lärm entsteht durch das Reiben der Schrillkanten der Flügel über deren Schrillflächen. „Schrill" trifft es ganz gut. Bezogen auf die Lautstärke in der Welt der Insekten ungeschlagen. Bezeichnenderweise machen nur die Männchen so einen Radau, erzählt uns ein Hobbyforscher vom Nachbarstellplatz. Was Sinja seltsamerweise zu einem leichten Lachanfall reizt. Hatten wir sie bisher nur gehört, können wir sie hier sogar sehen, lebendig, vorzugsweise in der Dusche, wenn sie zu Dutzenden die Beleuchtung im Waschraum umkreisen. Aber auch die Treppe in den Ort hinein ist gespickt mit den Leichen Tausender dieser Sänger. Knirscht und schmatzt, wenn man drüber läuft.

Und dann bestimmt mal wieder das Wetter unsere Pläne. Sturm ist angesagt, selbst die Mitarbeiter in der i-SITE weisen die erlebnisfreudigen Touris darauf hin. Das ist nach unserer Erfahrung immer ein Zeichen, sich, so es denn noch möglich ist, nicht hektisch, aber zügig zu verdrücken. Also genießen wir am Abreisemorgen nur einen schnellen Café Crème und machen uns auf Richtung Christchurch, statt wie geplant, erst gegen Abend loszufahren. Wie sich herausstellen wird, eine weise Entscheidung. Hinterher erfahren wir, dass Wetter, Wind und Wellen mal wieder alles gegeben haben. Kennen wir ja zur Genüge.

Christchurch Teil zwei startet wesentlich angenehmer und freundlicher als der erste Versuch. Mag an der aufkommenden Kühle liegen, kann aber auch mit unserer inneren Einstellung zu tun haben. Vor ein paar Tagen waren wir wohl so im drohenden Abschied gefangen, dass die Stadt nicht wirklich eine Chance bei uns hatte. Nach dem Aufenthalt auf der Peninsula sind wir wieder im Normalmodus. Trotzdem, auch da muss man ehrlich sein, das Gefühl von „zu Hause" ist geblieben. Nun allerdings mehr mit dem Blick auf das, was wir gewonnen haben, nicht das, was wir hier zurücklassen. Ist wohl auch so eine Sache von Glas halbvoll oder halbleer.

Egal, jetzt haben wir Lust, unser letztes Reiseziel in aller Ruhe zu erkunden, und eilen mit Reiseführer und den letzten Dollars in die recht kleine rasterförmig angelegte Innenstadt, in der und um die sich alles Sehenswerte (oder das meiste) befindet. Für uns an erster Stelle natürlich die Christchurch Art Gallery Te Puna o Waiwhetu, in der wir einen ganzen Tag verbringen; Sinja in den jeweiligen Ausstellungen, ich in den vorzüglichen Lokalitäten nebenan.

Zeit genug, mich einmal mit der Geschichte dieser Stadt vertraut zu machen. Und da weiß unser Reiseführer in Kombi mit den Infos aus der i-SITE so einiges.

Man nimmt an, dass die Maori am Ende des ersten Jahrtausends sich in der Region um das heutige Christchurch ansiedelten, und sie taten, was Siedler aller Kulturen und Zeiten ebenso tun. Roden, bauen, leben und in diesem Falle Moas jagen.

Dann das Übliche: Stammeskonflikte, James Cook, und dann treten 1843 zwei Schotten auf den Plan, die Brüder John und William Deans aus Riccarton. Zu Ehren ihrer schottischen Heimat benannten sie so auch die Gegend in den Canterbury Plains, heute ein Teil von Christchurch.

Fünf Jahre später versuchte die Canterbury Association sich in einer Art Entwicklungsplan für das Gebiet, und zwar bevor neue Siedler kamen. Dazu war neben Land auch Geld von Nöten. Also luchste man den Maori Grund und Boden für einen Spottpreis ab, verscheuerte das dann teuer an die Siedler und steckte das Geld in die weitere Entwicklung der Stadt. Klingt schäbig, war aber damals in den Kolonien übliche Praxis. Immerhin hat hier keiner Glasperlen verteilt. Hoffe ich wenigstens.

Christchurch wurde übrigens nach der Universität benannt, die einer der Gründer der Canterbury-Gesellschaft, John Robert Godley, besucht hatte.

Christchurch wuchs und gedieh. 1856 wurden ihr als erstem Ort des Landes die Stadtrechte verliehen, und sie als Bischofssitz mit einer entsprechenden anglikanischen Kathedrale auch „Cathedral City“ genannt.

Es tut weh, diesen Bau jetzt nach dem großen Beben zu betrachten. 1864 wurde mit dem Bau begonnen, der erst Anfang des 20. Jahrhunderts vollendet wurde. Schon durch vorherige Beben der vergangenen 140 Jahre immer mal wieder in Mitleidenschaft gezogen, scheint es, als ob 2011 der Kathedrale den Rest gegeben hat. Ein tieftrauriger Anblick, wie die Schäden einer riesigen Wunde gleich an dem Kirchengebäude klaffen. Vom Turm ist kaum noch etwas zu sehen, Gerüste stützen den verbliebenen Bau. 2012 wurde sogar mit den Abrissarbeiten begonnen, 2017 dann entschieden, sie wiederaufzubauen.

Christchurch Cathedral

Für die Fachleute bis heute ein echter Kraftakt. Ende offen.

Da sie mehr oder weniger im Zentrum der Stadt steht, kommt niemand an ihr vorbei, sie zeigt, womit Christchurch kämpft; Katastrophe, Erinnerung und Wiederaufbau symbolisiert sie gleichermaßen.

Genau wie die Empty White Chairs.

Auf einer leeren Fläche inmitten der sich erholenden Stadt stehen 185 weiße, leere Stühle. Jeder ein Symbol für ein Leben, das das Beben gefordert hat. Eine ruhige, stille Art, der Opfer zu gedenken.

Ein paar Meter weiter an der Hereford Street wurde die Cardboard Cathedral errichtet, ein Papp-Bau als Ersatz für die nicht nutzbare Kathedrale. Pragmatisch und effizient.

Alles in Christchurch scheint noch immer mit der Katastrophe verbunden, aber so, wie wir Neuseeland bislang kennengelernt haben, wird man sich nicht unterkriegen lassen. Man packt es an, und wahrscheinlich auf eine ruhige, besonnene und praktische Art. Ohne viel Aufhebens. Davon könnte man lernen.

Christchurch hat aber noch einen zweiten Spitznamen, „Garden City“. Es gibt hier Gärten und Parks in großer Zahl, und nach Sinjas längerfristigem Aufenthalt im Kunstmuseum und meinen drei Pies mit Cola und Kaffee ist uns nach noch mehr Kultur gerade nicht zumute. Also spazieren wir gemütlich durch den Botanischen Garten am Canterbury Museum und genießen die grüne Kühle unter großen Bäumen, bis es Zeit wird, nach Hause zum Camper mit dem Bus zu fahren. Den hatten wir auf der Campsite gelassen, da brauchten wir wenigstens keinen Parkplatz zu suchen.

Und auch, wenn wir es die letzte Woche erfolgreich verdrängt haben, er ist jetzt da, der letzte Tag, bevor wir zurück nach Deutschland fliegen.
Wir haben uns fest vorgenommen, jetzt nicht Trübsal zu blasen, es ist, wie es ist, also machen wir das Beste daraus und wollen Christchurch noch ein kleines bisschen mehr genießen. Und wenn wir den ganzen Tag im Café sitzen, essen, trinken, lesen und gammeln. Doch vor dem Vergnügen haben auch die Maori-Götter den Schweiß gesetzt, in unserem Falle heißt das, unser rollendes Heim für drei Monate auf Vordermann zu bringen. Putzen ist angesagt und das nicht zu knapp. Gott sei Dank nur von innen, unsere Vermietungsfirma ist da sehr kulant. Wir hatten hier und auch in Auckland, den beiden Haupttransferpunkten, andere Camper gesehen, die selbst die Eckpunkte der Frontscheibe mit der Zahnbürste gereinigt haben, um ja nicht noch mehr zahlen zu müssen. Kein Witz! Zurückblickend sind wir sicher, dass wir mit unserem Gefährt das große Los gezogen haben. Zwar ein bisschen schwach auf der Brust, aber mit gutem Willen, Geduld und Rückenwind hat es sich für uns als das perfekte mobile Zuhause erwiesen. Und auch die Herausforderung, als Paar drei Monate auf so begrenztem Raum zu leben, haben wir aber mit Auszeichnung gemeistert. Das darf erwähnt werden. War genau so, wie Sinja es vorausgesagt hatte. Wenn´s grummelt, sie Bild, ich Berg, hat absolut hingehauen. Beim Putzen werden wir dann doch etwas sentimental. Jeder Handgriff in diesem Auto ist uns vertraut, jede Macke außen wie innen bekannt. (Immer die Frage, waren wir das oder war das schon?), es ist, als ob wir Hausputz machen, nur, dass wir dann in unserem „Haus" nicht weiterleben, sondern es morgen abgeben müssen. Die ganze Zeit erinnern wir uns an Vergangenes und das Erlebte, wir reden und quatschen in einer Tour, wir lachen die ganze Zeit und verdrängen somit zumindest ein bisschen, dass wir jetzt, nun ja, nach Hause müssen. Da unser mobiles Heim nicht groß und Sinja sehr erfahren darin ist, mir zu sagen, was ich denn diesbezüglich zu tun habe, sind wir gegen Mittag fertig und wollen nun wirklich noch einmal in die Innenstadt. Schon allein, weil wir einen mordsmäßigen Hunger haben.

Und in der City staunen wir nicht schlecht.
Überall sehen wir bunte Stände, beleuchtete chinesische Fantasie-Figuren, man sieht einen Drachen, der von kleinen Kindern ehrfürchtig bestaunt wird, Tiger, Frösche, Schweine und anderes Getier. Und das Ganze ist überdeckt von verführerischen Düften ostasiatischer Köstlichkeiten, die wir dann auch zielstrebig ansteuern. Wir sind mitten im „Christchurch Lantern Festival" gelandet, das hier jedes Jahr zu Ehren des chinesischen Neujahresfest veran-

staltet wird. 2019 ist nach dem chinesischen Kalender das Jahr des Schweins. Und selbiges haben wir auch, wenn ich dieses fröhliche Gewusel so ansehe. Neuseeland, stolz auf seine ethnische Vielfältigkeit und vor allen Dingen das Zusammenleben derselben, hat natürlich auch eine nicht unbeträchtliche chinesische Gemeinde, sowohl Neuseeländer, die in China geboren sind, als die, die sich ethnisch zugehörig fühlen. Dazu die Touristen aus dem Reich der Mitte, da kommt schon was zusammen. Die Feiern sind über das gesamte Land verteilt, und gerade in den urbanen Zentren Neuseelands wie Wellington, Auckland und natürlich Christchurch sind die sehr eindrucksvoll.

Nachdem wir uns verköstigt haben, tauchen wir in die Menge ein und lassen uns einfach treiben. Ab und zu bleiben wir stehen, betrachten die Auslage an einem Stand oder schauen den meist traditionellen Darbietungen (aber immer etwas vermischt mit modernen Gesangs- und Tanzelementen) zu; wir genießen einfach den Moment und fühlen uns sogar leicht beschwingt. Ja, morgen geht es wieder zurück, aber mit einem Volksfest verabschiedet zu werden, wenigstens gefühlt, das ist doch ein Geschenk, was uns gerade wirklich gut tut. Und nebenbei, wir sind wieder, obwohl wir das doch nun wirklich zur Genüge kennengelernt haben, fasziniert, wie friedlich und rücksichtsvoll es auch in dieser Menschenmenge funktioniert. Natürlich nur eine subjektive Momentaufnahme, aber wir sehen niemanden, der aggressiv oder gar gewalttätig ist. Bei unbeabsichtigten Remplern wird sich entschuldigt, wobei man nie genau weiß, wem ist das jetzt unangenehmer, dem der gerempelt hat, oder dem, der dummerweise im Weg stand. Ist schon verrückt. Aber schön.

Als dann die Dunkelheit anbricht, werden die Laternen auf und rund um den Avon River angezündet und die fantastischen Tiergestalten bieten ein märchenhaftes Bild.

Tja, das ist er nun unser Abschied von der langen weißen Wolke. Anders als geplant und anders als erwartet. Wie Neuseeland selbst.

Morgen werden wir unser „Zuhause“ frischgeputzt und aufgeräumt wieder abgeben. Vielleicht findet ja ein glücklicher Nachmieter Sinjas linken Wandersocken. Danach werden wir zum Flughafen gebracht werden und dann, dann geht es nach Hause.

Aber das ist morgen.

Heute sind wir noch hier. Und das werden wir bis zur letzten Sekunde auskosten.

E noho ra und See ya!

Nachtrag:

Wieder in Deutschland erfahren wir in den Nachrichten, dass am 15. März ein rechtsextremistischer Terrorist einen Anschlag auf zwei Moscheen in Christchurch verübt und dabei 51 Menschen getötet hat. Diese Nachricht hat uns entsetzt.

Wir möchten den Menschen und dem Land, das wir besuchen durften, unser tiefempfundenes Mitgefühl ausdrücken und hoffen, auch wenn solche Wunden wohl niemals ganz heilen können, dass der Anschlag, der wohl auch einen Keil in die neuseeländische Gesellschaft treiben sollte, sein Ziel nicht erreicht. Und wir sind uns eigentlich ziemlich sicher, das wird er auch nicht, so, wie wir Neuseeland kennengelernt haben.

ABSEITS DER AUSGETRETENEN PFADE

Recherchiert von Autoren, die entweder vor Ort leben oder die jeweilige Region „wie ihre Westentasche" kennen, erhalten Sie in den Büchern der Reihe „Abseits der ausgetretenen Pfade" 50 Tipps im praktischen „Hosentaschenformat" für Orte, die jenseits der typischen Touristenrouten liegen, häufig einfach nur übersehen werden oder echte Geheimtipps sind, die auch vielen Einheimischen nicht bekannt sind.

Preis
je 14,95 €

Abseits der ausgetretenen Pfade ist Neuseelands Südinsel noch genau das Paradies, mit dem uns die Hochglanzbroschüren der Reiseveranstalter verzaubern wollen. Entdecken Sie mit diesem Buch die verborgenen Seiten von „Te Wai Pounamu" und kommen Sie mit einzigartigen Eindrücken zurück.

Jenny Menzel
Format: 11,5 x 16,5 cm
ISBN 978-3-947164-75-2